DICCIONARIO DE JUSTICIA PENAL ALTERNATIVA, JUSTICIA RESTAURATIVA Y CULTURA DE PAZ.

Saúl Adolfo Lamas Meza.

I0410257

PRÓLOGO.

Guillermo Raúl Zepeda Lecuona.

Mucho me honra la generosa invitación de los doctores Saúl Adolfo Lamas Meza y Jorge Antonio Leos Navarro para incorporarme de polizón a esta brillante aportación que se hace a la ciencia de los Métodos Alternos de Solución de Conflictos (MASC). Una obra de alto calado y que demanda capacidad, conocimiento y laboriosidad para integrar este Diccionario de Justicia Penal Alternativa, Justicia Restaurativa y Cultura de Paz.

Los jóvenes doctores Lamas Meza y Leos Navarro han articulado su conocimiento y experiencia en la ciencias penales y en la política criminal; así como en los MASC, respectivamente, para desarrollar este útil *Diccionario* que desde ya se puede considerar como un texto de consulta obligada para los estudiantes y los estudiosos de la justicia alternativa y restaurativa en materia penal, así como de la cultura de paz.

La dinámica de la vida social ha demostrado que muchas de las herramientas tradicionales de abordar los conflictos han sido rebasadas. La formación de las nuevas generaciones de abogados ya no debe limitarse a estudiar la *''Teoría General del Proceso''* ni, incluso, lo que el Dr. Fernando Flores García denominó entre nosotros, la *''Teoría General de la Composición del Litigio''*. Los abogados y otras disciplinas científicas deben abordar de manera más integral la *''Teoría General del Conflicto''*.

Las formas tradicionales de resolver las controversias suelen dejar fuera del análisis y de la solución o composición del conflicto, muchas variables relevantes para las personas en situaciones conflictivas. Por ejemplo, en una controversia legal las partes suelen ser excluidas y la legislación procesal les ha expropiado el conflicto, para dejar, generalmente, la gestión de la controversia y elementos de prueba en especialistas en derecho que traducen los planteamientos de sus clientes en acciones legales (pretensiones jurídicamente relevantes, porque se les ha brindado por el legislador una acción qué hacer valer ante los tribunales, en los términos de Carnelutti). Después de que se agotan las fases procesales la decisión recae en un tercero, generalmente (con la excepción de los arbitrajes), en un agente del Estado: el juez y los magistrados que emiten la resolución. Esta epistemología y dinámica de resolucón de controversias; la tardanza y los costos asociados al proceso; así como la saturación de los tribunales han llevado a un malestar social y al uso ineficiente de los recursos sociales y públicos.

Para ilustrar la insuficiencia y la baja efectividad de las formas tradicionales de resolver los conflictos se suele usar la figura del *iceberg* o témpano de hielo del que sólo sobresale de la superficie del mar, una pequeña porción. Esta porción sobre la superficie sería los planteamientos y argumentos de la controversia legal (las acciones, la contestación de la demanda, las medidas cautelares solicitadas, los acuerdos y resoluciones judiciales a las actuaciones de las partes); en tanto que no se perciben y tiene poca o ninguna importancia legal y para el trámite del proceso judicial, el área del iceberg que se encuentra bajo la superficie del planteamiento legal y se componen por otros aspectos del conflicto, como son las posiciones de las partes, sus percepciones, los objetivos que subyacen a sus acciones legales, sus intereses, sus necesidades y, muy relevantes, las emociones de las personas que tienen un conflicto. Resolver un caso jurídico sin atender y solucionar el conflicto subyacente es como pavimentar un cráter, que estallará violentamente al escalar el conflicto ignorado o no atendido.

Por ejemplo, en un delito, la controversia legal puede girar en torno a la reparación económica (peritajes y avalúos que lo estimen, incluso los montos para cubrir terapias y apoyos psicológicos), pero otras variables menos tangibles, mensurables o susceptibles de ser concretadas en un monto económico; como podría ser la necesidad de la víctima de volverse a sentir seguro y se pueda dar por ejemplo, caución de no volver a repetir la conducta, o pedir una disculpa pública, o que sea el propio responsable del ilícito el que repare algún daño provocado a la víctima.

Los profesionales de los MASC cuentan con las competencias para facilitar la comunicación entre las partes, que gracias a estas metodologías, recuperan el protagonismo en la solución de su conflicto. De igual forma, el mediador o facilitador gestiona la disposición y respeto en el diálogo y va avanzando con las partes para generar alternativas de solución y llegar a un acuerdo mutuamente satisfactorio. El mediador trabaja con los relatos de las partes y las ayuda a ir trazando una ruta hacia el acuerdo, la conciliación, asumir la responsabilidad, reconstruir la relación o el tejido social, estos dos últimos métodos, parte de la justicia restaurativa, uno de los ejes de este libro.

La mediación y la justicia alternativa ya tienen un estatus de ciencia y profesión autónomas, y ya existen en varios países (como México y Argentina) en los que se ofrecen licenciaturas en Métodos de Solución de Conflictos. La profesionalización de los MASC requiere de un desarrollo científico y doctrinal; así como de técnicas interdisciplinares para la gestión y solución de conflictos; el desarrollo de un perfil del profesional de los MASC; y de un núcleo ético del ejercicio de los métodos alternos.

El libro que aquí se prologa contribuye precisamente al desarrollo doctrinal de la justicia alternativa, así como a las técnicas y métodos disponibles. Si bien, con modestia académica, los autores dicen circunscribir su obra a la justicia alternativa y restaurativa en materia penal, su obra incorpora voces y términos que van más allá como las ciencias penales y la política criminal. Si bien la justicia restaurativa inició en el ámbito de la materia penal, su potencia en la resiliencia y en la reconstrucción del tejido social ha permitido que se apliquen con mucho éxito en los ámbitos escolares, comunitarios y familiares. Por ello se incorporan voces como "constelaciones familiares" o "psicología transgeneracional", entre otros.

Esta obra está llamada a ser un texto sumamente práctico y útil para acceder a la precisión terminológica en una ciencia integrativa y transdiciplinar como es la justicia alternativa. Se pueden encontrar elementos técnicos y fases de procesos de los diversos modelos de mediación y de métodos restaurativos. Felicito a ambos académicos por haber acometido un proyecto profesional y editorial muy ambicioso, que estoy seguro que encontrará recompensa al consolidarse en un referente entre los profesionales de los MASC.

Los dos autores desarrollan su labor de docencia e investigación en la Universidad de Guadalajara. El Dr. Saúl Adolfo Lamas Meza, en su desarrollo profesional y publicaciones se ha dedicado al análisis de la justicia alternativa en el marco de su aportación a la política criminal, consistente con el sistema acusatorio, por lo que aprecia en el desarrollo del potencial de la mediación penal y sobre todo, mediante la justicia restaurativa, la eficacia del principio de mínima intervención penal y el logro del objetivo del sistema de justicia de reestablecer la paz en la sociedad.

El Dr. Jorge Antonio Leos Navarro se ha especializado en los MASC y ha hecho valiosas contribuciones en la materia tanto en la docencia como en la investigación, impulsando en la Universidad de Guadalajara una revista especializada en los Métodos de Solución de Conflictos, y siendo Coordinador del programa de Maestría en Resolución de Conflictos del Centro Universitario de Ciencias Económico Administrativas de la propia Universidad de Guadalajara. Además, en su labor en la Procuraduría Social del Estado de Jalisco ha hecho de la justicia alternativa un pilar de las políticas de acceso a la justicia en la entidad.

Agradezco mucho a los autores el honor de sumarme con estas líneas al fruto de su talento, conocimiento y dedicación, augurando el mayor de los éxitos y recomendando ampliamente la adquisición y consulta del *Diccionario de Justicia Penal Alternativa, Justicia Restaurativa y Cultura de Paz*. Bienaventurados los que como ustedes trabajan todos los días por la construcción de paces, porque ustedes serán llamados los mejores hijos de México.

PRESENTACIÓN.

La *Justicia Restaurativa* surge como paradigma emergente superador de la *Justicia Penal Alternativa*, teniendo ya no solo el propósito de materializar convenios entre dos o más personas en desavenencia, sino ahora subsumiendo una teleología más profunda:

1. Lograr que se dé una asunción genuina de responsabilidad por parte del sujeto que cometió un evento delictivo.
2. Resarcir de forma integral el bien jurídico tutelado de la víctima u ofendido del delito (reparar el daño).
3. Cicatrizar el tejido social que fue erosionado a consecuencia de la conducta antisocial.

Así las cosas, la *Justicia Restaurativa* al integrar a la *Justicia Alternativa*, pretende tornarse no solo en un esquema de alternatividad procesal de impartición de justicia, sino que aspira a convertirse en un modelo holístico, a efecto de desarrollar su razón inmanente: dinamizar la justicia, restaurar las relaciones sociales e incentivar en el núcleo social la cultura de paz.

El paradigma restaurativo surgió formalmente a la vida jurídica en el año 2002, con la expedición del instrumento internacional: *"Principios básicos sobre la utilización de programas de justicia restaurativa en materia penal"*, promulgado por el *Consejo Económico y Social de la Organización de las Naciones Unidas*; con lo que ha de advertirse, que este modelo antropocéntrico, solamente tiene dos décadas de implementación, siendo aún un paradigma en expansión. Y a pesar de que la *Justicia Restaurativa* tiene contención jurídica y raíz ontológica en este documento internacional (incluso con efectos no solo orientadores, sino vinculantes para su países miembros signatarios), la realidad es que en muy pocas legislaciones ha permeado su filosofía; puesto que en la gran mayoría de los Códigos Penales Adjetivos Latinoamericanos de corte acusatorio, se aborda el tópico de la justicia alternativa; pero en casi ninguno se profundiza en la categoría gnoseológica de la "restauración" *strictu sensu*; tocan el tema de la avenencia, pero son parcos al referirse al resarcimiento jurídico integral; centran su atención en el objeto (el convenio), pero ignoran muchas de las necesidades intrínsecas del sujeto (protagonista directo del drama penal).

Afortunadamente, la fuerte inmersión que han tenido los modelos garantistas en la gran mayoría de los sistemas jurídicos penales en el mundo y el denodado impulso qué se le ha dado a los esquemas internacionales de Derechos Humanos en la última década, ha permitido virar la atención hacia el individuo *per se*, tornando al Derecho menos gélido y más humano, atenuándose un poco con ello el ánimo retributivo propio de los esquemas litigiosos que históricamente han privado en la historia del derecho universal.

La *Justicia Alternativa*, la *Justicia Restaurativa* y la *Cultura de Paz*, son categorías ontológicas que se correlacionan intrínsecamente y no puede concebirse a una sin las otras, siendo entonces ineluctablemente interdependientes. Y aunque su esencia epistemológica mayoritariamente es de naturaleza jurídica, la realidad es que su enfoque de estudio es holístico y transversal. Es por ello que en esta obra, que hoy entregamos a nuestro afable lector, hemos intentado sistematizar los vocablos más relevantes, que gravitan en torno a la *Justicia Restaurativa*, desde un talante integrativo y multidisciplinar, empleando conceptos y desarrollando definiciones desde disímiles áreas del conocimiento, tales como el derecho, la sociología, la psicología, la criminología, la victimología, la filosofía, la teoría de conflictos y otras más. Empero, reconociendo *mea culpa,* la imposibilidad de acaparar todos los vocablos propios de esta ciencia tan vasta y heterogénea, confiamos en que el lector sabrá dispensar las omisiones (que sin duda no serán pocas) que pudieran advertirse en esta primera edición de la obra. Nos tranquiliza sin embargo, la idea de haber compilado y desarrollado un bloque suficiente de conceptos elementales, que integran las aristas generales de nuestra temática central, esperando que esta obra sea de utilidad para aquellos que se acercan apenas de forma incipiente a esta rama del conocimiento. Siendo para el docto en la materia un opúsculo meramente de reforzamiento y consulta eventual.

Las definiciones que se exponen en esta obra, (cada que el propio concepto lo ha requerido y con la finalidad de profundizar en el mismo) han sido secundadas con fundamentos normativos, principalmente de la legislación nacional mexicana y de tratados de fuente internacional.

En este momento coyuntural de la ciencia jurídica, en la que los modelos procesales tienden a la oralidad como metodología operativa; robustecer el caudal léxico de conceptos jurídicos y metajurídicos, se convierte en un imperativo categórico, que debemos asumir todos los que estudiamos la ciencia del Derecho. El jurista debe ser un hombre de palabra y debe esforzarse cada día arduamente para demostrarlo; pues es la palabra la que mueve al mundo, en virtud de que esta es la herramienta con la que la humanidad decodifica y construye su realidad.

Finalmente, sabedores de que estamos viviendo tiempos de beligerancia exacerbada, hacemos votos para que esta obra que hoy entregamos al afable lector, pueda coadyuvar (aunque sea someramente) a la comprensión y difusión de la *Justicia Restaurativa*, con la esperanza de que esto nos lleve a experimentar, algún día, tanto en lo individual, como en lo colectivo, no solamente palabras basadas en una retórica idealista, sino una realidad social práctica, en la que prive verdaderamente la *Justicia Humanitaria* y la *Cultura de Paz*.

A

Abandono carcelario. Condición de indiferencia y olvido que tiene la autoridad penitenciaria hacia su comunidad de reos, dejándolos en estado de menester y marginación, sin brindarles atención adecuada que favorezca su proceso de readaptación y reinserción social.

A menudo los núcleos carcelarios justificándose en la falta de presupuesto, dejan a los internos a su suerte, expuestos a la soledad y a la degradación del encierro. El abandono carcelario trae como consecuencia la propagación de enfermedades, afectación emocional y moral en la comunidad de reos, quebrantamiento sistemático de derechos humanos, anarquía institucional (autogobierno), corrupción y criminalidad intrapenitenciaria.

Abolicionismo penal. Teoría criminológica cuyos postulados proponen la erradicación de la estructura represiva estatal (procuradurías, núcleos carcelarios, leyes punitivas, etc.), por considerarlas poco funcionales e incluso perjudiciales para la sociedad. Esta teoría ha crecido en popularidad en las últimas dos décadas, evidenciando el fracaso de las instituciones que representan al derecho retributivo (de castigo y represión). Los defensores de esta doctrina se dividen en dos grupos: los partidarios de abolir al sistema penal de manera absoluta; y los que consideran que su abolición no debe ser total, sino parcial, argumentando que algunas instituciones pueden sobrevivir si se les transforma y depura teleológicamente.

El abolicionismo penal no propone la anarquía, sino la abrogación de un sistema viciado, a efecto de dar paso a la construcción de uno nuevo con renovados principios ontológicos.

Abrogación del tipo penal. Es la acción legislativa que consiste en anular del código penal una conducta, otrora considerada delictiva, pero que a partir de ese acto, deja de serlo, perdiendo su vigencia y positividad en el cuerpo normativo al que pertenecía. La abrogación implica abolir completamente una hipótesis prevista en un cuerpo legal, suprimiéndose todos sus efectos y alcances jurídicos. Cuando alguna disposición es abrogada de un sistema jurídico, se le considera la *"nada jurídica"*, aludiéndose con ello que tal acto a partir de ese *momentum*, para el Derecho deja de tener implicación normativa.

Acción afirmativa. También conocida como *"discriminación positiva"*, la cual es una política pública que pretende empoderar a aquellos grupos vulnerables que históricamente han sufrido segregación, abandono, indiferencia, poco reconocimiento o tutela jurídica limitada. Dentro de estos grupos pueden encuadrar las personas que pertenecen a comunidades indígenas, mujeres, menores de edad, ancianos, etc. En la actualidad, el Estado mexicano ha diseñado políticas públicas para establecer protocolos de actuación que permitan a todas las autoridades dar un trato especial adaptado a las necesidades de estos grupos. Algunos ejemplos de políticas de acción afirmativa son: promover protocolos para juzgar con perspectiva de género; incorporar traductores de lenguas indígenas en instituciones gubernamentales, juzgados, fiscalías y centros de mediación; desarrollar modelos restaurativos de naturaleza socioeducativa para adolescentes en conflicto con la ley; etc.

Los operadores de la justicia alternativa no deben estar exentos de aplicar estas políticas públicas de empoderamiento, las cuales deben tener presentes en cada una de las actuaciones en las que participen, desde luego respetando siempre los principios de neutralidad, imparcialidad y objetividad.

Acción baladí. Dícese de una actividad que se considera superflua, irrelevante, nimia o de poca trascendencia, que por lo regular no incide en la realidad externa. Para la ciencia forense, sin embargo, el estudio meticuloso de detalles de la realidad empírica, permite que ciertos peritos puedan detectar sutilezas en el esclarecimiento de un hecho o inferir indicios que los lleven al descubrimiento de una verdad histórica.

Acción consumada. Dícese de aquél fenómeno que ha sido perpetrado por completo y que no puede restituirse, ni retraerse hacia el pasado. En materia penal se habla de delito consumado, cuando la intención de cometer un acto criminógeno se lleva a la práctica y se materializa el hecho antijurídico de manera irreversible.

Acción penal. Facultad que tiene el Estado para perseguir y sancionar toda conducta típica, antijurídica y culpable que atente contra el bien común. El *ius puniendi* estatal de acuerdo con el numeral 21° de la Carta Magna, le fue otorgado al ministerio público, para que a través de esquemas retributivos, contenga toda manifestación formal delictiva.

Acrasia. Neologismo utilizado por Aristóteles para describir la falta de voluntad y autodominio de un individuo, que conduce al mismo a tomar decisiones precipitadas que van en contra, inclusive, de su bienestar personal.

Acrasia representa abulia irracional que conduce a una persona, ante la dicotomía de dos alternativas, a optar por la incorrecta moralmente, dejándose llevar más por las pulsaciones del indistinto, que por los dictados de la razón.

Acta final de mediación. Es el documento oficial requisitado por el mediador y rubricado por todos los intervinientes que participaron en el mecanismo alternativo, en la que se expone de forma diáfana los acuerdos logrados por las partes (si es que se alcanzaron) y las condiciones temporales y materiales que se plasmaron en el mismo.

Toda acta final de mediación debe contener:
*Número de expediente.
*Datos de identificación de los intervinientes.
*Nombre del facilitador y adscripción.
*Lugar y fecha de la sesión de avenencia.

*Resultado de la mediación.
*Acuerdos alcanzados.
*Rúbrica de los participantes en el proceso de avenencia.
*Resultado de la mediación.
*Acuerdos alcanzados.
*Rúbrica de los participantes en el proceso de avenencia.
*Rúbrica del facilitador del mecanismo.

En materia penal, el acta final de mediación debe ser remitida al Ministerio Público o al Juez Penal competente en su caso, para su ulterior aprobación y validación.

Actitud inquisitiva. Talante de intimidación, sospecha, acusación o predisposición con la que un individuo de forma verbal o gesticular se conduce hacia su interlocutor.

La asunción de una actitud inquisitiva por parte de alguno de los intervinientes durante un encuentro restaurativo, le condena ineluctablemente a su fracaso. Durante una negociación, la predisposición defensiva u ofensiva mostrada por alguna de las partes hacia su interlocutor, regularmente desemboca en una tensión hostil que termina en desavenencia.

Actos de molestia. Término que engloba todas aquellas diligencias desarrolladas por una autoridad, que en el desempeño de sus funciones, pueden generar inconveniencias y tornarse invasivas para las personas y su patrimonio.

Los principales actos de molestia contemplados en el *Código Nacional de Procedimientos Penales* son: inspección de lugares (art. 267), inspección de personas (art. 268), revisiones corporales (art. 269), toma de muestras (art. 270), levantamiento e identificación de cadáveres (art. 271), peritajes (art. 272), reconocimiento de objetos (art. 281), cateos (art. 282), intervención de comunicaciones privadas (art. 291).

Respecto a la ejecución del acto de molestia, el artículo 266 del Código Nacional de Procedimientos Penales, específica de forma contundente:

"Todo acto de molestia deberá llevarse a cabo con respeto a la dignidad de la persona en cuestión. Antes de que el procedimiento se lleve a cabo, la autoridad deberá informarle sobre los derechos que le asisten y solicitar su cooperación. Se realizará un registro forzoso sólo si la persona no está dispuesta a cooperar o se resiste. Si la persona sujeta al procedimiento no habla español, la autoridad deberá tomar medidas razonables para brindar a la persona información sobre sus derechos y para solicitar su cooperación".

Actuación de buena fe. Es el talante de honestidad, convicción y probidad con el que actúa un individuo en un hecho jurídico. En el devenir del proceso legal, cuando el juez advierta esta categoría axiológica, podrá a través de una ponderación racional, tomarla en cuenta, pudiendo influir en la resolución que se tome en la causa. En materia penal, la *bona fides,* es un elemento subjetivo muy importante en el estudio de la categoría volitiva del delito, para determinar el dolo y la culpa, y en ocasiones puede ser considerada una atenuante e incluso una eximente de responsabilidad penal.

Acuerdo escrito. Convenio formal celebrado entre dos o más personas, plasmado en un documento impreso, en el que se establecen con claridad, los términos, condiciones y alcances jurídicos a las que se han obligado mutua o multilateralmente las partes.

En todo proceso alternativo, el convenio suscrito ante el facilitador del mecanismo, debe plasmarse en un acta formal, la cual debe contener como requisitos mínimos:
*Número de expediente.
*Datos generales de identificación de los intervinientes.
*Nombre del facilitador y su adscripción.
*Resultados de la mediación y acuerdos alcanzados.
*Firma del facilitador.
*Lugar y fecha donde tuvo verificativo la sesión de avenencia.

Acuerdo extra-procesal. Convenio que tiene verificativo en un Centro de Justicia Alternativa orgánicamente constituido, ajeno a la sede ministerial y a la sede judicial. Todo acuerdo celebrado en un Centro de Mediación, deberá ser presentado para su aprobación y su validación por parte del Ministerio Público o del Juez Penal de control competente, según sea el caso.

La descentralización de la justicia a través de la creación de institutos de justicia alternativa estatales, municipales y regionales, tiene como encomienda acercar este servicio a los justiciables de manera directa, inmediata y expedita.

Acuerdo Interinstitucional de derecho internacional. Definido por la *Ley sobre celebración de tratados,* en su artículo 2°, fracción II, como: *"el convenio regido por el derecho internacional público, celebrado por escrito entre cualquier dependencia u organismo descentralizado de la Administración Pública Federal, Estatal o Municipal, la Fiscalía General de la República y uno o varios órganos gubernamentales extranjeros u organizaciones internacionales, cualquiera que sea su denominación, sea que se derive o no de un tratado previamente aprobado". "El ámbito material de los acuerdos interinstitucionales deberá circunscribirse exclusivamente a las atribuciones propias de las dependencias y organismos descentralizados de los niveles de gobierno mencionados que los suscriben, así como de la Fiscalía General de la República".*

Acuerdo intra-procesal. Es la materialización de una *salida alterna,* alcanzada a través de un *Mecanismo de Solución de Controversias,* siendo celebrada dentro del intervalo que corresponde desde el *"auto de vinculación al proceso"* (*momentum* procesal donde se fijó la *litis*), hasta la emisión del *"auto de apertura a juicio oral".*

La *"suspensión condicional del proceso"* como salida alterna, solamente podrá materializarse en este intervalo de tiempo; ya que una vez derivado el asunto ante el Tribunal de Enjuiciamiento, para el inicio formal del juicio oral, esta o cualquier otra salida alternativa, no podrán ya hacerse valer; quedándoles precluído a las partes (a partir de ese término) el derecho para su utilización.

Acuerdo pre-procesal. Es la materialización de un *acuerdo reparatorio* celebrado entre los intervinientes, llevado a cabo en la sede ministerial, antes de que el asunto sea judicializado ante el Juez penal de control competente. El Ministerio público es el legitimado de avalar el convenio, el cual una vez cumplimentado en sus términos, extinguirá la acción penal, poniendo fin a la pretensión punitiva estatal en particular y a la causa en general.

Acuerdo reparatorio. Convenio bilateral celebrado entre los involucrados en el *drama penal* (sujeto activo y pasivo del delito), que tiene como objetivo poner fin al conflicto, a través de la materialización de una negociación justa que repare el daño a la víctima u ofendido. El acuerdo reparatorio una vez aprobado y formalizado por la autoridad ministerial o judicial en su caso, resuelve la desavenencia, eximiendo al Estado de ejercer acción penal en contra del inculpado; elevándose este acto a la categoría de *cosa juzgada.*

El acuerdo reparatorio podrá tener verificativo desde el momento mismo que se presenta la denuncia o querella, hasta antes de que el juez penal de control emita un *auto de apertura a juicio oral.* Cada Estado (país) en su legislación local tiene sus propios lineamientos para la procedencia de esta figura. En la legislación mexicana, los acuerdos reparatorios proceden exclusivamente para delitos que se persiguen por querella, para delitos que admiten el perdón de la víctima u ofendido, para delitos culposos y para delitos patrimoniales no violentos (art. 187 del C.N.P.P.) Queda prohibida la celebración de acuerdos reparatorios cuando se trate de delitos de violencia intrafamiliar, ello con la finalidad de dar protección a esta institución pilar del núcleo social.

Acuerdo tácito. Es la manifestación de la voluntad de dos o más personas, que a través de hechos exteriorizados, permiten presuponer que han llegado a una avenencia de manera informal; que si bien no ha sido plasmada solemnemente en un escrito, ya ha empezado a surgir efectos prácticos para los intervinientes.

Acuerdo verbal. Es la manifestación exteriorizada de la voluntad de dos o más personas, quienes otorgan su consentimiento oral, acordando los términos y condiciones para celebrar un convenio. En materia de justicia alternativa, el acuerdo verbal es la pre-negociación que precede a la resolución de un conflicto, sin embargo la ley exige que tal convenio se formalice de manera escrita y se apruebe su validez jurídica.

Agenda 21. También conocido como *"Proyecto XXI"*, es el documento promulgado por la Organización de las Naciones Unidas, para hacer frente a las problemáticas y desafíos del siglo XXI, principalmente en temáticas de paz mundial, desarrollo sustentable, cambio climático, regulación de armas nucleares, calentamiento global, etc.

Este documento es vinculante para todos sus países signatarios, quienes en sus ámbitos locales, se comprometen intrínsecamente a asumir compromisos, que incentiven y coadyuven con los propósitos jurídicos y axiológicos plasmados en la *Agenda Internación 21*. Sin embargo, a este instrumento se le ha denominado doctrinalmente como documento de *soft low* (de derecho blando), ya que aunque existe una asunción de responsabilidad por parte de los signatarios ante la comunidad internacional, en su fuero interno, muchos países son omisos o poco proactivos en el impulso de sus compromisos políticos públicos preadquiridos.

Ajustes razonables durante el derrotero del proceso de mediación. Son los acondicionamientos especiales que deben efectuarse cuando las circunstancias lo requieran, a efecto de brindar un servicio personalizado *ad hoc* focalizado a la necesidades de los intervinientes. Los ajustes pueden ser orgánicos: instalar rampas para personas con discapacidad, utilizar equipos remotos para facilitar una audiencias virtual, etc.; u operativos: contratar traductores expertos en lenguas indígenas cuando alguna de las partes lo requiera, contratar personal con conocimiento de *lenguaje de señas* cuando sea necesario para traducir a alguna persona con condición de sordera, etc.

Los ajustes razonables obedecen a un deber ético de humanismo y podrán implementarse de forma casuística, las veces que sean necesarios para optimizar las sesiones de avenencia.

Alternative Dispute Resolution (ADR). Nombre en inglés con el que se denomina de forma generalizada a las salidas alternas de resolución de conflictos contempladas orgánicamente en los Estados Unidos Americanos. Algunas Cortes Estadounidenses solicitan a los rijosos acudir previamente a esta instancia e intentar una negociación previa, como prerrequisito para poder acceder a un juicio formal. Estados Unidos por su tradición que le deviene del *common law* ha utilizado (desde que logró su autonomía legislativa) la negociación judicial (*"plea bargaining"*), como esquema para resolver múltiples causas legales. Familiarizados con este esquema y sabedores de sus alcances positivos, E.U.A., ha promovido con denuedo a la justicia alternativa, entre la comunidad internacional (principalmente en las legislaciones latinoamericanas), a través del Organismo denominado USAID (U.S. Agency for International Development).

Amenaza. Es el amago físico, verbal o tácito que exterioriza un individuo o grupo de individuos, hacia otra persona o grupo de personas, advirtiéndole(s) anticipadamente de un daño o perjuicio que sufrirá(n), sino actúa(n) de acuerdo a una exigencia manifestada previamente. La amenaza busca intimidar al agente receptor de la misma, anularle moralmente u ofuscar su entendimiento para someterle a la voluntad de quien ejerce tal conducta.

American Bar Association (ABA). Colegio Internacional de Abogados con sede en Estados Unidos de América, creado *ex profeso* para fortalecer las prácticas de impartición de justicia, erigir foros de debate sobre temáticas jurídicas de frontera, promover la cultura de legalidad y luchar por desterrar los perjuicios sociales, promover la mediación y la difusión de prácticas restaurativas, capacitar facilitadores en mecanismos alternativos y organizar encuentros académicos internacionales para el intercambio de experiencias y buenas prácticas.

Amigable composición. Dinámica extrajudicial de solución de conflictos, la cual es moderada por un facilitador neutral (mediador o conciliador) quien favorecerá el debate entre dos o más individuos, para que de forma flexible, dialéctica y consensuada, civilizada y restaurativa, resuelvan la problemática que les vincula.

Amnistía. Figura contemplada en el sistema jurídico positivo mexicano que consiste en la exoneración de responsabilidad penal que se concede a ciertos individuos (procesados o sentenciados) que encuadren en los supuestos exigibles por la norma y que cumplan taxativamente con los requisitos que exige Ley especializada de la materia (*Ley de Amnistía*).

La expedición de la *Ley de Amnistía* en el año 2020 obedeció a dos razones teleológicas:

1) Finalidad focal: favorecer las políticas criminológicas públicas para descongestionar al sistema penitenciario, asechado por la sobrepoblación carcelaria.

2) Finalidad emergente: aliviar el hacinamiento en los penales federales para evitar contagios masivos que pudieran suscitarse a raíz de la enfermedad causada por el SARSCOV-19, debido a que durante el punto álgido de la pandemia se presentaron brotes preocupantes al interior de algunos núcleos carcelarios.

La Ley de Amnistía vigente establece que esta figura puede hacerse valer (previa valoración de los miembros del Consejo Técnico) para los siguientes delitos:

*Delitos de aborto (bajo especificaciones concretas).

*Delitos contra la salud (cuando los imputados pertenezcan a comunidades indígenas o se acredite su condición de extrema pobreza).

*Delitos por robo simple y sin violencia (cometidos en comunidades rurales o bajo condiciones específicas).

Amonestación. Pena moralizante (la cual puede ser acompañada de una multa) en virtud de la cual el juez penal de la causa, conmina al acusado a que no vuelva a reincidir en su conducta, con la advertencia de que si lo hace, será acreedor a una sanción mayor, pudiendo perder con ello beneficios a los que accederían los *primodelincuentes*.

Anarquía. Doctrina de sociología política que aboga por la anulación de cualquier sistema de autoridad estatal normativo.

La anarquía es la ausencia de toda estructura gubernamental, es decir, la anulación misma del Estado como ente regulador del entramado social, la cual puede manifestarse de forma absoluta o relativa, la primera cuando se da una supresión total del orden jurídico preestablecido y la segunda cuando de forma provisional en razón de un golpe de estado, una contingencia, una guerra civil, un estado de sitio (de excepción), etc., el Estado pierde fuerza vinculante, control civil, institucional y normativo.

La historia ha demostrado que la anarquía cuando se ha manifestado en un núcleo social, solo ha traído caos, incertidumbre y recesión económica. Algunos consideran que la anarquía es perniciosa (y de *facto* utópica) debido a que los individuos son seres gregarios que necesitan ser organizados políticamente a través de leyes que regulan su comportamiento externo.

Animal político. Locución acuñada por el filósofo griego Aristóteles, con la cual hace referencia a la naturaleza gregaria del individuo. Para este pensador, el humano ineluctablemente es y será siempre un ser social, de interacción, teniendo en todo momento la necesidad de organizarse civilmente con sus congéneres para alcanzar sus fines personales y grupales.

El hombre que se auto-segrega está condenado a perecer. La colectividad genera una sinergia interactiva necesaria que permite la subsistencia de los individuos y su evolución social.

Antecedentes del conflicto. Conjunto de precedentes históricos que revelan la génesis de una dinámica conflictual y su proceso cronológico evolutivo.

Para poder desarrollar un mapeo del conflicto de manera integral, es menester conocer los hechos que dieron origen al mismo, siendo necesario documentarlos y ordenarlos sistematizadamente, de tal tenor que se pueda acceder (o al menos aproximar) a la verdad histórica del conflicto, facilitándose la comprensión holística del mismo.

Antipatía. Predisposición emocional de aversión y rechazo (regularmente inconsciente), en la que un individuo expresa animadversión, disposición negativa o inquina hacia un individuo o grupo de individuos, que puede derivar en la generación de ambientes de tensión y desembocar en hostilidades tácitas, verbales o físicas entre los involucrados.

Apercibimiento. En sentido amplio, es la advertencia que hace una autoridad o institución a una persona (física o moral) de las consecuencias que pueden derivarse del incumplimiento de alguna obligación que ha contraído. En materia de Justicia Alternativa, las UMECAS (como organismos encargados de dar seguimiento y supervisar que se cumplan los *planes de reparación del daño* suscritos en una *"suspensión condicional del proceso"*, a través de un mecanismo alternativo) cuando se percaten de un incumplimiento provisional del acuerdo, podrán apercibir al individuo, advirtiéndole que sí no reanuda su compromiso, podrá perder su derecho a resolver alternativamente el conflicto, lo que traerá como consecuencia que se reinicie formalmente la causa penal en su contra.

"Aplicación de ley más favorable". Principio rector del derecho penal que basa sus postulados en la filosofía *pro persona,* cuya teleología es buscar que el imputado sufra la menor lesividad posible en su esfera jurídica, a consecuencia de una determinación legal. Toda autoridad procurará siempre aplicar la norma que brinde un espectro de derechos más amplio para el justiciable, a través de un ejercicio de ponderación, el cual tomará en cuenta el bloque de constitucionalidad y el bloque de convencionalidad en materia de derechos humanos.

Aprendizaje cognitivo conductual. Enfoque teórico epistémico que considera que todo comportamiento humano es aprendido por la propia experiencia del individuo (rol social, actividades, aptitudes, aprendizajes condicionados, lenguaje, percepciones, etc.). Esta corriente considera que los conflictos intrapersonales pueden ser resueltos si se comprende su dinámica funcional y se enseña al individuo a aprender a relacionarse con el mundo exterior en el que se evocó el conflicto. Los partidarios del enfoque conductual consideran que el comportamiento puede reeducarse, permitiéndole al individuo trascender el conflicto o al menos convivir con él de manera funcional.

Arbitraje médico. Proceso de negociación extrajudicial al que se someten voluntariamente las partes (binomio médico-paciente) a efecto de lograr a través del diálogo y con la intervención de un árbitro, la resolución de un conflicto, evitándose con ello acudir a una instancia judicial penal. El facilitador debe ser un árbitro conocedor de la ciencia médica y su actuación debe constreñirse a los principios de objetividad, equidad, profesionalismo, neutralidad y mínima intervención. El laudo emitido por el árbitro tiene efectos vinculantes para las partes.

Arbitraje. Esquema heterocompositivo para resolver una controversia, en virtud del cual, dos o más personas (físicas o jurídicas) se someten voluntariamente a un procedimiento extrajudicial, en el que un tercero neutral llamado árbitro valora objetivamente la causa y *a posteriori* emite una resolución (laudo) que deberá ser acatada en sus términos por las partes que se sometieron a esta dinámica arbitral.

El arbitraje es uno de los esquemas para dirimir conflictos formales más antiquísimos; en el *Código Hammurabi*, en *la Lex Aebutia* y en el *Código Decenviral Romano* ya se hacía alusión a esta figura.

El vocablo árbitro tiene su origen en la palabra latina *arbiter*, que significa: *"el que dirime causas justas"*.

La figura del árbitro debe tener las siguientes características:
I. Su actuación siempre será de buena fe.
II. Neutral.
III. Será nombrado por las partes.
IV. De comprobada reputación y calidad moral.
V. Su actuación puede ser remunerada u honorífica.
VI. Es especialista en el tópico al que se somete el dilema arbitral.

Archivo temporal de una carpeta de investigación. Facultad discrecional concedida al Ministerio Público, a efecto de suspender provisionalmente la pesquisa de un delito, en razón de que no se tienen elementos, evidencias y estándares probatorios suficientes para esclarecer los hechos del evento delictivo que se investiga. El archivo temporal puede reabrirse apenas se obtengan nuevos datos que permiten el avance en la investigación.

Asertividad. Virtud de la inteligencia emocional que facilita a un individuo el poder expresar sus pensamientos y emociones de manera transparente y directa, sin asomo de hostilidad hacia su interlocutor. La asertividad es la capacidad de manifestar emociones tanto positivas como negativas de una manera adecuada, racional y ecuánime.

En todo *mecanismo alternativo de solución de controversias,* (mediación, conciliación o junta restaurativa) el facilitador debe invitar a las partes a que se expresen de manera asertiva, con la finalidad de conseguir entendimientos claros y acuerdos justos en la negociación.

Asesor jurídico victimal. Figura jurídica de nuevo cuño en la legislación penal mexicana, que fue incorporada en el *Código Nacional de Procedimientos Penales,* que dota a la víctima, de un abogado (gratuito) especialista en el sistema penal acusatorio, para que le acompañe durante el derrotero del proceso y coadyuve con el Ministerio Público en todo momento, para defender sus intereses jurídicos.

Respecto a esta figura, el art. 110 de la ley adjetiva nacional, establece:

"En cualquier etapa del procedimiento, las víctimas u ofendidos podrán designar a un Asesor jurídico, el cual deberá ser licenciado en derecho o abogado titulado, quien deberá acreditar su profesión desde el inicio de su intervención mediante cédula profesional. Si la víctima u ofendido no puede designar uno particular, tendrá derecho a uno de oficio. Cuando la víctima u ofendido perteneciere a un pueblo o comunidad indígena, el Asesor jurídico deberá tener conocimiento de su lengua y cultura y, en caso de que no fuere posible, deberá actuar asistido de un intérprete que tenga dicho conocimiento. La intervención del Asesor jurídico será para orientar, asesorar o intervenir legalmente en el procedimiento penal en representación de la víctima u ofendido ".

Asimilación del proceso de mediación. Es el ejercicio cognitivo de ponderación, discernimiento, comprensión y aceptación, que progresivamente van gestando los intervinientes del conflicto, promovido por el facilitador del mecanismo alternativo, a efecto de que los términos del convenio sean claros, edificantes y aceptados con plena autonomía de voluntad por las partes. El desarrollo de múltiples sesiones de mediación, diferidas en el tiempo, siguiendo un cronograma diseñado con base en las necesidades de los intervinientes, facilita la asimilación del proceso restaurativo y su ulterior y exitosa materialización.

Asociación Americana de Arbitraje. Es el organismo público de mediación y arbitraje más importante y consolidado en los Estados Unidos de América. Fue fundado en el año 1926, y en la actualidad cuenta con una red de institutos que resuelven aproximadamente 8,000 asuntos anuales, teniendo más de 18,000 árbitros adscritos a su Organización. Cuenta con financiamiento público y ofrece sus servicios sin ánimo de lucro a particulares, empresas, organismos estatales, etc.; además auxilia a los tribunales formales que le derivan asuntos para que resuelva las causas susceptibles de ser resueltas a través de un mecanismo alternativo de solución de conflictos.

Asociación civil. *"Reunión voluntaria de varios individuos (asociados), de manera que no sea enteramente transitoria, para realizar un fin común, que no esté prohibido por la ley y que no tenga carácter preponderantemente económico".* (*Art. 2670 del Código Civil Federal*). Las asociaciones civiles tienen por lo regular fines loables y humanitarios de difusión, defensa o promoción de derechos colectivos.
V.gr.: Asociaciones de difusión de la cultura, asociaciones de promoción artística, literaria, cinematográfica, etc., asociaciones para el rescate de patrimonio cultural, asociaciones de defensa de comunidades indígenas, asociaciones deportivas, asociaciones de padres de familia, etc.

Asunción de responsabilidad penal. Acto de madurez personal en virtud del cual, la persona que cometió un evento delictivo, acepta formalmente su responsabilidad y a través de un acto genuino, se predispone a resarcir el daño a la víctima u ofendido, aceptando las consecuencias y cargos que se derivaron de su acción antijurídica. La diferencia entre la prueba confesional y la asunción de responsabilidad, es que la primera se efectúa ante una autoridad ministerial, mientras que la segunda se hace *"motu proprio"* de forma espontánea en cualquier etapa del proceso, sin coacción institucional. Para que pueda tener verificativo un mecanismo alternativo, es menester que de forma voluntaria el imputado acepte su responsabilidad y se predisponga volitivamente a iniciar un ejercicio restaurativo (*acuerdo reparatorio o suspensión condicional del proceso*), en el que la víctima u ofendido se sienta resarcido en su bien jurídico que le fue afectado.

Asunción de responsabilidad para obtener un beneficio. Talante de honestidad en virtud del cual un individuo acepta las consecuencias exógenas que derivaron de un acto que cometió, haciéndose cargo de la reparación de los daños causados. La *"assumptio"* del acto, es el primer paso para lograr el éxito de un *acuerdo reparatorio* en la justicia alternativa.

Algunas legislaciones conceden beneficios (derecho premial) a aquellos individuos que libremente aceptan su responsabilidad penal, como es el caso del *procedimiento penal abreviado*, en el cual se le ofrece al individuo la reducción de la pena, si acepta los cargos que se le imputan en un momento procesal determinado.

Atenuación de la pena. Beneficio que recibe el sujeto sentenciado, que consiste en que la pena que recibió por la comisión del crimen (del cual se acreditó su responsabilidad), le es disminuida por el juez que la emitió, por considerar que existen elementos para presuponer su poca peligrosidad social, ya sea por ser *"primodelincuente"*, o porque el delito que cometió, se efectuó bajo circunstancias imprevisibles o por tener un estado de consciencia atípico que alteró su volición.   La gran mayoría de los códigos penales sustantivos, para ciertos delitos establecen atenuantes, tales como:
*Preterintención o emoción violenta.
*Incomprensión de la conducta desplegada.
*Amenaza grave.

*Pertenencia a alguna comunidad indígena, en la que se desconocen ciertos convencionalismos urbanos.
*Entre otras.

Autarcía. Ideología que defiende la creencia de que todo individuo, ente, mecanismo o sistema para ser autónomo debe ser autosustentable, sin depender de ningún factor exógeno o influencia externa. Esta doctrina ha sido fuertemente criticada, ya que fomenta el segregacionismo, en el que las personas o grupos que lo practican adoptan una postura asocial y egocéntrica, creyendo que pueden prescindir de los demás.

Autarquía. Capacidad que tiene un individuo, una institución o un Estado de autogestionar su propia realidad intrínseca, libre de cualquier dependencia externa. Este concepto no debe confundirse con la anarquía, pues mientras esta busca la anulación de la figura estatal, aquella simplemente intenta emanciparle de cualquier intervención exógena.

En psicología, este vocablo alude a la acción que adopta un individuo en su afán de buscar y procurar su autonomía plena, su libertad interna y la emancipación de cualquier influencia exterior. Esta concepción ha sido calificada de utópica por muchos pensadores, quienes consideran que el individuo como ser naturalmente político y social, jamás podrá sustraerse de los influjos de la naturaleza exterior y de la influencia cultural que ejerce sobre él, la comunidad a la que pertenece.

Autocomposición. Esquema de gestión de conflictos que prescinde completamente de los órganos jurisdiccionales formales, para resolver un conflicto, siendo este solucionado directamente por los involucrados del mismo, quienes haciéndose recíprocas concesiones, celebran un convenio que pone fin a su controversia. La mediación es el modelo autocompositivo por antonomasia, pues si bien es cierto que en este intervine un tercero externo diferente a las personas en conflicto, también lo es que su intervención es meramente de moderación, pues en este esquema, el facilitador no puede emitir juicios sesgados, ni propuestas que incidan en el convenio, siendo su participación exclusivamente de coadyuvancia operativa y logística. En materia penal para que pueda tener verificativo el ejercicio autocompositivo es menester que las partes renuncien al proceso jurisdiccional formal y se sometan a las reglas del proceso alternativo.

Autogobierno carcelario. Fenómeno informal que se presenta en ciertos núcleos penitenciarios, a consecuencia de la anarquía institucional parcial que se da en su interior, debido a la poca presencia de custodios carcelarios, aunada a la indiferencia que las autoridades tienen hacia su población de internos, generando con ello que los propios reos organicen actividades de logística, vigilancia, coordinación de tareas, etc., lo cual desemboca en abusos sistemáticos de derechos humanos, corrupción, extorsión, violencia, manipulación, disputas internas, operaciones clandestinas y actos criminógenos.

El autogobierno carcelario ha sido un fenómeno creciente en la última década y tanto la *Comisión Nacional de Derechos Humanos*, como las *Comisiones Estatales de Derechos Humanos*, en sus ámbitos competenciales han emitido múltiples recomendaciones para que las autoridades penitenciarias erradiquen esta prácticas indeseables.

Autonomía moral. Capacidad intrínseca que tiene un individuo de tomar decisiones con base en su consciencia y no por presiones externas. La autonomía moral implica la autorresponsabilidad y la asunción axiológica de las consecuencias que se desprenden de los actos propios.

El recto discernir y actuar, dotan a un individuo de calidad moral, en consonancia con los principios deontológicos que permean en la sociedad en un tiempo y espacio determinados.

Autoridad moral. Título honorífico que se le da tácitamente a una persona, en reconocimiento a su trayectoria, por haber realizado una actividad u haber ostentando un cargo con honradez, impecabilidad, prudencia, sabiduría y honorabilidad durante un largo periodo de tiempo. La persona que se ha ganado esta reputación suele ser considerada una voz autorizada para dirimir sobre una temática, de la cual tiene todas las credenciales, pero sobre todo la experticia; garantizándose con ello que la opinión o diagnóstico que vierta sobre un tema específico, será siempre esgrimida con objetividad, profesionalismo y neutralidad.

Autoritarismo estatal. Abuso de poder atribuido al Estado, en razón de que impone su voluntad unilateralmente, sin tomar en cuenta los derechos de terceros, los cuales son anulados o desconocidos. Los regímenes absolutistas suelen valerse de la fuerza pública, como mecanismo de opresión, vulnerando sistemáticamente los Derechos Humanos de sus justiciables.

Avenencia. Convergencia de dos posturas antagónicas, que a través de una negociación llegan a un acuerdo en el que resuelven sus diferencias. Avenir implica armonizar eclécticamente dos posturas encontradas.

Ejercicio dialéctico bilateral o a veces multilateral en el que se debaten intereses contrapuestos, a efecto de encontrar una solución que satisfaga las expectativas de todas las partes.

Confrontación de una tesis y una antítesis, para alcanzar a través de un acuerdo dialéctico, una síntesis.

Axiología jurídica. Rama de la filosofía del derecho que estudia los valores como parámetro regulador de los modelos jurídicos que rigen en la sociedad. Es llamada también como *"teoría de la justicia"* y su objeto de estudio es la categoría del *"deber ser"* en el proceso de creación, implementación y materialización de una norma legal. Basada en principios de derecho natural, la axiología jurídica es inspiradora de los derechos humanos y las garantías individuales y sociales que rigen la parte dogmática de los textos constitucionales.

Analizando a la "Moral" y al "Derecho" como categorías independientes, Eduardo García Máynez, considera que la ley positiva es bilateral, pues implica el binomio de interacción entre el Estado y el individuo receptor de la norma, en cambio la norma moral es unilateral pues solo se desarrolla en el fuero interno del individuo; la norma jurídica es heterónoma, pues se interrelaciona de forma exógena con otras normas externas, en cambio la norma moral es autónoma, pues no depende de categorías exteriores; la norma jurídica es coercible pues su cumplimiento es una obligación impuesta por el Estado, en cambio la norma moral no es coercitiva, pues a ningún individuo se le puede exigir su cumplimiento forzado.

Axiología. Rama de la filosofía que tiene como objeto de estudio los valores universales, su naturaleza y su aplicación en el comportamiento humano en sus relaciones con el exterior. La axiología como ciencia transversal es fuente complementaria de la justicia restaurativa, la cual se basa en principios ontológicos de humanismo, dignificación del ser humano, equidad, justicia, armonía, solidaridad, avenencia y paz.

B

Bandera de la paz mundial. Insignia utilizada como un símbolo universal de fraternidad que representa el respeto a la diversidad ideológica, cultural, religiosa, política, étnica, racial, etc. Su simbología se integra de tres esferas rojas, colocadas en forma concéntrica al interior de un círculo rojo mayor que les envuelve. Estas esferas representan la unidad, el equilibrio y la paz.

La bandera de la paz mundial es utilizada en la gran mayoría de los movimientos pacifistas, en los que también se observan banderas con los colores del arcoíris que representan la tolerancia a la diversidad y la aceptación de todas las formas de pensamiento.

Bandera del orgullo y la diversidad. Lábaro que es utilizado por la comunidad LGBT, diseñada con pliegues de ocho colores: rosa (sexualidad), rojo (vida), naranja (salud), amarillo (luz), verde (naturaleza), turquesa (arte), azul (serenidad), violeta (espíritu). Los colores unidos en la bandera aluden a la convivencia respetuosa de todas las creencias y formas de pensamiento que pueden coexistir en armonía.

Bertrand Russell. Filósofo británico, escritor de múltiples tratados de filosofía. Reconocido mundialmente por su talante pacifista, participó como activista para promover la *"no guerra"* y el desarme nuclear. Fue encarcelado durante la primera guerra mundial, donde advirtió lo absurdo de las prácticas bélicas en el mundo. Defensor de los Derechos Humanos, especialmente de la libertad absoluta de expresión de las ideas. Fue galardonado con el *Premio Nobel de Literatura* en el año 1950, empero, por su titánica labor como pacifista, bien pudo ser acreedor al *Nobel de la Paz*.

Bien común. Prerrogativa mancomunada de la que gozan sin exclusión todos los miembros de la comunidad y de la que todos deben hacerse responsables para su preservación. El bien común también es entendido como el bienestar general al que aspiran todos los ciudadanos y que debe ser garantizado por el Estado. La antinomia del bien común (como *statu quo*), es el delito, por ser la conducta antisocial que altera la armonía colectiva.

Bien jurídico tutelado. Concepto global utilizado en el derecho penal, para referirse a todos aquellos objetos, intereses, condiciones, categorías, circunstancias o prerrogativas adquiridas o latentes que protege el Estado y que cuando son vulneradas, se legítima al ministerio público para que persiga la conducta delictiva, que de acreditarse, será incoada ante un juez penal para que declare el derecho: reparando el daño a la víctima y castigando al culpable.

En los sistemas garantistas, la protección de los bienes jurídicos son la prioridad suprema, sus esquemas son antropocéntricos, poniendo su atención en el individuo *per se* y en la tutela integral de sus derechos fundamentales.

Los principales bienes jurídicos tutelados por el derecho penal, son: la vida, la salud, la integridad personal, la propiedad, el libre desarrollo de la personalidad, la libertad ambulatoria, la seguridad, la libertad sexual, el honor, etc.

Brazalete electrónico. Dispositivo digital inteligente que es utilizado por las autoridades ministeriales, a efecto de monitorear y *geolocalizar* a un individuo que está bajo una medida de supervisión o una medida cautelar, con la finalidad de identificar su paradero y poder estar en comunicación instantánea a distancia con él, cuando se requiera. El brazalete electrónico también es utilizado por las UMECAS (*Unidades de Supervisión de Medidas Cautelares*), para dar seguimiento y monitoreo al cumplimiento del plan de reparación del daño al que se obligó a cumplir el imputado en la salida alterna al juicio, a través de una *suspensión condicional del proceso*.

Buenos oficios. Es la práctica en el derecho internacional, en virtud de la cual una *Potencia* ofrece unilateral y voluntariamente sus servicios diplomáticos de mediación y arbitraje, para que los países que tienen algún conflicto de intereses, puedan convenir una negociación a través de un acuerdo justo de amigable composición. Los buenos oficios presentados por *potencias* extrañas, no tienen fuerza vinculante para las partes en controversia, ya que estas últimas tienen total autonomía, para deliberar sobre la aceptación o no de tales propuestas. Toda sugerencia conciliatoria debe estar libre de cualquier sesgo de coacción externa y presión internacional que pueda vulnerar la idiosincrasia política o soberanía de una nación.

Bullying. Hostigamiento reiterado (físico, emocional o verbal) que se ejerce sobre un individuo, a menudo vulnerable o que se encuentra en condición de inferioridad física o psíquica, respecto a su agresor. Esta práctica suele asociarse con el maltrato escolar (*"school bullying"*), pero puede extrapolarse a cualquier situación de acoso, intimidación, vejación, coacción, segregación, *"ciber-acoso"*, que se da en una relación de jerarquía real o implícita. Debido a la creciente expansión de este fenómeno, Organismos Internacionales y Comisiones de Derechos Humanos locales han promovido con denuedo, la implementación de proyectos profilácticos al interior de los centros escolares, para proscribir estas prácticas hostiles en cualquiera de sus modalidades.

C

Cámara Gesell. Cubículo acondicionado para poder observar el comportamiento de un individuo desde un cristal lateral, sin que la persona en su interior sepa que está siendo supervisada externamente. La observación a través de la *Cámara Gesell* fue una metodología desarrollada por el psicólogo Arnold Gesell, para diagnosticar el comportamiento de niños altamente sensibles, evitándoles la incómoda presencia de adultos extraños que pudieran inhibir su conducta. La *Cámara Gesell* se estructura de dos espacios contiguos divididos por un cristal que solo tiene visión unilateral de un lado del cubículo hacia el otro. La dinámica de observación a través de la *Cámara Gesell* ha sido implementada en terapias psicológicas, audiencias judiciales, procesos de mediación, etc., principalmente para la protección de los niños y de personas hipersensibles que hayan sido víctimas o testigos oculares de delitos violentos o de naturaleza sexual. Esta práctica también se utiliza para que las víctimas de un delito, identifiquen a sus agresores sin tener un contacto visual directo con ellos. En delitos asociados al crimen organizado, también se puede utilizar la *Cámara Gesell*, con testigos protegidos. Eventualmente en sesiones de mediación se pudiera valorar la utilización de la *Cámara Gesell*, cuando haya menores involucrados en el proceso restaurativo, ello en consonancia con el principio de protección del *interés superior de la niñez*.

Careo. Ejercicio de confrontación verbal directa, en virtud del cual presencialmente dos individuos intercambian información respecto a un tema del cual se tienen enfoques disímiles. El careo es supervisado por una autoridad, regularmente judicial, la cual modera el debate, para que este sea edificante y no derive en actos de hostilidad. Esta práctica de intercambio de ideas, sigue una dinámica dialéctica de réplica y contrarréplica.

Carpeta de investigación. Expediente que compila cronológica y sistematizadamente, el conjunto de actividades, diligencias, pruebas, dictámenes, informes policiales, registros de custodia, bitácoras de comunicación entre autoridades, fotografías, etc.; a efecto de que el Ministerio Público organice toda la información que se ha desprendido de la investigación de un delito y que una vez que estime suficiente, sea presentad ante un juez penal de control, para incoar un proceso penal en el que se logre esclarecer los hechos, reparar el daño a la víctima y castigar al responsable de la comisión del delito.

Carta de no antecedentes penales. (Carta de policía). Constancia de registros criminalísticos en los que se da cuenta del historial penitenciario de un individuo. Este documento a menudo es solicitado por empresas en procesos de contratación de personal; en trámites migratorios; en trámites administrativos e incluso en trámites académicos.

Esta práctica ha sido criticada incisivamente por la doctrina, por considerar que atenta contra derechos humanos (presunción de inocencia, dignidad de la persona, protección de datos, etc.,) ya que genera una carga estigmatizante de por vida, para quienes ya purgaron su condena en un núcleo carcelario y de los que se presume su readaptación social.

Caso Campo algodonero vs México.
Caso emblemático que conoció la Corte Interamericana de Derechos Humanos en el año 2007, condenando al Estado mexicano en el año 2009 por la responsabilidades institucional que se desprendió de la violencia de género y el homicidio doloso de tres jóvenes adolescentes que fueron brutalmente asesinadas en Ciudad Juárez y cuyos cuerpos fueron hallados en un campo de cultivo de algodón (de ahí el nombre informal con el que se ha popularizado esta causa).

La Corte Interamericana condenó al Estado mexicano, a las siguientes obligaciones:
* Indemnizar pecuniariamente a las familias de las víctimas.

Sancionar disciplinaria, administrativa y penalmente a todas las autoridades que actuaron con negligencia u omisión en la investigación de las jóvenes muertas en Juárez.

*Publicar la sentencia en el Diario Oficial de la Federación y en un Diario nacional de amplia circulación.

*Reconocer públicamente su responsabilidad por las violaciones de Derechos Humanos que se documentaron en la presente causa.

*Erigir un monumento póstumo para conmemorar la memoria de las víctimas del homicidio, por razón de género.

*Crear programas y protocolos para la búsqueda expedita y exhaustiva de mujeres desaparecidas.

*Adecuar el marco jurídico nacional para establecer ordenamientos y protocolos locales para la protección de las mujeres que garantice a este grupo social, una vida libre de violencia.

A raíz de esta sentencia, México inició un vertiginoso impulso de leyes de protección a las mujeres y se tipificó por primera vez el delito de *feminicidio* en múltiples ordenamientos penales.

Caso Rosendo Radilla Pacheco vs México. Caso emblemático que llegó a la jurisdicción de la Corte Interamericana de Derechos Humanos en el año 2004, incoado en contra del Estado mexicano por *desaparición forzada* del líder activista Rosendo Radilla Pacheco; en el que se condenó a México en el año 2009, al cumplimiento de las siguientes obligaciones:

*Indemnizar pecuniariamente a los familiares de la víctima.

*Continuar las pesquisas forenses para esclarecer los hechos.

*Hacer un cambio estructural en su sistema judicial de manera integral.

*Hacer una revisión institucional exhaustiva que derive en cambios estructurales en el modelo ministerial de investigación y persecución delictiva.

*Modificar el marco jurídico, a efecto de que todo militar que se vea inmiscuido en un delito, sea procesado por la justicia ordinaria y no por la jurisdicción castrense.

Caución de no ofender. Es una garantía pecuniaria que a manera de depósito, una persona que ha accedido a un beneficio preliberacional, entrega a la autoridad, a efecto de garantizar que no volverá a reincidir en esa conducta delictiva. Este tipo de fianzas, son mayoritariamente solicitadas en delitos patrimoniales, aunque algunos códigos penales no las limitan a un espectro específico de conductas.

Caucus. Técnica utilizada por los gestores de mediación que consiste en desarrollar reuniones individuales con los intervinientes del conflicto, por separado y previo al proceso oficial de mediación, a fin de incentivar en ellos, confianza, empatía y empoderamiento; permitiéndoles que se familiaricen con el escenario conciliatorio y ayudándoles a liberar la tensión y el nerviosismo natural que pudiera predisponerles o bloquearles ya en la sesión formal de avenencia. Las sesiones individuales ayudarán a cada uno de los involucrados a sentirse reconocidos, escuchados y no juzgados. Así mismo, este ejercicio proporcionará al facilitador (mediador o conciliador) información más completa del contexto del conflicto, con lo cual podrá desarrollar un diagnóstico del mismo de manera más integral.

Celeridad procesal. Principio contemplado en el derecho adjetivo que busca el dinamismo de cada una de las actuaciones que tengan verificativo en la sede jurisdiccional. El dinamismo en el proceso, es la buena praxis que debe procurar todo tribunal, pero que a veces se ve entorpecida por la excesiva carga de trabajo que presentan. Este principio es una garantía constitucional para el justiciable que está incorporada en la Carta Magna, que en su numeral 17° a la literalidad reza: *"toda persona tiene derecho a que se le administre justicia por tribunales que estarán expeditos para impartirla... emitiendo sus resoluciones de manera pronta, completa e imparcial"*.

Centro de Mediación. Órgano institucional con autonomía técnica y operativa, auxiliar de la autoridad ministerial y de la autoridad judicial, orgánicamente constituido, que tiene como finalidad descentralizar la justicia alternativa, ofreciendo a la ciudadanía servicios gratuitos de mediación y conciliación, a efecto de que dos o más personas involucradas en una controversia, puedan resolver a través de la amigable composición su desavenencia, evitando con ello la escalada del conflicto, que pudiera traer implicaciones jurídicas mayores. Los Institutos de Justicia Alternativa de acuerdo a su ley orgánica tienen además la facultad de certificar a nuevos mediadores, impartir cursos de capacitación y acreditar diplomados impartidos por centros privados de mediación. Por disposición legal, tienen la obligación de llevar una base de datos que registre y sistematice toda la información estadística de los convenios que se celebren en sus sedes, garantizando con ello la transparencia de sus actividades.

CERESO. (Centro de Readaptación Social). Institución destinada a recluir a los reos del fuero local que han sido acreedores a una sentencia condenatoria firme, a efecto de recibir un tratamiento integral, que les permita reencauzar su conducta y reinsertarse funcionalmente a la sociedad, una vez adquiridas las aptitudes y actitudes resocializantes suficientes en su estancia carcelaria, mientras compurgan su pena. Las cárceles son reguladas por el Estado, aunque en los últimos años ha habido una tendencia a su privatización parcial, con la finalidad de optimizar su operación.

Certificación del mediador y del conciliador. Acreditación oficial que se exige a todo facilitador de un mecanismo alternativo de solución de controversias público o privado, con la finalidad de garantizar que sea portador de las credenciales académicas, de los conocimientos técnicos y de las cualidades éticas para desempeñar su funciones de forma óptima y profesional. Cada entidad federativa dentro de su marco legal de justicia alternativa, especifica los parámetros para la certificación local de sus mediadores y conciliadores.

De forma generalizada, los requisitos que debe cumplimentar el aspirante a facilitador son los siguientes:
1. Ser ciudadano mexicano y acreditar su residencia en el país, mínimo 5 años antes de su postulación.
2. Tener un título y cédula profesional.
3. Gozar de buena reputación y ser de reconocida honorabilidad pública.
4. No haber sido condenado nunca por delito doloso.
5. Acreditar el curso de capacitación en un centro de mediación oficial.
6. Presentar su postulación oficial (exposición de motivos).
7. Ser aprobado en la entrevista personal y superar los exámenes psicométricos. 8. Para los mediadores privados, comprobar que cuentan con un espacio funcional para llevar a cabo las sesiones de mediación o conciliación en su caso.

César Lombroso. Criminólogo y médico italiano (1833-1909) que desarrolló la teoría del *"delincuente nato"*, cuyos postulados aseveraban que era posible identificar a un criminal por el solo mérito de su apariencia física (el tamaño de la cavidad craneal, la forma de los lóbulos de los oídos, asimetría en la frente, el tipo de mandíbulas, etc.).
Lombroso hizo una clasificación de tipología de delincuentes:
1. Criminal nato.
2. Delincuente moral.
3. Delincuente epiléptico.
4. Delincuente pasional.
5. Delincuente ocasional.

Su teoría de frenología ha sido muy criticada por los criminólogos modernos; sus detractores consideran que clasificar a criminales por su aspecto físico, es una generalización pseudocientífica inaceptable. Sin embargo sus postulados siguen siendo estudiados y han inspirado nuevos estudios de criminología forense, especialmente para la creación de tipologías y perfiles criminales.

Cesare Beccaria. Filósofo del derecho (1738-1794), considerado uno de los padres históricos del *"garantismo penal"*. En su obra célebre: *"De los delitos y de las penas"*, analiza prolijamente la naturaleza del delito, estimando que si bien la persona que le comete debe ser acreedora a un tratamiento, este no debe ser un castigo (*vindicta*), sino que debe estar focalizado a dotarle de herramientas de regeneración conductual. Beccaria consideraba que el Estado debe tratar a todo procesado con compasión y humanismo; abogó por la abolición de la pena de muerte y criticó la utilización excesiva de las penas, por considerarlas superfluas, poco utilitarias para el delincuente, innecesarias para la sociedad y con poco efecto disuasivo para los delincuentes potenciales. Este pensador fue considerado un adelantado a su época, pues sus postulados revolucionaron el paradigma retributivo de abuso penal que permeaba en Europa durante esa época.

Cifra negra. Locución que hace alusión a todos aquellos delitos que se cometen en la sociedad, pero que no son denunciados por la ciudadanía, ya sea por abulia, desconfianza en las autoridades, desconocimiento del proceso, etc., con lo cual se genera un desfase entre la información estadística que presentan las autoridades, respecto al fenómeno criminal real que priva en la sociedad.

Círculo de ancianos sabios. En algunas culturas indígenas también es conocido como *"Consejo de Ancianos Sabios"*, cuya congregación tenía verificativo cada periodo de tiempo y en la que se debatían los temas más relevantes que se suscitaban en la aldea, *''calpulli''* o comunidad, para que la asamblea consensuadamente tomara las decisiones que mayor beneficio trajeran al colectivo.

En múltiples culturas étnicas, el respeto que se tiene a los ancianos es absoluto, casi solemne. La persona más experimentada se le considera un sabio que puede aconsejar a los más jóvenes y transmitir su conocimiento empírico y bagaje de vida.

Círculo de palabra. Práctica antiquísima que históricamente ha tenido verificativo entre las comunidades indígenas, que consiste en la reunión que tienen dos o más personas de la comunidad, vinculadas por un conflicto y que son congregadas por un *consejo de ancianos sabios de la comunidad*, presidido por un comendador, abuelo chamán o líder espiritual del *"calpulli"* (comunidad). La dinámica consistía en formar un círculo alrededor de una fogata, a efecto de que las personas en conflicto, expusieran su pensar y sentir respecto al problema; las persona hablaban por turnos, mientras los demás bebían cacao, pues se consideraba que esta bebida, tranquilizaba la mente y dotaba al espíritu de sabiduría y entendimiento, favoreciendo la avenencia del conflicto. El líder chamán del círculo, una vez escuchadas a ambas partes, emitía su opinión y propuesta, la cual era considerada casi sagrada por todos los miembros del clan. Estas prácticas eran muy exitosas y por lo regular terminaban con la reconciliación y el perdón mutuo entre las personas que presentaban su causa al círculo restaurativo. En algunas tradiciones *wixárikas* y en otras comunidades indígenas de Bolivia y Perú, estas prácticas son llamadas: *"círculos medicinales"* o *"círculo de dulce palabra"*.

Círculo restaurativo. Modelo alternativo de resolución de controversias, que consiste en la congregación consensuada que tienen todos los involucrados de un conflicto, a efecto de que de manera colectiva se propongan soluciones multilaterales para resolver la problemática que atañe a todos en el grupo. Este esquema de avenencia se sugiere cuando existen múltiples víctimas e imputados en un evento antisocial, o cuando se pretende resolver una problemática que involucra intereses colectivos de una o varias comunidades. Este mecanismo es recomendado para resolver problemas ejidales, conflictos barriales, disputas limítrofes, altercados entre porras de fútbol, etc. La dinámica consiste en reunirse en círculo, para de manera alternada, ordenada y pacífica (bajo la moderación de uno o varios facilitadores), erigir un foro para escuchar la expectativa de cada uno de los intervinientes y llegar mancomunadamente a acuerdos que beneficien a todos los involucrados.

Cisma social. Frase que describe un estado de quiebre en la estructura social, que se genera por una revolución fáctica o ideológica, en la cual se polariza civilmente el Estado, trayendo con ello una anarquía provisional en la que las instituciones dejan de tener control político, jurídico y social, desatando con ello un *"estado de sitio"*, que trae consigo confusión social, guerrillas internas, colapso del Estado de Derecho, crisis económica, escisión social, etc.

Claus Roxin. Filósofo y jurista alemán, considerado una de las mentes más preclaras del derecho penal contemporáneo. Conferencista y académico prolijo, ha recibido decenas de reconocimientos en múltiples universidades del mundo. Sus principales investigaciones versan sobre dogmática penal, políticas para combatir la criminalidad y el análisis de las figuras del proceso penal. Participó en un proyecto alternativo para la sistematización del Código Penal Alemán. Su obra es una de las más citadas en los foros académicos y sus libros han sido traducidos a múltiples idiomas. Y a pesar de su origen alemán, su influencia en el derecho latinoamericano ha sido manifiesta.

Cláusula de salvaguardia. Disposición preventiva que se establece en todos los tratados internacionales, a efecto de garantizar que cualquier adición o cambio que se haga en el futuro en el instrumento internacional, será asumido por el Estado-parte, siempre que brinde mayores prerrogativas; en caso de que el Estado-parte considere que tal modificación ulterior es más restrictiva, tendrá la opción de no hacerla valer y suprimir su naturaleza vinculante.

Coadyuvancia en la investigación. Es la facultad que el Código Nacional de Procedimientos Penales le confiere a la víctima y al ofendido del delito para que formalmente, a través de un asesor victimal puedan adherirse a la dinámica de investigación y colaboración ministerial, con la finalidad de apoyar y colaborar con el fiscal en la estructuración de la *"teoría del caso"*.

El art. 338 de la Ley adjetiva en materia penal, respecto a la figura de la coadyuvancia refiere:

"Dentro de los tres días siguientes de la notificación de la acusación formulada por el Ministerio Público, la víctima u ofendido podrán mediante escrito:

I. Constituirse como coadyuvantes en el proceso;

II. Señalar los vicios formales de la acusación y requerir su corrección;

III. Ofrecer los medios de prueba que estime necesarios para complementar la acusación del Ministerio Público, de lo cual se deberá notificar al acusado;

IV. Solicitar el pago de la reparación del daño y cuantificar su monto".

Código de ética en la Justicia Restaurativa. La ONU en el año 2006 convocó a diversos investigadores reconocidos mundialmente, para crear un *"Manual sobre programas de justicia restaurativa"*, en el cual se desarrolló un apartado de axiología, en el que se describieron los siguientes parámetros y principios de ética que debe regir a la justicia restaurativa:

"Principios relacionados con los intereses de las partes". (Necesidades y derechos).

"Los relacionados con todas las partes".

•*Participación voluntaria y consentimiento informado.*

•*No discriminación, sin consideración de la naturaleza del caso.*

•*Accesibilidad de instituciones de ayuda (incluyendo instituciones de prácticas restaurativas).*

•*Protección de las partes vulnerables en el proceso.*

•*Mantenimiento de la accesibilidad a métodos convencionales de controversia/resolución de casos (incluyendo los tribunales).*

•*Privilegio aplicable a la información revelada antes del juicio (con sujeción al interés público).*

- Respeto de los derechos civiles y a la dignidad de las personas.
- Protección de la seguridad personal.

''Los relacionados con las partes que tienen pérdidas''.

- Sus necesidades y sentimientos deben tomarse en serio.
- Sus pérdidas deben reconocerse.
- Su derecho de reclamar compensación.

''Los relacionados con los responsables de la pérdida impuesta por otros. (Incluyendo a aquellos que enfrentan sanciones penales).''

- Derecho a ofrecer reparación antes de ser formalmente requerido.
- Derecho a un proceso judicial justo (incluyendo la presunción de inocencia en cualquier procedimiento legal posterior).
- Los requerimientos de reparación, cuando sean impuestos, deben ser proporcionados, atendiendo primero a la capacidad del ofensor para restituir y, de manera secundaria, a los daños causados.
- Los requerimientos de reparación deben ser consistentes con el respeto a la dignidad de la persona que ha de realizarla.

''Principios relacionados con los intereses de la comunidad y la sociedad local''.

- La seguridad de la comunidad deberá asegurarse mediante medidas para promover la prevención del delito, la reducción de los daños y la armonía social.
- La solidaridad social deberá promoverse mediante el respeto de la diversidad cultural.
- La solidaridad social deber promoverse manteniendo la moral pública y el respeto por la ley.

''Principios relacionados con instituciones que trabajan junto con el sistema judicial''.

- Se deberá tener consideración a los acuerdos fuera de procesos judiciales, excepto cuando el nivel del daño causado, el riesgo de daños posteriores, los asuntos de política pública, los desacuerdos sobre los hechos o el resultado adecuado, requieran acción de los tribunales.
- El ejercicio de la discreción, sea concreta o sistemática, no debe comprometer los derechos que otorgan las leyes ni llevar a la discriminación.

•*No deben subordinarse medidas de justicia restaurativa a otros objetivos de justicia penal como el desvío o la rehabilitación.*
''Principios relacionados con el sistema judicial''.
•*La reintegración de las partes deberá ser la principal meta de los procedimientos judiciales.*
•*La reparación del daño debe ser el objetivo clave del caso.*
•*Los requerimientos restaurativos deberán ser proporcionados conforme al caso.*
•*Cuando un requerimiento restaurativo sea posible y proporcionado, debe imponerse a pesar de los deseos de las partes en casos penales. Cuando una víctima se niegue a participar, se deberá encontrar un representante.*
•*La voluntad genuina del perpetrador de reparar el daño se deberá tener en cuenta en el fallo.*
•*El contenido de la mediación o las conferencias debe ser considerado privilegiado, siempre con sujeción al público.*
''Principios relacionados con las instituciones de práctica de justicia restaurativa''. •*Compromiso con la práctica basada en derechos, incluyendo un requerimiento de que las partes conozcan sus derechos y se les motive a buscar consejos antes de comprometerse a los acuerdos mediados.*
•*Imparcialidad de los mediadores.*
•*Neutralidad de mediadores.*
(Organización de las Naciones Unidas contra La Droga y el Delito [UNODC]. ''Descripción de una declaración de principios para un código de ética en justicia restaurativa''; Viena, 2006).

Código Nacional de Procedimientos Penales. Ordenamiento jurídico adjetivo, promulgado en el año 2014, que vino a homologar en un solo criterio nacional la forma de aplicación del proceso penal en México. De naturaleza garantista y bajo el modelo penal acusatorio, incorporó figuras de nuevo cuño, como el "procedimiento abreviado", la "acción penal por particulares", "procedimientos especiales para comunidades indígenas", etc. Además de que integró nuevos sujetos procesales, tales como el juez de control, el asesor jurídico víctima, el juez de ejecución penal, etc. Su promulgación obedeció al mandato constitucional establecido en la reforma del 2008 de erigir un sistema procesal penal de corte acusatorio y oral con enfoque en derechos humanos.

En cuanto a la justicia alternativa, el Código Nacional de Procedimientos Penales contempló dos salidas alternas al juicio: *"los acuerdo reparatorios"* (art. 186) y la *"suspensión condicional del proceso"* (art. 191). El Código adjetivo es muy escueto cuando se refiere al tema de la Justicia Alternativa y en cuanto a la Justicia Restaurativa, ni siquiera hace alusión a ella, con lo que se evidencia que este último modelo no ha permeado aún en el sistema jurídico instrumental mexicano.

Código Penal Tipo Único. Proyecto legislativo en ciernes que busca unificar en un solo cuerpo normativo sustantivo, una ley que sistematice a nivel nacional, la descripción de tipos penales, con un criterio uniforme aplicativo en todas las entidades federativas del país. El Código Penal Único permitiría trascender la gran dispersión de criterios que los Estados utilizan para definir las conductas delictivas. Este proyecto ha sido pospuesto en ocasiones múltiples, debido a la falta de voluntad política que han presentado algunas legislaciones locales, al negarse a ceder su autonomía particular, en aras de la materialización de un proyecto integrativo nacional. Sin embargo los progresos (aunque lentos) en la expedición de este proyecto legislativo han avanzado de forma halagüeña y se espera que pronto se tenga un solo *Código Nacional de Procedimientos Penales* y un *Código Penal Único Nacional*.

Cohesión social. Vocablo utilizado por la sociología, con el que se describe la integración, unidad, consenso y sinergia grupal que se da de forma generalizada entre los miembros de una comunidad. Lograr la cohesión social en una sociedad tan pluralizada como la actual se ha tornado en un ideal muy difícil de alcanzar. La discrepancia, la lucha de poderes, la polarización social, la intolerancia y los intereses sectoriales son factores que entorpecen la cohesión social tan necesaria para el impulso de proyectos políticos, jurídicos, económicos y sociales a gran escala en una sociedad evolutiva.

Comediación. Es el modelo alternativo utilizado durante un proceso de resolución de controversias, en virtud del cual, se integran dos o más facilitadores externos invitados al proceso de mediación, con la finalidad de erigir un equipo multidisciplinario que nutra y optimice el proceso restaurativo. La comediación (voluntariamente aceptada por las partes) se enriquece con conocimientos y perspectivas de solución y apreciaciones externas que aportan los profesionales invitados al proceso alternativo.

Comendador. Dícese del líder de algún grupo, aldea, abadía, asociación, etc., que tiene un cargo específico y que está dotado de potestad moral y jurídica para tomar decisiones, respecto al grupo que preside. En los círculos restaurativos de algunas tribus, el comendador hace las veces de mediador o conciliador en la gestión de conflictos que se suscitan al interior de su núcleo social.

Comisión de Derechos Humanos. Organismo público que tiene como teleología, tutelar los derechos humanos de todos los ciudadanos frente a actos fácticos, administrativos o jurídicos que ejerzan las autoridades. Es un organismo autónomo y su teleología es tornarse en un *"tribunal de consciencia"*, que supervise el accionar de las autoridades, a efecto de evitar abusos, tropelías y malas praxis.

Las resoluciones que emite la CDH no son vinculantes, sino meramente orientadoras, esgrimidas con una serie de recomendaciones para que las autoridades que recibieron la queja, tomen en cuenta, a efecto de evitar que se repitan actos similares en lo ulterior.

Las recomendaciones que efectúan las Comisiones de Derechos Humanos, son ventiladas públicamente en su portal electrónico, tornándose en una suerte de apercibimiento no jurídico, sino moralizante. Su razón ontológica se desprende del artículo

102°, apartado B de la Carta Magna, que a la literalidad refiere: *"La Comisión Nacional de los Derechos Humanos conocerá de las inconformidades que se presenten en relación con las recomendaciones, acuerdos u omisiones de los organismos equivalentes en las entidades federativas"*. *"La Comisión Nacional de los Derechos Humanos podrá investigar hechos que constituyan violaciones graves de derechos humanos, cuando así lo juzgue conveniente o lo pidiere el Ejecutivo Federal, alguna de las Cámaras del Congreso de la Unión, los titulares de los poderes ejecutivos de las entidades federativas o las Legislaturas de éstas"*.

Comisión Interamericana de Derechos Humanos. Organismo autónomo creado por la Organización de los Estados Americanos (OEA), cuya finalidad es incentivar el respeto y protección integral de los Derechos Humanos en todo el continente de América. Fue fundada en 1956 y actualmente tiene su sede en Washington, D.C. La Comisión Interamericana de Derechos Humanos es la encargada de recibir quejas y denuncias, las cuales remite a la Corte Interamericana, cuando se tienen elementos de convicción suficientes para su judicialización. También realiza *"visitadurías"* a sus países miembros y emite informes anuales cuantitativos y cualitativos de las gestiones que se diligencian bajo su jurisdicción.

Common Law. Sistema jurídico anglosajón inspirador de múltiples esquemas contemporáneos de Derecho en el mundo. Su principal característica es su flexibilidad, ya que no se enfoca en la aplicación normativa rígida de fórmulas legales preestablecidas, sino que su fuente principal son las deliberaciones jurisprudenciales de los tribunales. Este modelo no contempla leyes escritas, sino que su naturaleza es meramente casuística. De acuerdo a este sistema de justicia, *"las acciones son las que crean al derecho y no el derecho quien crea a las acciones"*. Es decir, para esta tradición del derecho, los precedentes, la interpretación, las costumbres, la doctrina y la jurisprudencia tienen más relevancia al momento de emitir un fallo, que la propia aplicación taxativa de una ley. El modelo jurídico mexicano, cuyo origen deviene de la tradición romano-germánica (de naturaleza solemne y escrita), con la incorporación que ha hecho en las últimas décadas de los juicios orales en algunos de sus sistemas procesales, ha adoptado figuras del *"common law"*, por lo que puede afirmarse que en la actualidad nuestro sistema es una hibridación del derecho romano y del *"common law"*.

Complejo de inferioridad. Sentimiento de baja autoestima que experimenta un individuo, sintiéndose desvalorizado frente a personas y situaciones. El complejo de inferioridad regularmente se acompaña de retraimiento, intimidación social, autosegregación, miedo, depresión, pensamientos autodestructivos, etc. A menudo la persona que experimenta este complejo, intenta polarizar su real sentir, adoptando actitudes de soberbia, altanería, presunción, conductas vejatorias hacia los demás, etc., para intentar aliviar la propia falta de valía que siente hacia sí misma. El complejo de superioridad, eventualmente es solo el intento de ocultar un complejo de inferioridad acentuado.

Comunicación ternaria. Dinámica de interacción e intercambio de información estructurada a través de un esquema triangular, que se conforma por las dos partes en desavenencia, más el facilitador (mediador o conciliador del conflicto), a efecto de desarrollar una logística armónica en el proceso dialógico y un desahogo ordenado y equitativo en el flujo deˡ la información que se verterá en el proceso restaurativo. La comunicación ternaria busca superar el ejercicio confrontativo dual, integrando dialécticamente las posturas antagónicas en un ejercicio conciliatorio integrativo.

Concertación de avenencia. Dícese de todo el proceso de construcción que se va gestando progresivamente en un esquema de mediación o conciliación, a efecto de lograr materializar un convenio que ponga fin a un conflicto de intereses. El éxito de un consenso depende a menudo de la diligencia del facilitador, quien a través de sesiones escalonadas va optimizando el proceso de avenencia, hasta su consolidación.

Conciliación. Mecanismo de resolución de una controversia penal, en virtud del cual, un facilitador certificado, experto en *conflictología*, de forma imparcial y una vez escuchadas las posturas de los intervinientes, propone un esquema de solución híbrido, que satisfaga sus intereses, a través de una propuesta ecléctica en la que se materialice un ganar-ganar para ambas partes. Esta dinámica de resolución de conflictos, implica una gran responsabilidad para el conciliador, debido al rol proactivo que asume durante la sesión de avenencia, por lo que deberá conducirse siempre con la mayor diligencia, profesionalismo y ética en la dirección del proceso.

Condena social. Juicio de reproche que de forma generalizada hace la sociedad a un individuo, por haber cometido un acto aparentemente criminógeno, inmoral o deleznable. El prejuicio es socialmente indeseable, en razón de que atenta contra el principio de presunción de inocencia, el cual establece que no se puede inferir o prejuzgar sobre la responsabilidad penal de un indiciado, hasta que no se demuestre su culpabilidad, a través de una sentencia firme emitida por un tribunal competente.

Conducta antisocial. Dícese de todo comportamiento que atenta contra el bien común, poniendo en entredicho la estabilidad social. De acuerdo al bien jurídico tutelado que lesionen, algunas conductas antisociales son perseguidas por el Estado a través de su facultad punitiva, y otras más por ser de naturaleza baladí (de bagatela), solo se consideran faltas administrativas. En todo caso, estas prácticas son indeseables en una sociedad que aspira a la cohesión y armonía en su entramado.

Conducta típica, antijurídica y culpable. Encuadramiento de una conducta tipo descrita en un código penal, que al demostrarse su realización y el nexo causal entre la acción desplegada por el sujeto activo y la hipótesis normativa, será constitutiva de un delito perseguible por el Estado, a través del Ministerio Público. Las conductas ilícitas pueden materializarse por acción u omisión y en todos los casos se procurará el esclarecimiento de los hechos, la reparación del daño a la víctima y el castigo al delincuente.

Conferencia Internacional para promover la resolución del conflicto en el país Vasco. Congregación emblemática celebrada en el 2011, en el país Vasco, a la que se dieron cita personajes considerados grandes pacifistas contemporáneos, como Kofi Annan, Berti Ahern, Pierre Joxe, entre otros, con la finalidad de promover la paz en ese país y desarrollar propuestas para contrarrestar el terrorismo y la violencia social que ha asechado por décadas a esa región. También fueron invitados líderes reaccionarios para escuchar sus consignas y sus aspiraciones ideológicas. Esta conferencia fue tan provechosa que a los pocos días, la Organización terrorista ETA (Euskadi Ta Askatasuna), emitió un comunicado en el que declaraba que desistía de cualquier actividad armamentística en ese momento, para buscar nuevas rutas de diálogo y negociación política.

Confidencialidad del mecanismo alternativo. Principio rector de la justicia penal alternativa que garantiza que la información que se vierta durante las sesiones de avenencia no será expuesta al escrutinio público, toda vez que lo que se ventile ahí, se resguardará como información personalísima, exclusiva de los intervinientes. La confidencialidad también obedece a que las pretensiones que se exponen en las sesiones (en caso de que el acuerdo no se materialice) pueden derivar en una desventaja para alguna de las partes, cuando se retome el proceso judicial formal.

La *Ley Nacional de Mecanismos Alternativos de Solución de Controversias en Materia Penal*, en su artículo 4°, fracción III, sobre el tema de la confidencialidad, refiere: *''La información tratada no deberá ser divulgada y no podrá ser utilizada en perjuicio de los Intervinientes dentro del proceso penal, salvo que se trate de un delito que se esté cometiendo o sea inminente su consumación y por el cual peligre la integridad física o la vida de una persona, en cuyo caso, el Facilitador lo comunicará al Ministerio Público para los efectos conducentes''.*

Confinamiento. Medida cautelar en razón de la cual se conmina a un individuo a permanecer en determinado lugar, durante el intervalo de tiempo que dura el proceso que se ha fincado en su contra; en este caso, se estaría ante la figura del *arraigo*. El confinamiento también puede obedecer a una orden de restricción en razón de una *medida de seguridad* o una *providencia precautoria*, solicitada por el Ministerio Público, para proteger a la víctima. En algunos planes de reparación del daño, durante la *"suspensión condicional del proceso"*, a menudo, el imputado se compromete a no acercarse a ciertos lugares o a no salir de algún perímetro geográfico específico, con lo que se estaría ante un confinamiento parcial.

Conflicto armado. Enfrentamiento beligerante entre dos o más potencias (cuando trastoca al fuero internacional), o entre dos o más grupos estatales antagónicos (cuando alude a disputas civiles al interior de un país), que tienen intereses contrapuestos y un manifiesto conflicto que yendo en escalada puede derivar en agresiones directas, empleándose armas de destrucción masiva que pueden provocar oleadas de muertes, sembrar terror social y dejar en el ambiente un *egregor* de devastación, desolación, incertidumbre, caos y pánico en el espacio geográfico donde se desarrolla la guerra o guerrilla.

Conflicto de intereses aparente. Dícese de aquéllas expectativas que una persona tiene respecto a un hecho o un derecho, creyendo que desembocará en una situación conflictual, de la cual no se tiene certeza su existencia. También es llamado conflicto imaginario u ontológicamente incierto.

Conflicto de intereses. Disputa entre dos o más individuos, derivada de una situación de hecho o de derecho, que genera entre los involucrados posturas contrapuestas o en proceso de avenencia. Los conflictos de intereses se clasifican en reales, potenciales y aparentes. *Conflicto de intereses real*: tienen realidad ontológica una vez que las partes en conflicto han fijado sus posturas antagónicas, a través de un litigio o proceso resarcitorio material.

Conflicto de intereses potencial: dícese de la proyección de una controversia que puede suscitarse en el futuro a raíz de una causa determinada, la cual aún se encuentra en estado de latencia.

Conflicto de intereses potencial: el conflicto no se ha materializado aún, pero su surgimiento es inminente.

Conflicto de valores. Desacuerdo respecto a la valoración de pensamientos; sentimientos; apreciaciones morales, culturales, conductuales; etc. entre dos o más personas o dos o más grupos con ideologías o creencias diferentes. El conflicto de valores se da por la incompatibilidad entre lo que una persona o grupo cree respecto a *"lo que es"* y a lo que él o ellos consideran *"debe ser"*. Este tipo de dilemas son estudiados por la axiología social.

Conflicto en latencia. Estado de tensión entre dos o más individuos, instituciones o entidades en el que se va incubando una desavenencia creciente, la cual no se ha materializado en la realidad fáctica, pero que se advierte de manera potencial. Los conflictos latentes pueden ser mejor manejados si se gestionan adecuadamente antes de convertirse en conflictos manifiestos.

Conflicto intragrupal. Desavenencia entre dos o más grupos, organizaciones, comunidades o congregaciones con ideologías, creencias o comportamientos antagónicos o incompatibles. Para dar inicio a la desescalada del conflicto e iniciar el proceso de resolución del mismo, es menester que los grupos en disputa, logren comprender los códigos de comportamiento, contexto e inmersión cultural de su contraparte, permitiéndose observar el problema desde una óptica abarcante y transversal, trascendiendo la visión unilateral del conflicto.

Conflicto intrapersonal. Problemática que se desarrolla intrínsecamente en la psique de un individuo, que puede provocarle una crisis emocional, producto de un desfase entre su expectativa y su realidad. El conflicto es introyectado por la persona que lo padece, generándole situaciones de *stress*, ansiedad, depresión, inseguridad, frustración, retraimiento, etc. La persona con actitud asertiva e inteligencia emocional, procurará gestionar el conflicto a través de ejercicios terapéuticos específicos; en cambio, la persona que sea incapaz de gestionar su conflicto, proyectará su problemática en los otros, a través del desplazamiento exógeno de su conducta.

Conflicto legal. Disputa entre dos o más personas (físicas o jurídicas), que es incoada ante un órgano jurisdiccional orgánico y normativamente constituido, el cual a través de un proceso formal dirimirá la controversia a través de la emisión de una sentencia, debidamente fundada y motivada. La *Constitución Política de los Estados Unidos Mexicanos*, en su numeral 13° establece *la prohibición de erigir tribunales creados para causas especiales "ex profeso" o "ad hoc"*. Asimismo el artículo 14° de la Carta Magna establece que *"nadie puede ser privado de su libertad, propiedades, posesiones o derechos, sino mediante juicio seguido ante los tribunales previamente establecidos, en el que se cumplan las formalidades esenciales del procedimiento y conforme a las leyes expedidas con anterioridad al hecho"*.
Todo juicio deberá respetar el debido proceso formal, guiándose por el principio rector de legalidad.

Conflictología social. Rama de la sociología que tiene como objeto de estudio el análisis de las problemáticas que surgen dentro de un núcleo social; estudia las causas originarias del conflicto, sus procesos de desarrollo y manifestación, derroteros, impacto endógeno y exógeno en la sociedad, las metodologías de avenencia social, las formas de regulación penal, etc., con la finalidad de comprender la fenomenología del conflicto y proponer perspectivas potenciales dinámicas de solución.

Confrontación. Acción de poner a dos personas frente a frente para desarrollar un debate que arroje información sobre un hecho o una verdad histórica. En la práctica jurídica forense este ejercicio es llamado *"careo"*, con el cual se busca desarrollar una dinámica de "inmediación" y "confrontación dialógica" entre dos personas, en igualdad de condiciones, a efecto de que expongan sus argumentos, réplicas y dúplicas de forma directa, con la finalidad de que sus palabras y razonamientos sean valorados por un tercero neutral, quien dirimirá la causa.

Confucio. Filósofo y político chino, nacido en el año 551 a. C., cuya doctrina promovía la paz como el camino más óptimo de evolución social. Su enseñanza moral se basaba en los principios de respeto, solidaridad, justicia, dignificación de las tradiciones, amor al estudio, tolerancia, veneración a los antepasados y la práctica constante de la meditación. Su teoría política defendía la práctica del equilibrio entre todas las fuerzas del poder y consideraba que vivir en "el justo medio", es el sendero que conduce a la felicidad y a la realización. Su legado espiritual y moral sigue vigente siglos después y múltiples culturas y tradiciones tienen como modelo inspirador esta doctrina.

Consciencia social. Conjunto de valores compartidos por un grupo de individuos que cohabitan en un espacio geográfico determinado. La percepción y proyección axiológica que tiene la colectividad respecto a una realidad, fomenta la armonía y la cohesión social, la cual se sostiene por una moralidad tácita compartida.

Consejo Técnico Penitenciario. Órgano multidisciplinar integrado por especialistas y profesionales de diferentes ciencias: médicos, psicólogos, criminólogos, sociólogos, trabajadores sociales, antropólogos, pedagogos, etc., que se encargan mancomunadamente de coadyuvar en la toma de decisiones que se llevan a cabo al interior de los núcleos penitenciarios: actualizaciones de reglamentos y protocolos internos, creación de programas de readaptación y reinserción social, análisis focales de problemáticas carcelarias concretas, brindar servicios individuales a los internos, celebrar convenios con instituciones externas, crear programas de capacitación para el personal penitenciario, etc.

Consejos de participación ciudadana. Organismos autónomos creados con la finalidad de establecer un puente de comunicación entre los líderes de la sociedad civil y las instituciones gubernamentales. Estos organismos pretenden ser los voceros de las necesidades que demanda la sociedad y hacer llegar a las autoridades, propuestas de viable implemento para resolver algunas de las problemáticas coyunturales que se tienen desde la percepción ciudadana.

La integración de la ciudadanía en la toma de decisiones políticas es un ejercicio democrático genuino, que fortalece el tejido social. La interacción gobierno-ciudadanía es un binomio que afianza la cohesión social.

Consenso. Avenencia uniforme a la que llegan dos o más personas o instituciones, a través de la exteriorización de su consentimiento, del que se desprende un acuerdo mancomunado que trae implícito obligaciones y derechos compartidos para todos los involucrados.

Constelación familiar. Terapia grupal sistémica que intenta resolver problemáticas, principalmente de disociación familiar, a través del desarrollo de dinámicas de reconfiguración de la estructura genealógica, que lleven a la resolución de conflictos emociones relacionados al abandono, rechazo, depresión, segregación, duelos, etc.

En los procesos de mediación, conocer los antecedentes de un conflicto resulta de suprema importancia, para reencauzar el enfoque del mismo y diseñar nuevas perspectivas de solución.

Constructivismo social. Teoría epistemológica cuyos postulados promueven la idea de que cada individuo construye su conocimiento empíricamente; y consecuentemente el Estado (a través de sus instituciones) debe dotarle de herramientas y recursos para que libremente edifique su propio andamiaje formativo. Esta corriente afirma que la mejor forma de adquirir conocimientos, valores, actitudes y aptitudes, es a través de la experiencia directa, en la que cada individuo, aprende de sí mismo y de su interrelación con el entorno.

Constructo social. Ideología creada por un grupo o sistema que ejerce un impacto dogmático sobre las masas, y aunque puede adolecer de consistencia epistémica y estar permeada de sofismas, se replica como verdad por los defensores de esta creencia.

Contrapropuesta de convenio. Acción de responder a una primera propuesta recibida con otra propuesta que se considera que se apega más a la igualdad de intereses de los intervinientes en el ejercicio de negociación.

La dialéctica en la negociación se basa en el intercambio de opiniones (*a priori* antagónicos), pero que progresivamente se van aviniendo, como consecuencia de la oferta y la contraoferta, hasta alcanzar un punto de equilibrio en el que ambas partes se vean satisfechas en sus intereses, materializándose con ello un acuerdo conciliatorio de *"ganar-ganar"*.

Control de convencionalidad. Parámetro de regulación normativa incorporado a la legislación nacional mexicana, que elevó a categoría de ley suprema (junto con la Carta Magna), a todos los tratados internacionales que versan sobre derechos humanos y que han sido previamente firmados y ratificados por el Estado mexicano.

El control de convencionalidad obliga a todos los juzgadores a contrastar y aplicar todos los instrumentos del sistema interamericano de derechos humanos, así como la jurisprudencia emitida por la Corte Interamericana, a efecto de brindar al justiciable la protección más amplia en su esfera de derechos.

El control de convencionalidad tiene su fundamento constitucional en los artículos 1° y 133° de la Carta Magna, los cuales rezan a su literalidad:

Art. 1° Constitucional. "En los Estados Unidos Mexicanos todas las personas gozarán de los derechos humanos reconocidos en esta Constitución y en **los tratados internacionales de los que el Estado Mexicano sea parte**, *así como de las garantías para su protección, cuyo ejercicio no podrá restringirse ni suspenderse, salvo en los casos y bajo las condiciones que esta Constitución establece. Las normas relativas a los derechos humanos se interpretarán de conformidad con esta Constitución y con* **los tratados internacionales** *de la materia favoreciendo en todo tiempo a las personas la protección más amplia".* (Adicionado, D.O.F. 10 de Junio de 2011).

Artículo 133° Constitucional. "Esta Constitución, las leyes del Congreso de la Unión que emanen de ella y **todos los tratados que estén de acuerdo con la misma**, *celebrados y que se celebren por el Presidente de la República, con aprobación del Senado, serán* **la Ley Suprema de toda la Unión.** *Los jueces de cada entidad federativa se arreglarán a dicha Constitución, leyes y tratados, a pesar de las disposiciones en contrario que pueda haber en las Constituciones o leyes de las entidades federativas".* (Reformado, D.O.F. 29 de Enero de 2016).

Control difuso. Facultad conferida a todos los juzgadores mexicanos para que puedan aplicar el bloque de convencionalidad (tratados internacionales que versan sobre derechos humanos) y el bloque de constitucionalidad, a los casos concretos que lleguen a su jurisdicción, es decir, todo juzgador está legitimado para justificar su actuación en los parámetros constitucionales, independientemente de que su fuero de competencia sea local.

Controversia. Discrepancia que tienen dos o más personas sobre un hecho, un derecho o un fenómeno de la realidad. Toda diferencia de opiniones o percepciones sobre una situación determinada trae implícitas desavenencias gnoseológicas que pudieran devenir en una controversia.

Convención Belém do Pará. Instrumento internacional mejor conocido como *"Convención interamericana para prevenir, sancionar y erradicar la violencia contra la mujer"*, promulgado en el año 1994 por la OEA (Organización de Estados Americanos), con la finalidad de crear un marco jurídico modelo para sus países signatarios, profiláctico, normativo y axiológico para combatir toda práctica de hostilidad hacia las mujeres, que garantice su seguridad, dignidad, libertad y reconocimiento integral en razón de su condición de género.

Esta Convención fue ratificada por México en el año 1998, tornándose vinculante para nuestro país y convirtiéndose en el marco de inspiración de nuevas leyes, cuya teleología era garantizar el acceso de las mujeres a una vida libre de violencia, mismas que fueron promulgándose escalonadamente en las entidades federativas del país.

Las principales prerrogativas consagradas en la *Convención Belém do Pará*, fueron las siguientes:
*El derecho de las mujeres a no sufrir discriminación en ninguna de sus formas de manifestación.
*El derecho a la protección de su integridad física, mental, emocional y moral.
*El derecho pleno a gozar de todas las prerrogativas civiles políticas, económicas, sociales y culturales contemplados en todas las legislaciones locales e internacionales de forma sistematizada y progresiva.

*El reconocimiento absoluto de sus derechos electorales que les permita participar activamente en la vida política de sus países y aspirar a cargos públicos en igualdad de condiciones que los varones.

*Derecho a profesar cualquier culto religioso y a expresar libremente sus ideas sin represión pública.

Convención de Singapur sobre mediación. Instrumento internacional promulgado por la ONU, cuya entrada en vigor tuvo verificativo el 12 de septiembre del 2020, en el contexto de la pandemia SARS-CoV-2 (Covid-19), teniendo como objetivo dinamizar los acuerdos principalmente de mediación en temas de comercio internacional entre los países signatarios, creando un modelo homogéneo normativo con parámetros claros y sucintos que faciliten el cumplimiento de manera expedita la ejecución de los convenios suscritos por los intervinientes.

Convención. Vocablo utilizado en el derecho internacional para definir todo acuerdo, tratado o instrumento jurídico celebrado de forma bilateral o multilateral entre dos o más naciones, cuyos estándares normativos son vinculantes para los contratantes una vez que son firmados y ratificados en sus términos.

En enero de 1980 fue promulgada por la Organización de las Naciones Unidas, la *"Convención de Viena sobre el Derecho de los Tratados"*, tornándose en el instrumento regulador de forma general de los parámetros a los que debe ceñirse a su vez, todo instrumento internacional, a efecto de crear estándares homologados y criterios aplicativos uniformes entre todos los Estados miembros de la Organización (de la que México es parte).

Convergencia armónica. Expresión utilizada en el derecho internacional que hace alusión al encuentro multilateral entre representantes de diversas potencias mundiales, en la que se congregan líderes de países que han tenido tensiones políticas, para buscar acuerdos que beneficien a todos los intervinientes. Las cumbres internacionales tienen como teleología debatir sobre tópicos sensibles (cambio climático, regulación sobre armas nucleares, temas migratorios, intercambios comerciales, etc.) que trastocan a todo el mundo.

Convicto. Nombre que recibe todo presidiario que está purgando una pena en un centro penitenciario, como consecuencia de una condena que recibió por la comisión de un delito que fue acreditada en un juicio penal. La palabra convicto es un vocablo singular; cuando se alude a toda la comunidad de reos de forma generalizada, es más apropiada la expresión: población penitenciaria.

Cooperación internacional. Talante de fraternidad que asumen dos o más países, con la finalidad de establecer un vínculo logístico de apoyo mutuo, en la gestión de trámites diplomáticos, administrativos, mercantiles, jurídicos, etc.; además de crear lazos de ayuda, colaboración y solidaridad en caso de que alguno de estos países lo requiera, a consecuencia del surgimiento en sus latitudes de un fenómeno exógeno imprevisto: desastre natural, contingencia ambiental, contingencia de salud, devastación por ataque terrorista, estado de sitio, etc.

La cooperación internacional permite la materialización de proyectos compartidos que desembocan en un beneficio común; de igual manera facilita el compartir conocimientos académicos, científicos, culturales, técnicos, etc., e intercambiar horizontalmente políticas públicas y buenas prácticas.

Cooperación internacional. Talante de solidaridad que *motu proprio*, asumen algunos Estados respecto a otros, con la finalidad de coadyuvar en su desarrollo económico, político, comercial, social, tecnológico, cultural, etc. Regularmente la cooperación es multilateral y prioritariamente la brindan los países con mayor desarrollo, compartiendo tecnologías, recursos, conocimientos y experiencias para impulsar el crecimiento de los países subdesarrollados.

Correlación. Dícese de dos categorías (objetos, hechos, valores, circunstancias, fenómenos, etc.) que se encuentran vinculados por una relación indirecta de asociación, o indirecta a través de una relación de causa y efecto.

Corresponsabilidad penal. Es la adjudicación de una imputación que se hace a dos o más individuos por su coparticipación en un evento delictivo.

En cuanto al grado de participación, el Código Penal Federal sustantivo en su numeral 13° establece:

"Son autores o partícipes del delito:
I.- Los que acuerden o preparen su realización.
II.- Los que los realicen por sí;
III.- Los que lo realicen conjuntamente;
IV.- Los que lo lleven a cabo sirviéndose de otro;
V.- Los que determinen dolosamente a otro a cometerlo;
VI.- Los que dolosamente presten ayuda o auxilien a otro para su comisión;
VII.- Los que con posterioridad a su ejecución auxilien al delincuente, en cumplimiento de una promesa anterior al delito y
VIII.- los que sin acuerdo previo, intervengan con otros en su comisión, cuando no se pueda precisar el resultado que cada quien produjo.
Los autores o partícipes responderán cada uno en la medida de su propia culpabilidad".

Corte Interamericana de Derechos Humanos. Órgano jurisdiccional encargado de declarar el derecho sobre las causas que se sometan a su competencia, derivadas de violaciones a prerrogativas contempladas en los instrumentos internacionales que integran el *Sistema Interamericano de Derechos Humanos.*
Su sede se encuentra geográficamente situada en San José Costa Rica. Este tribunal se integra por siete jueces de renombre y de gran reputación, que representan a los países signatarios de la OEA. Las

resoluciones de la Corte Interamericana y sus jurisprudencias son vinculantes para los países que se someten a su jurisdicción. México al adoptar en el 2011 el *control de convencionalidad,* legitimó a la Corte Interamericana, como órgano supranacional, obligándose a cumplir cada una de sus resoluciones.

Cosa juzgada. Locución utilizada en la jerga jurídica, que hace alusión a la causa que fue presentada ante un juez competente, el cuál emitió una resolución ejecutoriada con la que se declaró el derecho en definitiva, evitando que en lo ulterior, pueda ser incoada de nuevo ante un órgano jurisdiccional. La declaratoria de *"cosa juzgada"* da certeza jurídica a la sociedad en general y a los justiciables de la causa en particular.

Crímenes de lesa humanidad. Dícese de aquellos actos delictivos de gravedad superlativa que vulneran derechos colectivos y trastocan a todo el mundo, poniendo en entredicho la paz mundial. *V.gr.:* genocidio, ataques terroristas, exterminios raciales, esclavitud, destierros colectivos, conspiraciones mundiales, persecuciones políticas, etc.

A efecto de crear un esquema internacional normativo e institucional para evitar estas ominosas prácticas, se han creado organismos de supervisión, avenencia y cooperación como la ONU (Organización de la Naciones Unidas), la OEA (Organización de Estados Americanos), la UE (Unión Europea), entre otras. También existen tribunales internacionales que conocen estas causas, tales como: la *Corte Penal Internacional* y la *Corte Interamericana de Derechos Humanos,* etc.

Criminalística. Rama del conocimiento que estudia las ciencias forenses, desde una óptica técnica y multidisciplinar, con la finalidad de brindar información científica pericial, principalmente para el procesamiento de *"escenas de crímenes"*, que lleven al esclarecimiento de eventos delitos.

Las principales ciencias auxiliares de la criminalística son: balística forense, antropología criminal, biología forense, endocrinología, dactiloscopía, grafoscopía forense, dibujo forense, entomología forense, victimología, medicina forense, etc.

Crisis emocional. Estado anímico de desorden mental temporal, que produce en el individuo que lo padece un cuadro de neurosis, que lo lleva a actuar de forma irracional, impulsiva, ansiosa, descontrolada o por el contrario lo lleva a sumergirse en una depresión emocional en la que experimenta tristeza profunda, desvalorización, pérdida de identidad, etc.

Las crisis emocionales suelen manifestarse por *lapsus* breves, a menudo por experiencias traumáticas que detonan esta condición. Cuando este estado alterado de consciencia pone en riesgo la integridad del individuo que lo padece o el de personas cercanas a él, los médicos psiquiatras pueden recomendar el internamiento del individuo por una estancia breve, acompañado de tratamiento medicamentoso.

Crisis social de valores. Degradación moral generalizada que sufre una sociedad en un tiempo y espacio determinado, bajo ciertos contextos coyunturales. La pérdida de valores en la sociedad genera una decadencia en su entramado, el cual es afectado en su *statu quo*. La corrupción, el poco impulso a la cultura, la pérdida de confianza en las instituciones, la decadencia de los modelos educativos, la desintegración familiar, etc., son algunos de los factores que detonan crisis de valores sociales.

Criterio de oportunidad. Política criminológica discrecional dada al Ministerio Público, que le faculta para desarrollar una ponderación racional de los costos y beneficios que traerá la investigación de cada delito, a efecto de dar prioridad a la persecución de aquellos que sean de mayor impacto social, procurando resolver a través de esquemas alternativos, los delitos *bagatelarios* de poca cuantía.

Esta política penitenciaria tiene como teleología focalizar los esfuerzos de la fiscalía en el esclarecimiento y persecución de las conductas criminógenas que atenten contra bienes jurídicos de relevancia colectiva, ello con la intención de economizar recursos materiales y disminuir la sobrecarga de trabajo en la integración de carpetas de investigación que pueden resolverse a través de mecanismos pre-procesales alternativos.

A efecto de que se pueda materializar el *criterio de oportunidad*, el Ministerio Público debe acreditar que el delito es baladí y que se le reparó íntegramente el daño a la víctima u al ofendido del delito, según sea el caso.

Cronograma restaurativo. Conjunto de actividades en el plan de reparación del daño, que contiene la calendarización de los compromisos puntuales que habrá de cumplir el imputado a quien se le concedió una *"suspensión condicional del proceso"*, como salida y resolución alterna a su causa penal.

Cubículos de Mediación Universitaria. Espacios acondicionados *ex profeso* al interior de los centros universitarios, en el que están instalados formalmente equipos técnicos de facilitadores (mediadores y conciliadores), a efecto de gestionar conflictos que se susciten al interior del *campus*, entre estudiantes, docentes, personal administrativo, directivos, auxiliares técnicos, prefectos, personal operativo, etc.

Actualmente muchas universidades de vanguardia están optando por invertir en cubículos de mediación, ya que la experiencia ha demostrado, los múltiples beneficios que traen aparejados estos modelos de resolución de controversias, especialmente en estos tiempos donde se lucha con denuedo para erradicar el *bullying* y promover al interior de todo centro educativo, la cultura de paz.

Culpa social. Sensación de corresponsabilidad que siente un grupo, población o Estado por hechos cometidos en el pasado, a quienes se les adjudica la responsabilidad por la ejecución de actos ominosos. Este tipo de emociones colectivas subyacen en la idiosincrasia de un pueblo, a nivel subconsciente, regularmente por eventos históricos. V.gr.: la ignominia experimentada por el pueblo alemán, por el crimen del holocausto contra los judíos; la sensación de culpa de la Iglesia Católica por las tropelías que se cometieron durante la Inquisición en la Edad Media, y que llevó al Sumo pontífice Juan Pablo II a pedir perdón por ese suceso histórico; las cartas de asunción de responsabilidad y solicitud de perdón que algunos Estados han hecho a comunidades indígenas, por ultrajes cometidos a sus pueblos en el pasado; etc.

Cultura de odio. Es la defensa y propagación de actitudes físicas, verbales y morales de repulsa, animadversión, rechazo, hostilidad y violencia direccionada a una persona, grupo, institución o asociación, de forma sistemática; la cual se exterioriza consciente o inconscientemente, creando un *egregor colectivo*, cuya influencia permea socialmente y que a menudo se presenta en escalada, poniendo en riesgo la armonía y el *statu quo* social.

Cultura de paz. Ideología social que pretende motivar un estilo de vida basado en principios de tolerancia, fraternidad, cooperación, equidad, libre expresión de las ideas, diálogo, solidaridad, igualdad e integración, a través de la difusión de valores morales, el respeto irrestricto al orden jurídico preestablecido y el fomento de los derechos humanos. La cultura de paz busca fortalecer la armonía del entramado social a través de la proscripción de toda ideología que contenga prácticas, actitudes o esquemas beligerantes.

Cumbre Internacional. Es la congregación de mandatarios de las principales potencias del mundo (Jefes de Estado o de Gobierno), que se dan cita, cada determinado tiempo en una sede preestablecida para debatir sobre las principales problemáticas que asechan al mundo, a efecto crear acuerdos normativos y diseñar estrategias y políticas públicas, para hacer frente a las mismas. Este tipo de encuentros mundiales, están diseñados para intercambiar buenas prácticas entre las naciones y ofrecerse multilateralmente, servicios de cooperación y apoyo mutuo, además buscan afianzar la fraternidad, la integración, la solidaridad, la amistad y la unidad entre todos los países del orbe.

Cumplimiento del acuerdo. Materialización de todas las exigencias y cláusulas que fueron establecidas en el acuerdo formal derivado del mecanismo de mediación o conciliación. El cumplimiento del acuerdo puede ser instantáneo o de tracto sucesivo y una vez cumplimentado en todos sus términos, extingue la acción penal originaria. En el caso de las *"suspensiones condicionales del proceso"*, las *Unidades de Medidas Cautelares y Supervisión* (UMECAS), como órganos encargados del cumplimiento de los planes de reparación, cuando constaten el cumplimiento integral de un convenio, darán vista, tanto al ministerio público, como al juez penal de la causa, para que le valide y ratifique, declarando con ello la finalización del proceso y el sobreseimiento de la causa.

D

Dalai Lama. Título dado en el budismo tibetano a un individuo considerado el más grande maestro espiritual de su cultura. Actualmente este nombramiento místico es ostentado por Tenzin Gyatso, quien en el año 1989 fue condecorado con el Premio Nobel de la Paz, por ser promotor de los valores de solidaridad, fraternidad, hermandad, unidad, cooperación, servicio y paz entre todas las naciones del mundo. Por su prestigio espiritual ha sido invitado a varias cumbres internacionales en las que es recibido con pleitesía. Algunos le han adjudicado el título del *"gurú de la felicidad"*. Su mensaje invita a orar y meditar por la paz del mundo, con la finalidad de desterrar el sufrimiento de los hombres en su estancia terrenal.

Daño moral. Afectación personal que sufre un individuo en su decoro, honor, reputación o imagen, como consecuencia de un acto propiciado por un tercero y que trastoca su vida privada o a la de su familia. El daño moral se demanda a través de la vía civil y probar jurídicamente su existencia es casi imposible, debido a la subjetividad que este acto lleva implícito. Cuando se acredita el daño moral, el responsable es condenado regularmente a un pago pecuniario, con lo cual surge un dilema axiológico, al cuestionarse si el honor puede ser tasado monetariamente.

La ley sustantiva civil federal sobre este tópico en su artículo 1916, desarrolla la siguiente definición: *"Por daño moral se entiende la afectación que una persona sufre en sus sentimientos, afectos, creencias, decoro, honor, reputación, vida privada, configuración y aspecto físico, o bien en la consideración que de sí misma tienen los demás"*.

Deber ser. Ontología de toda norma moral que idealiza estructuralmente una serie de patrones de comportamiento que se consideran correctos socialmente.

El *"deber ser"* representa la parte coactiva del derecho, que conmina al grupo de individuos al que va dirigido a actuar de determinada manera, amenazándoles de que en caso de incumplimiento el Estado podrá sancionarles a través de sus esquemas retributivos.

El *"deber ser"* normativo, es el imperativo de la ley, a cuyo imperio debe someterse voluntariamente todo ciudadano, fáctica, axiológica y jurídicamente.

Declaración de Costa Rica sobre la Justicia Restaurativa en América Latina. Instrumento internacional que surgió de la Conferencia: *"Construyendo la justicia restaurativa en América Latina"*, celebrada en Santo Domingo, Heredia, en Costa Rica, en el año 2005, en el cual se desarrollaron principios orientadores para que los países latinoamericanos impulsaran la justicia restaurativa en sus legislaciones locales, con la finalidad de alcanzar los siguientes objetivos:

*Evitar que el encarcelamiento sea la única respuesta que el Estado utilice frente al fenómeno delictivo.

*Fomentar cámaras restaurativas de asistencia a las víctimas de un delito. *Garantizar la dignificación y respeto de los derechos humanos de cada uno de los involucrados en el conflicto penal.

*Difundir y socializar los programas de justicia restaurativa entre las sedes comunitarias.

*Desarrollar programas de justicia restaurativa al interior de los centros penitenciarios.

*Capacitar y profesionalizar a todo el personal que facilite esquemas de mediación.

*Generar una sinergia entre el esquema judicial ordinario y los esquemas alternativos de resolución de conflictos.

*Integrar a todos los miembros de la comunidad en consultas para mejorar los esquemas restaurativos, respetando el pluralismo cultural.

Declaración de Kadoma sobre el problema de hacinamiento en las cárceles. Instrumento internacional celebrado en San José Costa Rica, por la ONU, el 3 de febrero de 1997, como consecuencia de la

"Conferencia Internacional de Servicio para la Comunidad de África", que tuvo verificativo en Zimbabue. En esta Conferencia se abordó la temática del fracaso de los sistemas penitenciarios en el continente africano y la urgencia de buscar nuevas metodologías, con un enfoque menos retributivo y más restaurativo. En el cuerpo del instrumento, se hacen propuestas de "cárceles abiertas" y "medidas de semilibertad", a efecto de facilitar la descongestión gradual carcelaria.

Declaración de Viena sobre la Delincuencia y la Justicia frente a los retos del siglo XXI. (Medidas de Hacinamiento en las prisiones y Alternativas de Sustitución del Encarcelamiento). Instrumento internacional promulgado por la Asamblea General de la ONU en el año 2004, que tuvo como teleología, tornarse en un documento modelo sobre *medidas de sustitución de penas privativas de libertad* entre sus países signatarios. Este documento exhorta a sus Estados signatarios a implementar en sus agendas nacionales, políticas públicas para implementar protocolos penitenciarios, a efecto de atenuar el problema de la sobrepoblación carcelaria, a través de la incorporación de mecanismos alternativos-restaurativos de resolución de conflictos, principalmente a través de esquemas pre-penitenciarios en el que se priorice la mediación y en donde el binomio víctima-victimario, puedan alcanzar acuerdos resarcitorios, que permitan reparar el daño a la víctima y modificar la pena retributiva original asignada al infractor.

Declaración Universal de los Derechos Humanos. Indiscutiblemente el instrumento internacional de mayor popularidad, alcance e importancia en la historia del Derecho Internacional; fue promulgada por la Organización de las Naciones Unidas en 1948, como una respuesta antropológica, social y jurídica a la devastación que dejó la Segunda Guerra Mundial. Estructurado de forma lacónica con principios concretos sistematizados en 30 artículos, erigió un documento que proclamaba el respeto universal a los derechos humanos de primera generación, como la vida, la libertad, la igualdad, la justicia y la paz. Ha sido traducido a más de 500 idiomas y se ha tornado en un modelo inspirador de múltiples legislaciones en materia de Derechos Humanos.

Declaración y Programa de acción sobre una cultura de paz. Instrumento internacional promulgado por la Organización de las Naciones Unidas en el año 1999, en el cual se estableció un eje de acción estratégico para promover, difundir y afianzar todos aquellos programas regionales, nacionales e internacionales que tuvieran como razón ontológica, el impulso de la cultura de paz.

Este documento tiene como principios rectores: el respeto a los derechos humanos; el rechazo a toda forma de intolerancia, violencia, segregación y racismo; la difusión de los valores de fraternidad, comprensión, solidaridad, diálogo, cooperación, amistad, cordialidad entre todos los individuos, asociaciones, comunidades, pueblos y estados.

El primer numeral de este instrumento describe de forma prolija lo que es la cultura de paz y sus alcances axiológicos:

''Art. 1°. Una cultura de paz es un conjunto de valores, actitudes, tradiciones, comportamientos y estilos de vida basados en:

a) El respeto a la vida, el fin de la violencia y la promoción y la práctica de la no violencia por medio de la educación, el diálogo y la cooperación;

b) El respeto pleno de los principios de soberanía, integridad territorial e independencia política de los Estados y de no injerencia en los asuntos que son esencialmente jurisdicción interna de los Estados, de conformidad con la Carta de las Naciones Unidas y el derecho internacional;

c) El respeto pleno y la promoción de todos los derechos humanos y las libertades fundamentales;

d) El compromiso con el arreglo pacífico de los conflictos;

e) Los esfuerzos para satisfacer las necesidades de desarrollo y la protección del medio ambiente de las generaciones, presente y futuras;

f) El respeto y la promoción del derecho al desarrollo;

g) El respeto y el fomento de la igualdad de derechos y oportunidades de mujeres y hombres;

h) El respeto y el fomento del derecho de todas las personas a la libertad de expresión, opinión e información;

i) La adhesión a los principios de libertad, justicia, democracia, tolerancia, solidaridad, cooperación, pluralismo, diversidad cultural, diálogo y entendimiento a todos los niveles de la sociedad y entre las naciones; y animados por un entorno nacional e internacional que favorezca a la paz''.

Defensa técnica y adecuada. Es la garantía procesal que tiene el imputado del delito a ser representado legalmente por un especialista en derecho penal (abogado cualificado), que posea los conocimientos, la experiencia y la calidad para defender sus intereses y que además esté versado y actualizado en las competencias que exige el modelo del sistema penal acusatorio que rige actualmente en México.

En el otrora sistema tradicional inquisitivo no se exigía que el representante del inculpado fuese abogado y bastaba con que fuera una *persona de confianza* nombrada por el inculpado. Actualmente, a efecto de garantizar la tutela judicial efectiva y el debido proceso, el juez penal de control está legitimado, apenas advierta desconocimiento, negligencia, indiferencia u omisión del abogado defensor, a recusarle (destituirle) sin más, con la finalidad de garantizar la defensa técnica y la representatividad de calidad del procesado.

Delación. Es la acción de informar al Ministerio Público sobre la *notitia criminis*, aportando información relevante para la pesquisa del delito e incluso señalando al o a los probables responsables de su comisión. En el derecho procesal penal, delatar a alguien puede traer beneficios a quien lo hace, por ejemplo, recibir una recompensa pecuniaria o acceder a una reducción de la pena si el delator también estuvo involucrado en el delito; en este segundo supuesto, la delación es una variante de la prueba confesional y no puede considerarse prueba plena, sino una testimonial indiciaria, que deberá acompañarse de otros datos de prueba, a efecto de que tenga valor probatorio objetivo.

Delitos de bagatela. También conocidos como delitos *bagatelares* o *bagatelarios*. Son aquellas conductas que a pesar de ser típicas, antijurídicas y culpables, son poco lesivas para el entramado social. Consideradas nimias o de naturaleza baladí, el Estado opta en múltiples ocasiones por no hacer uso de su facultad punitiva y procura resolver estas causas con la utilización de *"criterios de oportunidad"* o derivándolas a centros de justicia alternativa para que sean desahogadas a través de esquemas de mediación; ello obedece a la política pública en virtud de la cual el Estado opta por priorizar la inversión de recursos en la investigación y persecución de aquellos delitos que verdaderamente atenten contra bienes jurídicos mayores. Algunos ejemplos de delitos de bagatela son: hurto simple, delitos conexos, daño en las cosas de poca cuantía, robo famélico, etc.

Deontología del mediador. Código de ética al que debe ceñirse taxativamente todo individuo que funja como facilitador (mediador o conciliador) de un mecanismo alternativo de solución de conflictos.

La honorabilidad y los atributos morales del facilitador jamás deben estar en duda o entredicho; su accionar debe regirse por los principios de imparcialidad, mínima intervención, profesionalismo, responsabilidad, objetividad, cooperación, respeto a los intervinientes, congruencia, honestidad y neutralidad. Cuando se advierta sesgo o exista alguna razón que afecte la imparcialidad del facilitador, éste deberá dimitir inmediatamente de su cargo de forma voluntaria, so pena de ser recusado de la causa, siendo acreedor a las sanciones legales que tal acción traiga aparejada.

Derecho penal de los marginados. Teoría del pensamiento penal que considera que las políticas criminológicas, el diseño de las instituciones penales y penitenciarias y el sesgo epistemológico legislativo, tienden a estigmatizar y castigar a los grupos sociales más vulnerables. Esta teoría parte de la idea de que el derecho penal y procesal penal no tiene alcances ni consecuencias *"erga omnes"* (similares para todos), ya que no todos los imputados, -especialmente los más menesterosos- pueden cubrir una caución, una multa, pagar un defensor penal privado, etc. Aunado a ello, las consecuencias de privar a un individuo, trascienden a sus familiares, quienes se ven desprovistos, no solo de la compañía de su familiar preso, sino eventualmente del proveedor económico del núcleo familiar. De acuerdo a los defensores de esta teoría, el Estado no se preocupa mínimamente por la familia del delincuente, la cual queda marginada y en total abandono.

Derecho penal del enemigo. Locución atribuida al jurista alemán Gunther Jakobs, con la que alude al derecho punitivo de exclusión, en razón de que el Estado desconoce una gama importante de garantías, a ciertos grupos delictivos a los que clasifica como de *"alta peligrosidad"*. Este sesgo en la aplicación de la norma, no solo desconoce derechos fundamentales a estos grupos, sino que además exacerba contra ellos su facultad punitiva, de forma injustificada.

Los Estados que incorporan estas prácticas suelen utilizar políticas criminológicas públicas que han llamado: "guerra contra el crimen organizado". Las principales características del derecho penal del enemigo son:

*Las penas contempladas para estos grupos son desmesuradas.
*La utilización de la prisión preventiva es oficiosa.
*Contempla el arraigo como medida cautelar.
*Legitima la intervención de comunicaciones privadas.
*Los internos sentenciados que pertenecen a estos grupos son recluidos en cárceles de extrema vigilancia, además de que tienen prohibido compurgar su pena en el centro de readaptación social más cercano a su hogar, como los demás reos.
*Reciben un trato diferenciado de presunción de culpabilidad.
*Se legitima la extinción de dominio.

*Se les niega beneficios preliberacionales.

Derecho subjetivo. Es la facultad que tiene todo individuo como beneficiario de la norma, de hacer valer un derecho objetivo. La potestad de ejercer ese derecho le es intrínseca e irrenunciable y el Estado deberá resguardar ese derecho a través de la tutela judicial efectiva. Los derechos subjetivos como prerrogativas individuales o colectivas pueden dividirse en derechos *"de hacer"* o *"dejar hacer algo"*, con total autonomía de la libertad.

Derecho victimal. Conjunto de leyes y disposiciones estatales, constitucionales y convencionales, que sistematizadas tienen como finalidad establecer un marco normativo protector de las prerrogativas e intereses jurídicos de las víctimas u ofendidos de un delito.

En el año 2013 en el *Diario Oficial de la Federación*, se publicó la *Ley General de Víctimas*, la cual se convirtió en el ordenamiento legal homologado en todo el país, que fijó los parámetros reguladores de los derechos de todo agente pasivo de un delito. En este cuerpo normativo se establecieron prerrogativas para este grupo de personas, tales como:

I.- Recibir asesoría legal en todo momento durante el proceso penal.

2.- Colaborar con el ministerio público, aportando pruebas y dándole impulso procesal al procedimiento.

3.- Recibir en todo momento que lo requiera: atención médica, social, psicológica, etc.

4.- Derecho a la reparación integral del daño que recibió.

La protección de sus datos personales.

5.- Solicitar providencias precautorias, medidas de protección y medidas cautelares que garanticen su seguridad durante y después del procedimiento penal.

Derechos adquiridos. Dícese de todas aquéllas prerrogativas que ya forman parte del *"haber jurídico"* de una persona, las cuales de ninguna manera le pueden ser desconocidos *a posteriori*. La teoría de los derechos adquiridos fue creada para garantizar la certeza jurídica de todas las actuaciones que se gesten en un Estado de Derecho.

Derechos Humanos de primera generación. Son aquéllas prerrogativas fundamentales que tutela el Estado y que corresponden a los derechos civiles y políticos, tales como el derecho a la vida, derecho a la libertad en cualquiera de sus expresiones (libertad de tránsito, libertad de asociación, libertad de exteriorizar ideas, etc.), derecho a la igualdad, derecho a participar en la vida política del país (votar y poder ser electo para un cargo público), etc. Estos derechos humanos son considerados los más antiquísimos y esenciales, pues sin ellos, los demás no podrían subsistir; se basan en el respeto y en la dignificación del individuo y su reconocimiento efectivo por parte de la autoridad estatal es imperativo.

Derechos Humanos de segunda generación. Prerrogativas inherentes al individuo que tienen como teleología dotarle de condiciones óptimas para su desarrollo integral como ente social. Se clasifican en derechos económicos, sociales y culturales; entre los principales derechos humanos de esta categoría se pueden citar: derecho a tener un trabajo y recibir un salario justo, derecho a la sindicalización, derecho a la seguridad social, derecho a la vivienda, derecho a la asistencia médica, derecho a decidir sobre el número de hijos, derecho a la educación, derecho a la seguridad pública, etc. Estos derechos fundamentales están focalizados a optimizar el desarrollo del individuo en relación con su entorno social en el que se desenvuelve.

Derechos Humanos de tercera generación. Prerrogativas de naturaleza colectiva que tienen como teleología tutelar derechos humanos mancomunados de amplio espectro, son considerados derechos de cooperación entre los pueblos y derechos de solidaridad, entre los que destacan: derecho a la identidad nacional y cultural, derecho a la paz, derechos ambientales, derecho al uso de las tecnologías, derecho al progreso social, derecho a disfrutar del patrimonio de la humanidad, derecho a pertenecer a un grupo étnico, etc. Este tipo de prerrogativas protegen intereses colectivos y son tutelados tanto por el derecho interno, como por el derecho internacional.

Derechos Humanos. Sistema de prerrogativas inherentes al ser humano, que le son propias, por el solo hecho de serlo, teniendo como teleología, dignificarle, reconocerle como ente individual y tutelar sus relaciones con sus congéneres y con el Estado. Su naturaleza de universalidad, implica que todo individuo sin distinción o exclusión, será acreedor a sus alcances normativos. También tiene como característica el ser inalienables, irrenunciables, imprescriptibles, indivisibles y progresivos.

Sistema de prerrogativas universales, contempladas en una estructura normativa, que tiene como finalidad garantizar la dignidad del ser humano, desde la más amplia esfera de protección iusnaturalista y legal. Tales derechos están sistematizados en un orden jurídico constitucional, que adicionalmente incluye a todos los instrumentos internacionales que contemplan alguna garantía complementaria para el justiciable. Su universalidad estriba en que incluye a todos los seres humanos en el orbe, sin distinción alguna por motivo de nacionalidad, creencia, raza, religión, sexo, idioma, etc.; su naturaleza es progresiva, pues su radio se amplía constantemente; indivisibles, ya que no pueden fragmentarse o perder fuerza; interdependientes, ya que tienen valor intrínseco por sí mismos, y uno no excluye a otro; interrelacionados, ya que se complementan entre sí, fortaleciéndose a sí mismos; inalienables, ya que no pueden transferirse o perderse; igualitarios, porque no discriminan en su aplicación y poseen efectos *"erga omnes"*. A nivel doctrinal se ha hecho una clasificación de los derechos humanos por bloques o generaciones, la cual no obedece a un parámetro de jerarquía, sino a un esquema ontológico de organización:

Derechos de primera generación. Corresponden a los derechos civiles y políticos, su reconocimiento surge a raíz de la Revolución Francesa, cuya lucha reivindicatoria demandaba al Estado el reconocimiento absoluto de los derechos naturales por antonomasia del individuo: derecho a la vida, derecho a la libertad, derecho a la igualdad, derecho a la expresión de las ideas, etc.

Derechos de segunda generación. Corresponden a los derechos sociales, económicos y culturales de los individuos en interrelaciones colectivas: derecho al trabajo, derecho a la sindicalización, derecho a la seguridad social, derecho a la familia, derecho a la salud, derecho a la educación, etc.

Derechos de tercera generación. Corresponden a los llamados derechos de solidaridad, tales como derecho a un ambiente sustentable sano, derechos ecológicos, derechos demográficos, derecho al acceso a los progresos de la ciencia y la tecnología, etc.

Derivación al área de justicia alternativa. Determinación que hace el personal adscrito a los módulos de atención temprana de las fiscalías, una vez que ha valorado el alcance de la denuncia que ha interpuesto una víctima u ofendido de un delito, y considerando *a priori* que el delito es de naturaleza bagatelaria y que puede ser resuelto a través de un mecanismo alternativo, invita al denunciante a pasar al área de justicia alternativa, para buscar la forma de gestar un proceso restaurativo, qué sea para él, una ruta más dinámica y óptima de resolver su conflicto. Cuando la carpeta de investigación ya ha sido judicializada y se encuentra en sede jurisdiccional, el juez penal de control, -cuando proceda-, conminará a las partes a que resuelvan su conflicto, a través de una salida alterna, dándoles un plazo de 30 días para que logren una negociación exitosa, derivando el asunto a un centro de mediación, que les facilite la materialización del convenio.

Desaparición forzada. Conducta criminal reconocida en múltiples cuerpos normativos penales, en la que se le atribuye la responsabilidad a algún servidor público o agente estatal. De acuerdo con la *"Convención Internacional para la Protección de todas las personas contra las desapariciones forzadas"*, se define a esta conducta como: *"el arresto, la detención, el secuestro o cualquier otra forma de privación de libertad que sean obra de agentes del Estado o de personas o grupos de personas que actúan con la autorización, el apoyo o la aquiescencia del Estado, seguida de la negativa a reconocer dicha privación de libertad o el ocultamiento de la suerte o el paradero de la persona desaparecida, sustrayéndola a la protección de la ley"*.

Descentralización de la Justicia Alternativa. Política pública desarrollada por algunos Centros de Justicia Alternativa con la que se busca crear orgánicamente unidades móviles para acercar a la ciudadanía los servicios de mediación y conciliación, a través de programas diseñados con cronogramas específicos, de tal suerte que estas oficinas móviles puedan visitar la mayor cantidad posible de distritos, demarcaciones, comunidades y colonias, con la finalidad de llevar la justicia alternativa a lugares estratégicos. Estas redes de socialización de los mecanismos alternativos han popularizado sus servicios, obteniendo resultados halagüeños.

Desescalada del conflicto. Es el proceso de atenuación progresiva de la dinámica conflictual, que permite que la desavenencia entre las partes en conflicto vaya disminuyendo sutilmente su intensidad, hasta recobrar un punto básico de acuerdo que permita el inicio de un proceso de negociación en aras de la resolución del conflicto.

La desescalada del conflicto se va alcanzando cuando los involucrados, que otrora mostraban una postura reacia e inamovible, ahora:

 *Centran su atención en el problema *per se* y no en el individuo con el que se tiene el conflicto.

*El *animus* se exterioriza de manera relajada, después del desahogo de las emociones negativas iniciales de enojo, frustración y miedo.

*Se modula el tono de voz y se buscan vocablos más moderados para expresar las ideas.

*Se reconocen errores y se ofrecen disculpas mutuas.

*Se inicia un ejercicio dialógico para resolver la controversia a través de un proceso restaurativo de *"ganar-ganar"*.

Deshumanización en el formalismo judicial. Locución que alude al aspecto gélido de la dinámica jurisdiccional, basada en un pragmatismo objetivo y utilitario, pero desprovisto de un talante que centra sus atenciones en el individuo *per se*.

En los juicios penales formales, todo queda reducido a un expediente (carpeta de investigación), del cual el juzgador dictamina una verdad legal, a través de una ponderación racional de la información que le proveen las partes; en cambio en los procesos restaurativos, el individuo es el protagonista principal, relegándose los formalismos a segundo término. El formalismo judicial es funcionalista y objetivo, pero indiferente al aspecto subjetivo y antropocéntrico del derecho natural.

Desistimiento de la acción penal. Facultad que tiene el ministerio público en virtud de la cual decide no darle continuidad a una investigación de un hecho probablemente constitutivo de un delito, por considerar que su naturaleza es baladí, o por no contar con estándares probatorios objetivos suficientes para darle seguimiento formal a la causa.

El art. 144° del Código Nacional de Procedimientos Penales sobre el tema del desistimiento refiere: *"El Ministerio Público podrá solicitar el desistimiento de la acción penal en cualquier etapa del procedimiento, hasta antes de dictada la resolución de segunda instancia. La solicitud de desistimiento debe contar con la autorización del Titular de la Procuraduría o del funcionario que en él delegue esa facultad. El Ministerio Público expondrá brevemente en audiencia ante el Juez de control, Tribunal de enjuiciamiento o Tribunal de alzada, los motivos del desistimiento de la acción penal. La autoridad judicial resolverá de manera inmediata y decretará el sobreseimiento. En caso de desistimiento de la acción penal, la victima u ofendido podrán impugnar la resolución emitida por el Juez de control, Tribunal de enjuiciamiento o Tribunal de alzada''.*

Desjudicialización del proceso. Es la dinámica en razón de la cual, el Estado habilita la utilización de "salidas alternas" al juicio ordinario, tales como los *''acuerdos reparatorios''* y la *''suspensión condicional del proceso'', (*utilizando a la mediación y a la conciliación como mecanismos de solución de las controversias), a efecto de que los involucrados en un juicio formal, puedan resolver su desavenencia a través de un esquema diferente al modelo tradicional judicial. Las salidas alternas fueron diseñadas *ex profeso* para despresurizar al sistema judicial de su excesiva carga de trabajo y evitar con ello su colapso; asimismo buscan ofrecer al justiciable, alternativas de mayor celeridad y de naturaleza autocompositiva, para encontrar una solución a su problema legal de manera pronta, expedita, gratuita y conciliadora. Los mecanismos restaurativos, una vez avalados por el Estado, tendrán carácter de *"cosa juzgada".*

Despenalización. Ejercicio legislativo formal en virtud del cual se decreta que una o varias conductas, otrora consideradas delictivas, dejan de serlo, a partir de la abrogación del tipo penal que las contemplaba, trayendo como consecuencia que el Estado no pueda emprender ninguna persecución penal, en contra de quien despliegue en lo ulterior conductas similares. *V.gr.:* el aborto, otrora considerado un delito grave, actualmente a nivel nacional está tendiendo a su despenalización, y su legitimación se justifica -según sus defensores- en razón del derecho que tienen las mujeres a decidir sobre su propio cuerpo.

Despersonalización procesal. Conjunto de actos que de forma sistemática durante el proceso legal ordinario, anulan al individuo ontológicamente, reduciéndolo a un mero expediente. La ultranza positivista del derecho, al centrar su foco de atención en la causa propiamente dicha, despersonaliza a las partes y no pocas veces las desvaloriza.

Cuando el Derecho se reduce a fórmulas y silogismos, se garantiza su cientificidad legal, pero puede deshumanizarse al tornarse impersonal.

Despresurización penitenciaria. Política criminológica que consiste en desarrollar estrategias jurídicas para descongestionar a los núcleos carcelarios y atenuar su problemática de hacinamiento.

Algunas de las figuras que directa o indirectamente han sido diseñadas para coadyuvar con la despresurización del sistema carcelario son: los *"criterios de oportunidad"*, el *"procedimiento abreviado"*, la *"Ley de Amnistía"*, la *"libertad condicionada"*, la *"libertad anticipada"*, la *"suspensión temporal de penas"*, las *"preliberaciones por políticas penitenciarias"* y los *"mecanismos alternativos de solución de controversias en materia penal"*.

Día internacional de la "No Violencia". Fecha conmemorativa declarada por la Asamblea General de la Organización de las Naciones Unidas, para que el día 2 de Octubre de cada año (día que corresponde al nacimiento de Mahatma Gandhi), se promueva entre todos los pueblos, la conciencia de paz; la tolerancia y el desuso de prácticas hostiles en cualquiera de sus manifestaciones, física, lingüística, implícita o moral. En algunos Estados este día se consagra a la difusión de la vida y obra del gran humanista de la India, considerado unos de los pacifistas más memorables de la historia.

Día Internacional de la Convivencia en Paz. Fecha conmemorativa declarada por la Asamblea General de la ONU para que el día 16 de Mayo se celebre en el mundo las relaciones intrapersonales entre todos los individuos del orbe, basadas en el respeto, la escucha activa, el reconocimiento del otro, el entendimiento, la comprensión, la tolerancia y el perdón. Esta celebración busca eliminar toda actitud y práctica de discriminación e intolerancia entre los pueblos, entre grupos culturales, étnicos, religiosos, civiles, etc.

En algunos países se acostumbra tanto en el día (16 de Mayo) como el Día Internacional de la Paz (21 de Septiembre) liberar palomas al viento como símbolo de libertad y paz.

Día Internacional de la Fraternidad Humana. Declaratoria hecha por la ONU de erigir el día 4 de Febrero, como día mundial para conmemorar y celebrar los valores de tolerancia, respeto, diálogo, unidad y solidaridad entre todas las culturas y creencias religiosas que coexisten en el mundo. La inspiración de esta fecha conmemorativa surgió de la reunión histórica que tuvo verificativo el 4 de Octubre del 2019 entre el líder de la iglesia católica el Papa Francisco y el líder de Al-Azhar, Ahmed el Tayeb.

Día Internacional de la Paz. Fecha conmemorativa declarada por la Asamblea General de las Naciones Unidas en 1981, con la finalidad de que cada 21 de Septiembre, se celebre en el mundo los valores e ideales de paz, armonía, fraternidad, bondad, esperanza y compasión que coadyuven a erradicar las prácticas de violencia, odio, segregación, hostilidad y tensión bélica entre todos los países del orbe.

Día Internacional de Multilateralismo y Diplomacia para la Paz. Fecha conmemorativa declarada por la ONU, para que el día 24 de Abril de cada año se celebre en el mundo los valores de solidaridad, cooperación entre las naciones, fraternidad, avenencia política, ejercicios dialógicos y la solución pacífica de conflictos entre los Estados miembros de la organización.

La Asamblea de la ONU ha invitado a sus países signatarios a que ese día desarrollen en sus localidades, actividades de concientización ciudadana y sensibilización pública sobre la importancia del fomento de la diplomacia como camino para la construcción de una cultura de paz mundial.

Día Mundial de la Diversidad Cultural para el diálogo y el desarrollo. Fecha conmemorativa declarada por la ONU, para que el día 21 de Mayo se celebre en todo el mundo la pluriculturalidad, la diversidad ideológica y la inclusión social, con la intención de contrarrestar en el mundo, toda práctica de intolerancia y segregación generada por los estereotipos sociales.

Diagnóstico criminológico restaurativo. Estudio formal especializado, desarrollado por un equipo multidisciplinario en el área de la criminología, que tiene como finalidad, analizar el clima coyuntural actual del derecho penal y de la justicia penal alternativa, a efecto de identificar los avances y retrocesos que se han efectuado en los ejes temáticos de atención a víctimas, prevención delictiva, consolidación de centros de mediación, aceptación que la justicia alternativa penal ha tenido por parte de la sociedad, resultados cuantitativos y cualitativos de los mecanismos restaurativos, desjudicialización del sistema, despresurización de cárceles, seguridad social, fomento de la cultura de paz, etc.; todo ello para informar tanto a la ciudadanía, como a las autoridades del *"estado del arte"* que priva actualmente en estos rubros, con el propósito de que tales indicadores permitan tomar decisiones pertinentes para afianzar los programas en expansión, consolidar programas exitosos y rediseñar programas que presentan deficiencias operativas en esta materia.

Dialéctica. Dinámica retórica que consiste en inferir una verdad a través de la confrontación de discursos antagónicos, a efecto de que prevalezca el razonamiento más consistente, o en su caso encontrar una teoría ecléctica que concilie las dos posturas polarizadas.

Sócrates desarrolló una técnica de confrontación de discursos, llamada *"mayéutica"*, que consistía en analizar la congruencia discursiva de un argumento, e ir depurándolo de contradicciones y falacias.

El ejercicio dialéctico es utilizado en los esquemas de mediación y conciliación para que con base en la confrontación de una tesis y una antítesis, se logre una avenencia a través de una síntesis.

Diálogo asertivo. Forma de comunicación en la cual una persona transmite sus pensamientos y sentimientos a través de un lenguaje claro, congruente, contundente y directo hacia su interlocutor, pero de manera respetuosa y sin hostilidad. Esta habilidad es considerada una característica de la inteligencia emocional.

En los procesos restaurativos, el facilitador del encuentro de negociación debe incentivar a las partes a que se conduzcan con este talante asertivo de libertad y honestidad.

DIF. (Desarrollo Integral de la Familia). Organismo Público Descentralizado, con personalidad jurídica y patrimonio propio, que tiene como finalidad promover, difundir, proteger y atender a través de esquemas asistenciales, necesidades de personas vulnerables como niño(as), adolescentes, madres solteras, adultos mayores, etc. Los servicios que brinda el DIF son de diversa índole: atención psicológica y médica gratuita; programas de apoyo; asesoría legal; consultoría matrimonial; mediación de conflictos; fomento de actividades culturales, deportivas, recreativas; entrega de despensas; asistencia nutricional; gestión de trámites administrativos; acompañamiento a víctimas de violencia intrafamiliar, etc.

Dignidad humana. Valor intrínseco y ontológico que detenta todo individuo por el solo hecho de serlo, siendo la categoría de mayor tutela normativa universal. Este reconocimiento le es inmanente a la persona por su sola condición de ser humano, dotado de consciencia, razón y personalidad.

Lograr el respeto irrestricto a la dignidad humana, es la teleología suprema de los Derechos Humanos que permean toda estructura normativa.

La *Declaración Universal de los Derechos Humanos*, en su preámbulo refiere: *"la libertad, la justicia y la paz en el mundo tienen por base el reconocimiento de la dignidad intrínseca de todos los miembros de la humanidad"*.

La dignidad humana, como categoría epistemológica, tiene tantos matices, que ha sido abordada por diferentes áreas del conocimiento, tales como: la ética, la filosofía, la psicología, la sociología, la religión, el derecho, etc., convergiendo todas en la idea de que el individuo tiene un valor antropocéntrico universal.

Dinámica de la interacción conflictual. Proceso interactivo que se genera durante el ejercicio de avenencia, en el que cada parte expone su interés originario, ocasionando *a priori* tensión en la negociación, pero una vez que los involucrados ceden, haciéndose recíprocas concesiones, se manifiesta progresivamente una desescalada en el conflicto, hasta que se alcanza un punto de conceso en el que materializa la resolución del mismo.

Dinámica penitenciaria. Es la materialización de la facultad punitiva estatal, en razón de la cual, los individuos que han sido acreedores a una sentencia condenatoria definitiva, son conminados a pagar una pena pecuniaria o purgar una pena privativa de libertad, con la que se espera, compensen el *"injusto penal"* cometido contra la sociedad.

Cuando un individuo es recluido en un núcleo carcelario, no solo se le segrega socialmente por su peligrosidad, sino que se le brinda un tratamiento *ad hoc*, que *a priori* debe incidir en su readaptación y en su ulterior reintegración al entramado social, de manera funcional.

Dinámica subjetiva conflictual. Es el conjunto de patrones mentales y emocionales que se van desarrollando de forma escalar (*lato sensu*), primero a nivel endógeno en la *psique* del o de los individuos, donde se va gestando el conflicto, hasta su exteriorización y manifestación en el plano físico.

Algunas de las principales expresiones progresivas del conflicto son:

-Sensación de incomodidad: comienza a manifestarse a nivel intrínseco un sutil malestar proyectado hacia alguna persona o alguna situación; sin embargo, la mente le quita fuerza, para reducir las primeras manifestaciones de *stress*.

-Incidentes verbales: ante la incomodidad de la situación, se expresan frases hostiles o palabras soeces, lo que genera que la mente se predisponga negativamente ante un escenario de lucha probable.

-Tensiones psíquicas: ante el malestar creciente, el cuerpo se estresa y segrega adrenalina, se tensa el cuerpo, se dilatan las pupilas, se acelerar el pulso cardíaco y el timbre de voz se agrava fonéticamente.

-Reacción exógena: las personas en conflicto, alcanzan el punto álgido de tensión y se activa la parte instintiva que prepara al individuo para la lucha, la cual se manifiesta de manera simbólica o material.

Diplomacia internacional. Es el talante de cooperación, cortesía e intercambio entre dos o más países, a efecto de lograr acuerdos benéficos para todos los involucrados en la negociación. La diplomacia se considera una virtud política y un arte de negociación que permite impulsar y fomentar relaciones multilaterales éticas y de utilidad colectiva.

La *''Convención de Viena sobre relaciones diplomáticas''* en su numeral tercero, establece lo siguiente:

''Las funciones de una misión diplomática consisten principalmente en:

a) representar al Estado acreditante ante el Estado receptor;

b) proteger en el Estado receptor los intereses del Estado acreditante y los de sus nacionales, dentro de los límites permitidos por el derecho internacional;

c) negociar con el gobierno del Estado receptor;

d) enterarse por todos los medios lícitos de las condiciones y de la evolución de los acontecimientos en el Estado receptor e informar sobre ello al gobierno del Estado acreditante;

e) fomentar las relaciones amistosas y desarrollar las relaciones económicas, culturales y científicas entre el Estado acreditante y el Estado receptor''.

Discriminación. Exteriorización de una conducta que lleva implícita un talante de diferenciación peyorativa hacia un individuo o grupo de individuos, por el solo hecho de tener una forma de ser, pensar o actuar diferente al patrón colectivo.

La discriminación conlleva una vejación implícita o manifiesta, hacia la persona o personas que son tratadas con este prejuicio. Las formas de discriminación son de amplio espectro: por edad, por creencias religiosas, color de piel, ideología política, preferencia sexual, estatus económico, grado académico, por condición de salud, por embarazo, por género, origen étnico, etc.

Los Derechos Humanos universales impulsan la proscripción de estas prácticas denigrantes sobre las minorías. La *Declaración Universal de los Derechos Humanos* en su artículo 2° sobre este tópico, establece: *"Toda persona tiene todos los derechos y libertades proclamados en esta Declaración, sin distinción alguna de raza, color, sexo, idioma, religión, opinión política o de cualquier otra índole, origen nacional o social, posición económica, nacimiento o cualquier otra condición''. ''Además, no se hará distinción alguna fundada en la condición política, jurídica o internacional del país o territorio de cuya jurisdicción dependa una persona, tanto si se trata de un país independiente, como de un territorio bajo administración fiduciaria, no autónomo o sometido a cualquier otra limitación de soberanía''.*

Disculpa pública. Acto de asunción de responsabilidad ante la sociedad, que hace una persona o una institución, en la que acepta el acto injusto que cometió, exteriorizando genuinamente su arrepentimiento a la víctima(s) u ofendido(s) y comprometiéndose a repararle(s) íntegramente el daño que le(s) fue causado.

La disculpa pública es un acto de honorabilidad que revela la intención sincera de restablecer el tejido social dañado por el acto antijurídico y antisocial cometido.

Discurso incluyente. Forma de expresión neutral que fomenta la equidad de género, a través de la utilización de un lenguaje ecléctico que no diferencia a hombres y mujeres, sino que les integra a ambos. Esta práctica busca erradicar el lenguaje machista y sexista que ha permeado históricamente en la cultura mexicana, intenta atenuar sesgos de género, insinuaciones de prelaciones jerárquicas, propias de la cultura androcéntrica en la que se emplean vocablos masculinos generalizados.

En el año 2008, el Instituto Nacional de las Mujeres, publicó un libro intitulado: *"Manual de comunicación no sexista. Hacia un lenguaje incluyente"*, en el que analiza la dinámica de la comunicación popular, proponiendo ideas para la utilización de una retórica de género neutral.

Discusión verbal. Ejercicio de intercambio de información oral, en el que dos o más personas comparten puntos de vista sobre algún tópico específico (regularmente controvertido), con la intención de transmitir su visión personal y conocer la perspectiva de su interlocutor. Regularmente en una discusión verbal se busca exteriorizar un reclamo, persuadir al otro o atraerle a la percepción propia. Toda discusión verbal puede terminar en una avenencia, una desavenencia o en un entendimiento bilateral parcial del tema, materia de la disputa dialógica.

Disputa por el poder. Reyerta entre dos o más personas, grupos o entidades, en la cual cada una de ellas busca imponerse sobre el otro(a) y declarar su hegemonía. En esta dinámica conflictual, el objetivo que busca cada una de las partes involucradas, es posicionarse en una postura de superioridad jerárquica sobre la otra, a efecto de imponer su voluntad unilateral. Tener poder moral, físico o normativo le garantiza a quien ostenta dicho poder, una condición de control en la toma de decisiones.

Disputa. Vocablo genérico que hace alusión a cualquier conflicto de intereses, cuya lucha se desenvuelve con vehemencia. Este concepto hace referencia a una controversia en la cual ninguno de los interesados cede a favor del otro, lo que puede eventualmente generar que tal problemática desemboque en un litigio legal. *V.gr.:* disputa territorial, disputa limítrofe, disputa teológica, disputa de patentes, etc.

Doble victimización. Práctica que es conocida también como revictimización o victimización secundaria, la cual sufre la víctima de un delito, quien no sólo ha padecido un *"injusto penal"* y se le ha violentado un bien jurídico tutelado, sino que además experimenta todo suerte de penurias, vejaciones y escarnio, principalmente durante la etapa de investigación ministerial: malos tratos, indiferencia, violencia de género, entrevistas incómodas, auscultaciones médicas, escepticismo, señalamientos denigrantes, etc.

En el año 2013, a efecto de brindar una atención integral a las víctimas y ofendidos de un delito, se promulgó la *"Ley General de Víctimas"*, tornándose en un cuerpo normativo de amplio espectro garantista e hiperprotector de los intereses de todas las personas afectadas por un delito.

Dr. Hew Len. Médico y psicólogo hawaiano que desarrolló una técnica llamada *"hoponopono"*, la cual utilizó como tratamiento para rehabilitar a múltiples enfermos psiquiátricos y criminales recluidos en pabellones en Hawái. La técnica desarrollada por el Dr. Len consistía en la práctica reiterada de la meditación proyectiva, a efecto de influir en la percepción holográfica de la realidad externa, a través de ejercicios de respiración, control del pensamiento, proyección mental, acompañada del autoperdón, la asunción de responsabilidad, el fortalecimiento de la autoestima y la sanación interna. El trabajo del Dr. Len ha sido admirado en el mundo por el trabajo de sanación que hizo con un copioso grupo de reos en los años 90's en Hawái. Con la sanación del último interno, el pabellón de reclusión fue cerrado definitivamente.

La técnica hoponopono se sigue utilizando en múltiples cárceles del mundo con resultados restaurativos halagüeños.

Drama penal. Concepto doctrinal que de forma generalizada hace alusión a toda la historia que se desenvuelve desde la génesis del delito, hasta su remediación formal, una vez que el culpable purga su pena condenatoria en un núcleo penitenciario, alcanzándose de acuerdo al *iuspositivismo*: *"la victoria del Derecho sobre el injusto penal"*.

La odisea que se inicia desde la *notitia criminis*, hasta la compurgación de la pena por parte del responsable, conlleva innumerables sucesos, algunos jurídicos y otros metajurídicos, que hilvanados cronológicamente, cuentan la historia del delito, los hechos, los alegatos y los derechos, es decir, la *"teoría del caso"*, cuyos fastos sistematizados reciben el nombre popular de *"drama penal"*.

Duda razonable. Es el beneficio que se le concede al imputado de un delito, en razón de que el *Tribunal de Enjuiciamiento* advierte que no existe absoluta certeza derivada del estándar probatorio presentado por el Ministerio Público como órgano acusador, del que se concluya que el imputado es responsable de forma irrefutable de la comisión del evento delictivo que se le adjudica. En el supuesto de existir un asomo mínimo de duda, respecto a la culpabilidad del procesado, el *Tribunal* estará conminado a absolverle, en razón de que todo veredicto condenatorio siempre debe darse con absoluta convicción racional, fáctica y normativa, más allá de toda duda razonable. Este principio tiene su sustento en el antiquísimo axioma del derecho penal: *"in dubio pro reo"* (en caso de duda, se liberará al reo).

Dura lex, sed lex. Locución latina cuya traducción es: *"dura es la ley, pero es la ley"*, la cual hace referencia a que el orden jurídico es vinculante para todos y nadie pueda quedar exento de su imperio. La legalidad dota de certeza jurídica al Estado en relación con sus justiciables. Este principio implica que la ley tiene efectos *erga omnes* (generales y obligatorios para todos), el cual se complementa con el aforismo: *"la ignorancia de la ley, no exime su cumplimiento"*.

E

Economía procesal. Principio de los mecanismos alternativos de solución de controversias que tiene como finalidad procurar el ahorro de recursos humanos y económicos durante el derrotero del proceso restaurativo. Una de las grandes ventajas que ofrece la justicia alternativa, es fomentar la celeridad de los procesos, despresurizando al sistema judicial formal y haciéndolo asequible para los intervinientes, quienes accederán a estos esquemas de forma gratuita o erogando costos mínimos.

Educación para la paz. Es el proceso epistémico con implicación práctica que tiene como finalidad impulsar valores, conocimientos, aptitudes y actitudes que fomenten la armonía social, la equidad, la fraternidad, la tolerancia, el diálogo, el respeto y la cooperación entre todos los integrantes de la sociedad, a efecto de erradicar toda manifestación de violencia y crear un ambiente de convivencia pacífica.

Educar por la paz es una tarea multidisciplinaria y transversal que debe ser fomentada por los centros de educación básica, media y superior; instituciones gubernamentales; asociaciones civiles; ONG; gremios culturales; consejos ciudadanos; organismos sociales independientes; etc., para de forma mancomunada crear esquemas sólidos de resolución de conflictos e impulsar códigos sociales de ética positivos que tengan permeabilidad en la consciencia social y que impacten en la construcción de una genuina cultura de paz.

Efecto disuasivo de la pena. Creencia asumida por algunas legislaciones penales de naturaleza retributiva, que defienden y promueven la idea de incorporar en los códigos sustantivos, penas elevadas para ciertos delitos, con la intención de crear una fuerte intimidación moral, para los futuros infractores potenciales; con la finalidad de que tal amenaza latente, ayude en el futuro a reducir los índices delictivos en la sociedad.

Los esquemas que exacerban su *ius puniendi* consideran que el endurecimiento de las penas es la mejor estrategia para combatir la delincuencia; empero, estos modelos han ido quedando en desuso progresivamente por la popularización que ha tenido recientemente los esquemas restaurativos.

Efecto dominó. Frase que hace alusión a una secuencia lineal de causa y efecto. La alegoría de su nombre alude a la imagen de una serie de piezas de dominó, puestas en fila de forma horizontal, y al ser derribada la primera pieza, produce que las demás también caigan inevitablemente en seguidilla.

Esta frase se utiliza en las ciencias sociales para predecir acontecimientos que se suscitarán en el futuro, en razón de que ya se conoce la inercia del fenómeno original. También es conocido como *"efecto cascada"*. Esta expresión se ha popularizado en la jerga cotidiana, para referir que toda causa primaria, ineluctablemente traerá una consecuencia o efecto secundario.

Efecto Pigmalión. Dícese del poder de persuasión e influencia que una persona tiene sobre otra, al adjudicarle una expectativa, a efecto de que esta segunda persona se sienta comprometida a cumplir la expectativa que se ha depositado sobre ella. El efecto pigmalión consiste en proyectarle valores a alguien para motivarle a que realice algo de manera exitosa.

En psicología clínica, se considera que el estímulo positivo externo que recibe un individuo, influye considerablemente en la autoestima de quien lo recibe. De estos postulados se desprendieron las *teorías del reforzamiento positivo conductual* y la *validación emocional.*

En justicia restaurativa, el empoderamiento y la validación emocional fomentada por el facilitador del conflicto sobre los intervinientes, incidirá de forma determinante en la consolidación exitosa del convenio.

Efectos "erga omnes". Frase latina cuya traducción literal es: *"para todos"*; la cual es utilizada en el Derecho para referirse a una ley, cuya obligatoriedad o prerrogativa tiene efectos generales e involucra a todos sin excepción, es decir, su aplicación es universal y ningún individuo puede quedar al margen de sus alcances jurídicos. *V.gr.:* El derecho a la vida es *erga omnes*, ya que todo individuo por el solo hecho de serlo, tiene automáticamente la tutela de esta prerrogativa natural.

Egregor colectivo. Dícese de aquel pensamiento unánime creado por la mente colectiva de una comunidad.

Es la co-creación de una idiosincrasia que comparten todos los miembros de un clan. En términos freudianos puede definirse como el subconsciente colectivo en donde se almacenan y perviven múltiples pensamientos aislados, que al interrelacionarse crean un dogma o creencia unificada. Ejemplos de egregores sociales serían: el nacionalismo, las culturas, las religiones, las cosmogonías, los ideales políticos, los fanatismos deportivos, etc.

Empatía. Atributo de la inteligencia emocional que permite a una persona comprender y ser sensible a la experiencia que vive alguien más, expresándole apoyo, atención, reconocimiento y solidaridad a su vivencia. La empatía es una virtud del ser humano que le permite tener vínculos genuinos y significativos con sus congéneres.

La empatía es la facultad para comprender los móviles, sentimientos, pensamientos, actitudes y emociones del otro, mostrando compasión, sensibilidad, entendimiento y solidaridad hacia esa persona y sus circunstancias, sin prejuicio. La empatía se manifiesta al mostrar interés en el discurso del interlocutor, a través de la *escucha activa* y la *validación*; es una virtud de la inteligencia emocional que permite a un individuo situarse mentalmente en el escenario del otro, para comprender su experiencia, brindarle acompañamiento y ofrecerle perspectivas de solución.

Empoderamiento de los intervinientes en el conflicto. Ejercicio dentro del proceso de avenencia en virtud del cual, el facilitador (mediador o conciliador), a través de expresiones tácitas y verbales, fomenta en los participantes autovalidación y confianza, dignificándoles en todo momento y haciéndoles hincapié en la importancia de su participación, dándoles protagonismo e integrándolos de forma proactiva en el proceso conciliatorio.

Cuando las personas se sienten empoderadas, suelen expresarse con total confianza, asertividad, seguridad y certeza, haciendo transparente su pretensión, con lo cual se trascienden barreras emocionales y se acelera la materialización de un acuerdo.

Enajenación social. Concepto sociológico popularizado por Carl Marx, el cual empleó para describir el desplazamiento de la consciencia que tienen las personas, hacia una realidad externa. Marx consideraba que la gran mayoría de la población, sufre enajenación laboral y pérdida de autonomía, debido a que gran parte de su día activo, canalizan su energía hacia algo o alguien externo, estando su atención focalizada en todo momento en una realidad exógena. Este vocablo siempre ha tenido una connotación negativa.

La enajenación social es fomentada por los medios de comunicación, por los discursos políticos y por los grupos sectarios, quienes ejercen gran influencia y manipulación sobre la colectividad. La enajenación social genera irresponsabilidad, ya que el individuo toma decisiones basadas en manipulaciones externas y no por autonomía volitiva.

Encuadre comunicativo en la medición. Marco de información brindado por los intervinientes en el proceso dialógico, en el cual se plasma la percepción subjetiva que cada individuo tiene sobre la naturaleza del conflicto. Encuadrar el conflicto permite comprender su ontología de forma clara, sin dispersarse en información externa de poca relevancia.

El *"framing"* (encuadre) permite organizar la información subjetiva, a través del ejercicio comunicativo con el que el emisor traslada su pensamiento a la realidad.

Encuentro *"vis a vis"*. Locución cuya traducción es *"frente a frente"* o *"cara a cara"*. Esta frase se utiliza para referirse a la reunión que se da entre dos personas de forma presencial, a través de un ejercicio de careo, para que puedan confrontar sus versiones o percepciones sobre un hecho controvertido.

Un encuentro *"vis a vis"*, no necesariamente pretende desarrollar una dinámica de confrontación; en los encuentros restaurativos su finalidad es desarrollar una reunión de avenencia (aunque en este caso la presencia de un facilitador: mediador o conciliador, es imprescindible). El primer encuentro *"vis a vis"* entre una víctima y un victimario de un delito, debe ser conducido y moderado con extremo cuidado y sensibilidad, a efecto de que el ejercicio dialógico incipiente sea edificante para la construcción ulterior de un acuerdo.

Encuentro restaurativo post-procesal. Mecanismo de justicia restaurativa que tiene como finalidad celebrar encuentros entre la víctima y el *victimario a posteriori* a la emisión de la sentencia penal. Cuando el reo ya está purgando su sentencia en un centro penitenciario podrá solicitar ante el juez de ejecución de penas y ante el órgano de justicia alternativa intrapenitenciaria (si lo hubicra), dcsarrollar una rcunión rcstaurativa con la víctima u ofendido. Este ejercicio en caso de ser exitoso incidiría positivamente en el proceso de readaptación social del interno, además de que puede ser valorado por el juez de ejecución para disminuir (o transmutar) la pena del reo, si se cumplen ciertos requisitos que establece la Ley Especializada en la materia. Los encuentros post-procesales buscan evitar el resentimiento social del reo, promueven el perdón de la víctima a su victimario y fomentan la restauración del tejido social dañado por el injusto penal.

Encuentros restaurativos preparatorios. Estrategia de mediación, llamada *"caucus"* que consiste en desarrollar sesiones breves en forma individual con cada uno de los intervinientes en el conflicto, previo al encuentro de mediación presencial, a efecto de irles preparando emocional, mental y cognitivamente para la sesión formal de avenencia. Los encuentros preparatorios tienen como finalidad dotarles de información preliminar a las partes, incentivar confianza en ellos, permitir que se liberen tensiones que pudieran entorpecer la negociación y asegurarles que el proceso de mediación será neutral y que contarán con un espacio seguro, libre de toda coacción.

Encuentros restaurativos virtuales. Sesiones que tienen verificativo a través de la utilización de *Tecnologías de Información y Comunicación* (TICs). El uso de las plataformas virtuales se ha popularizado en los últimos años, debido al acelerado avance de la tecnología. Cada vez más países han incorporado en sus actividades burocráticas (principalmente de impartición de justicia) el desahogo de audiencias, a través de programas remotos de telecomunicación.

En cuanto a la Justicia Alternativa, en México algunas entidades ya desarrollan encuentros virtuales de mediación con resultados exitosos.

La era de la tecnología ha trastocado a todo el mundo y la justicia desde luego no ha quedado exenta de su influjo. Sin embargo se ha suscitado cierto debate doctrinal sobre si las sesiones virtuales quebrantan el *principio de inmediación*, debido a que se prescinde de la presencia física de los intervinientes; sobre este tópico, la gran mayoría de los tratadistas que han disertado sobre el tema, concluyen que el principio de inmediación si se cumplimenta, pues el encuentro (aunque digital) se desahoga a través de una comunicación directa coordinada en tiempo real de forma sincrónica y simultánea.

Enfoque diferencial especializado. Principio de axiología jurídica que conmina a las autoridades a tomar en cuenta, las condiciones especiales de cada persona y sus necesidades individuales (edad, condición de vulnerabilidad, discapacidad, etc.) y adaptar en la medida de lo posible, todo lo necesario para atender esas condiciones. Este principio obedece a un imperativo de humanismo.

En cualquier actuación, diligencia o determinación, las autoridades (juez, mediador, árbitro, etc.) deberán tomar en cuenta si alguno de los intervinientes es un menor, una mujer que ha sido víctima de un delito sexual, un adulto mayor, una persona con discapacidad, etc., y deberán aplicar el principio de *"enfoque diferencial y especializado"* para cada caso concreto, sin quebrantar por ello el principio de equidad e imparcialidad procesal.

Enfoque freudiano sobre la teoría de la personalidad. Teoría psicoanalítica desarrollada por el médico Sigmund Freud, cuyos postulados explican que la personalidad del individuo se determina por la interacción del *''ello''* (impulsos instintivos), *''el superyó''* (la moral) y el *''yo''* (el regulador entre los deseos y las represiones internas). Para esta doctrina de la psicología, muchos patrones de conducta de las personas adultas tienen su origen en traumas y fijaciones no resueltas en la infancia.

Enfoque interaccionista del conflicto. Teoría que considera que el conflicto es normal en toda dinámica de interacción social y que incluso es benéfico, ya que de la desavenencia pueden surgir nuevas perspectivas y áreas de oportunidad positivas si se resuelve conscientemente. Este enfoque considera que el conflicto no debe eludirse ni negarse, sino enfrentarse de forma proactiva, tomando los aspectos positivos que puede ofrecer: crecimiento, madurez, creatividad, ampliación de horizontes mentales, comprensión de una realidad, aprendizaje, etc.

Enfoque sociológico del conflicto. Teoría cuyos postulados consideran que el conflicto tiene su génesis en la propia estructura social, debido a las relaciones de dominio y desigualdad que privan en su entramado. Marx consideraba que la historia ha sido una perenne *"lucha de clases"*, en la que la manipulación, la disputa por la conquista del poder y la jerarquización político-económica y social, han sido los detonantes inoculadores de múltiples conflictos en la dinámica social.

Enfoque tradicional del conflicto. Teoría que considera que toda dinámica conflictual tiene su origen en la deficiencia de las comunicaciones interpersonales, debido a la falta de confianza y avenencia entre los intervinientes. Para esta teoría, el conflicto es absolutamente negativo, ya que deriva en situaciones de irracionalidad y violencia, debiendo evitarse a toda costa, debido a sus implicaciones perniciosas.

Enrico Ferri. Erudito italiano cuyos principales aportes los desarrolló en el área de la sociología y la criminología, fue alumno de Lombroso y uno de los fundadores del *"positivismo penal"*. Centró sus estudios en la prevención del delito, más que en los esquemas de castigo penitenciario. Para Ferri el delito no es una condición que emerja *per se* del delincuente, sino que el entorno social, es quien le induce esas conductas que se van arraigando sutilmente en su psique y en su comportamiento. Este criminólogo consideraba que el derecho penal debe estudiarse científicamente, debiéndose descartar todos los postulados que empleen abstracciones especulativas.

Equidad de género. Prerrogativa que consiste en brindar un trato igualitario a todos los individuos, independientemente de su género, a efecto de garantizar que tanto hombres, como mujeres tengan las mismas oportunidades de crecimiento y desarrollo académico, laboral, cultural, social, profesional, etc., lo que garantice su participación equitativa en la toma de decisiones en la sociedad; evitando de esta forma cualquier práctica de discriminación, segregación o estigmatización.

La *Constitución Política de los Estados Unidos Mexicanos* en su artículo 1°, párrafo IV, sobre este tema establece: *"queda prohibida toda discriminación motivada por el género, o estado civil o cualquier otra que atente contra la dignidad humana y tenga por objeto anular o menoscabar los derechos y libertades de las personas"*. Asimismo, el texto constitucional en su numeral 4°, reza categóricamente: *"La mujer y el hombre son iguales ante la Ley"*.

Equilibro de poder. Es la condición de balance en un vínculo entre dos o más personas o entes, que genera igualdad y condiciones equitativas para incidir en la toma de decisiones. El equilibrio de poder entre las partes, implica estabilidad e impide la polarización en la toma de decisiones unilaterales desventajosas sobre los demás. En un mecanismo de mediación, el facilitador debe garantizar un ambiente de neutralidad entre las partes en desavenencia, empoderando a ambas por igual y colocándolas en el mismo nivel, para que a partir de un ejercicio dialéctico equitativo se logre una negociación exitosa entre los involucrados en el conflicto.

Error de tipo. Acontecimiento en el que un individuo, comete un delito diverso, al que originalmente pretendía cometer. Independiente de la falta de voluntad para cometer la segunda acción delictiva, al agente activo se le adjudicará responsabilidad penal. Sobre este particular, el artículo 14° del Código Penal Federal refiere:

''Si varios delincuentes toman parte en la realización de un delito determinado y alguno de ellos comete un delito distinto, sin previo acuerdo con los otros, todos serán responsables de la comisión del nuevo delito, salvo que concurran los requisitos siguientes:
I.- Que el nuevo delito no sirva de medio adecuado para cometer el principal;
II.- Que aquél no sea una consecuencia necesaria o natural de éste, o de los medios concertados;
III.- Que no hayan sabido antes que se iba a cometer el nuevo delito, y
IV.- Que no hayan estado presentes en la ejecución del nuevo delito, o que habiendo estado, hayan hecho cuanto estaba de su parte para impedirlo''.

Escalada del conflicto. Es el proceso creciente en complejidad, tensión y hostilidad que se da en un conflicto, que se va agravando progresivamente hasta alcanzar su nivel de intensidad más alto.

Para Friedrich Glasl, la escalada de un conflicto sigue las siguientes etapas: 1. *Tensión:* divergencia de puntos de vista, los cuales pueden ser resueltos a través de un diálogo civilizado. 2. *Debate:* intercambio de perspectivas, en el que cada uno de los interlocutores intentan imponer sus ideas sobre las del otro. 3. *Incompatibilidad de ideas:* en este momento los argumentos verbales han quedado agotados y se genera una predisposición negativa entre los conflictuantes. 4. *Coaliciones:* los conflictuantes buscan partidarios que secunden sus posturas. Comienzan las desacreditaciones hacia la contraparte. 5. *Ataques mutuos:* se desata una campaña para desprestigiar al adversario, se utilizan prácticas inmorales para denostar al otro. La imagen del opositor genera sentimientos negativos y repulsa. 6. *Amenazas:* los conflictuantes se profieren amenazas de todo tipo: dañar una propiedad, venganzas familiares, amenazas de muerte, etc. 7. *Destrucción limitada:* se está dispuesto a perder algo (la libertad, la dignidad, recursos económicos, etc.) a cambio de infringir un daño al rival. 8. *Anulación total:* la mente se obnubila y se considera al otro como un enemigo al que hay que aniquilar (moral, mental e incluso físicamente). 9. *Abismo conflictual:* se llega al máximo grado de hostilidad. Solo se busca la destrucción del otro. Las persuasiones externas son ignoradas. Se está dispuesto a materializar una lucha desenfrenada por imponerse al enemigo.

Esclarecimiento de los hechos. Es el conjunto de diligencias desarrolladas por la trilogía investigadora (ministerio público, peritos y cuerpos policiacos), con la finalidad de determinar con claridad científica como se suscitaron los hechos que desembocaron en un evento delictivo, a efecto de conocer la verdad histórica del suceso, que conlleve a que un juez penal declare el derecho, resarciéndose el daño a la víctima y castigándose al culpable.

Escrito de acusación. Es el documento formal en el cual el Ministerio Público, sistematiza su *"teoría del caso"*, que ha estructurado con todos los elementos de prueba recopilados hasta ese momento (la etapa intermedia), con la cual presenta una imputación formal en contra de una persona presuntamente responsable de la Comisión de un delito.

El *Código Nacional de Procedimientos Penales* en su numeral 335° respecto al contenido taxativo del escrito de acusación, establece lo siguiente:

''La acusación del Ministerio Público, deberá contener en forma clara y precisa:

I. La individualización del o los acusados y de su Defensor;

II. La identificación de la víctima u ofendido y su Asesor jurídico;

III. La relación clara, precisa, circunstanciada y específica de los hechos atribuidos en modo, tiempo y lugar, así como su clasificación jurídica;

IV. La relación de las modalidades del delito que concurrieren;

V. La autoría o participación concreta que se atribuye al acusado;

VI. La expresión de los preceptos legales aplicables;

VII. El señalamiento de los medios de prueba que pretenda ofrecer, así como la prueba anticipada que se hubiere desahogado en la etapa de investigación;

VIII. El monto de la reparación del daño y los medios de prueba que ofrece para probarlo;

IX. La pena o medida de seguridad cuya aplicación se solicita incluyendo en su caso la correspondiente al concurso de delitos;

X. Los medios de prueba que el Ministerio Público pretenda presentar para la individualización de la pena y en su caso, para la procedencia de sustitutivos de la pena de prisión o suspensión de la misma;

XI. La solicitud de decomiso de los bienes asegurados;

XII. La propuesta de acuerdos probatorios, en su caso, y

XIII. La solicitud de que se aplique alguna forma de terminación anticipada del proceso cuando ésta proceda.

La acusación sólo podrá formularse por los hechos y personas señaladas en el auto de vinculación a proceso, aunque se efectúe una distinta clasificación, la cual deberá hacer del conocimiento de las parte''.

Escucha activa. Dinámica de comunicación y virtud de la inteligencia emocional que consiste en asumir un talante de recepción respetuoso, atento y sensible hacia la información que brinda el interlocutor durante un diálogo, de tal tenor que este se sienta comprendido y consecuentemente desarrolle confianza plena en la transmisión de su mensaje, sabedor que no será juzgado, y que incluso podrá recibir *feedback* (retroalimentación enriquecedora) al terminar su intervención.

Esta técnica es practicada por terapeutas y gestores de avenencia, tales como mediadores, conciliadores, árbitros, etc.

Las principales habilidades que deben acompañar la escucha activa son:

I.- La interpretación del lenguaje corporal del interlocutor.

II.- Empatía.

III.- Validación.

IV.- Parafraseo de entendimiento discursivo.

V.- Disposición psicológica.

VI.- La no descalificación *apriorística* de un argumento.

Espacios polivalentes. Lugares diseñados *ex profeso*, para desarrollar actividades y encuentros artísticos, culturales, deportivos, académicos, etc. Estos espacios públicos tienen el propósito de ser foros integrativos que sean utilizados para promover y difundir expresiones urbanas que fomenten el respeto a la diversidad ideológica, el intercambio cultural y la tolerancia, tornándose en ágoras de pluralidad, en donde se difundan y respeten todas las voces y se acepten todas las expresiones sociales pacíficas, que coadyuven a fortalecer la sana convivencia e impulsen la cultura de paz.

Especialista mediador externo. Facilitador cualificado con credenciales académicas, reconocido socialmente por su honorabilidad y por ser promotor de principios morales; el cual es invitado a integrarse como mediador de un conflicto de gran relevancia social, para que comparta su experticia y conocimientos en la gestión de un conflicto que se espera se resuelva en el mejor de los términos.

Estado de Derecho. Es la estructura política y jurídica que regula a una sociedad en un tiempo y en un espacio geográfico definido, que garantiza su soberanía nacional y el cumplimiento de sus fines ideológicos. La ONU en su informe (S/2004/616) publicado por su Secretaría General, define al Estado de Derecho como: *"un principio de gobernanza en el que todas las personas, instituciones y entidades públicas y privadas, están sometidas a leyes que se promulgan públicamente, se hacen cumplir por igual y se aplican con independencia, además de ser compatibles con las normas y los principios internacionales de derechos humanos. Asimismo exige que se adopten medidas para garantizar el respeto de los principios de primacía de la ley, igualdad ante la ley, separación de poderes, participación en la adopción de decisiones, legalidad, no arbitrariedad y transparencia procesal y legal".*

Estado de sitio. Sistema constitucional de excepción, en razón del cual se autoriza al titular del ejecutivo, con la avenencia del Congreso de la Unión, en caso de que se suscite una situación extremadamente grave, el poder suspender ciertas garantías, a efecto de hacer frente a estas problemática *sui generis*, de impacto nacional que se presentó de manera inesperada.

El art. 29° de la Carta Magna sobre este particular señala:
''En los casos de invasión, perturbación grave de la paz pública, o de cualquier otro que ponga a la sociedad en grave peligro o conflicto, solamente el Presidente de los Estados Unidos Mexicanos, con la aprobación del Congreso de la Unión o de la Comisión Permanente cuando aquel no estuviere reunido, podrá restringir o

suspender en todo el país o en lugar determinado el ejercicio de los derechos y las garantías que fuesen obstáculo para hacer frente, rápida y fácilmente a la situación; pero deberá hacerlo por un tiempo limitado, por medio de prevenciones generales y sin que la restricción o suspensión se contraiga a determinada persona''. ''La restricción o suspensión del ejercicio de los derechos y garantías debe estar fundada y motivada en los términos establecidos por esta Constitución y ser proporcional al peligro a que se hace frente, observando en todo momento los principios de legalidad, racionalidad, proclamación, publicidad y no discriminación''.

Estado fallido. Locución doctrinal con la que se hace alusión al fracaso institucional y colapso del Estado, como ente garante del bien público. Los principales indicadores para determinar el fracaso del Estado son: corrupción del aparato de gobierno, sistema judicial obsoleto e ineficiente, criminalidad desbordada, índices altos de desempleo, aumento de personas en condición de pobreza extrema, falta de credibilidad de la ciudadanía hacia sus autoridades, instituciones moralmente quebrantadas, anarquía, polarización social, estado de sitio, brutalidad policíaca, violaciones sistemáticas de derechos humanos, colusión del gobierno con el crimen organizado, autoritarismo recalcitrante, golpes de estado, revueltas sociales, etc.

Estatuto de Roma de la Corte Penal Internacional. Documento internacional signado por más de 180 países en el mundo, en virtud del cual, en el año 1998 se creó orgánicamente la Corte Penal Internacional, como órgano jurisdiccional con competencia para conocer de crímenes de genocidios, delitos de lesa humanidad, invasiones armamentísticas, terrorismo, etc. Su sede se encuentra en la Haya, Holanda, donde opera actualmente.

Estereotipo. Es el etiquetamiento que *a priori* se le adjudica a algún individuo o grupo de individuos, por su tipo de vestimenta, personalidad, ideología, apariencia física, cultura, etc., atribuyéndole características genéricas, basadas en prejuicios y proyecciones subjetivas. Los estereotipos parten de ideas preconcebidas que se generalizan rápida e inconscientemente en el subconsciente colectivo social, sin analizar el porqué de su categorización. Los estereotipos pueden derivar en prácticas de discriminación y segregación social.

Estigmatización social. Etiquetamiento prejuicioso que se hace sobre un individuo o grupo de individuos, generando un estereotipo sobre él o ellos, por lo regular de forma peyorativa o deshonrosa, desvalorando su personalidad, atribuyéndole(s) una categoría negativa implícita que mancilla su reputación. El prejuicio social conlleva una actitud de hostilidad externalizada abiertamente o tácita que se materializa con actividades de intolerancia, violencia moral o rechazo.

La estigmatización social se manifiesta de maneras diversas en el mundo. A nivel social, este fenómeno, lo padecen con frecuencia, individuos que pertenecen a tribus urbanas tales como: *punks, skatos, cholos, emos, darks, hipsters, otakus*, etc. El grupo de homosexuales y las personas egresadas de núcleos carcelarios, han sido históricamente, víctimas de estigmatización social.

Estructura piramidal. Concepto utilizado en la ciencia política y jurídica, con la que se hace alusión a los esquemas jerárquicos, en los que existen relaciones de supra-coordinación o subordinación, es decir, categorías de prelación entre ellos. Estas estructuras sociales organizativas han sido criticadas, en razón de que generan polarización social, colocando a las personas e instituciones en diferentes niveles, incentivando una clasificación de la valía de algo o alguien, en razón al nodo en el que tengan su locación en la pirámide.

Los modelos de justicia social contemporáneos, proponen esquemas circulares, en los que se dignifique a todo individuo, integrándolo socialmente y reconociendo su importancia en el engranaje social.

Mientras los patrones piramidales crean estatus diferenciados, los sistemas circulares, promueven la igualdad, la equidad y la sinergia colaborativa.

Estructura social. Diseño organizacional en el que el Estado intenta cumplir sus fines ontológicos y orgánicos, a través de un entramado político, jurídico, económico y social, en el que se articulan los ideales sociales dentro de un espacio geográfico en el que habitan un grupo de individuos con una identidad propia, soberanía estatal y fines compartidos.

Etnocentrismo. Talante subjetivo egoísta en razón del cual un individuo o grupo de individuos intentan imponer su ideología, cultura o creencia sobre otras personas (generalmente foráneas), por considerar que la suya es mejor que cualquier otra. El anular al otro a través de críticas o ridiculizaciones deliberadas por sostener cierta ideología extranjera o patrones de comportamiento diversos al propio, es un acto etnocéntrico de intolerancia.

Evaluación neutral del conflicto. Talante de imparcialidad que debe asumir todo facilitador de un mecanismo alternativo, a efecto de valorar con objetividad la naturaleza del conflicto, sin implicarse emocionalmente en el mismo, ni tomar sesgo sobre la causa de alguna de las partes, tratándoles de forma equitativa y evitando tratos preferenciales.

La evaluación neutral implica también dejar de lado prejuicios sociales, religiosos, culturales u otros constructos que puedan obnubilar la imparcialidad del mediador o conciliador. Cuando alguna de las partes advierta parcialidad subjetiva por parte del facilitador, podrá solicitar su recusación del proceso.

Exclusión social. Forma de discriminación y segregación en razón de la cual se promueve una política pública de *facto*, que imposibilita que todos los integrantes del núcleo social, accedan de forma equitativa a los mismos derechos, condiciones, servicios y oportunidades para vivir funcionalmente en la sociedad. La exclusión puede darse de forma material a través de la marginación que sufren las comunidades más vulnerables económicamente, (por ejemplo, la imposibilidad de acceder a instituciones jurisdiccionales debido a su lejanía, etc.). Sin embargo, la exclusión social también puede ser ideológica, a través de prácticas de intolerancia y rechazo a grupos culturales, religiosos, tribus urbanas, comunidad LGBT, etc.

Exoneración. Del latín *exonerare* que quiere decir: ''aliviar una carga''. En materia jurídica, alude al hecho de liberar a alguien de algún deber o responsabilidad, la cual puede ser una obligación que ya se ha cumplido, que está en estado de latencia o en proceso de cumplimiento.

Extinción de la acción penal. Situación de hecho y de derecho, en razón de la cual, la persecución penal del delito iniciada parte del Estado, pierde toda razón de ser, declarándose formalmente su consumación, causando estado, sin tener la posibilidad de retomarse ulteriormente.
El Código Penal Federal establece cono causas de extinción de la acción penal: la ''muerte del imputado o el sentenciado'', la ''amnistía'', el ''perdón del ofendido'', el ''reconocimiento de inocencia'', el ''indulto'', la ''prescripción del delito'', el ''cumplimiento de la pena'', la ''abrogación del tipo penal'', el ''cumplimiento de la pena'', la ''comprobación de que existe ya una sentencia previa emitida por los mismos hechos'', etc.
El *Código Nacional de Procedimientos Penales*, señala que los *"acuerdos reparatorios"* y la *"suspensión condicional del proceso"*, una vez cumplidos en sus términos también extinguen la acción penal.

F

Facilitador. Dícese de toda persona certificada por el Estado en competencias de mediación y conciliación, que tiene como encomienda moderar neutralmente el mecanismo alternativo de solución de conflictos que se le solicite, a efecto de que los intervinientes del mismo, puedan alcanzar una avenencia que materialice exitosamente un proceso restaurativo integral. Todo facilitador de mecanismos alternativos debe recibir capacitación continua en su órgano de adscripción. Al desempeñar una actividad conciliatoria, el facilitador no necesariamente debe ser un técnico en derecho, sino que pueden fungir como tal, personas con título en psicología, criminología, recursos humanos, pedagogía, trabajo social, etc.

De acuerdo a la ley especializada en la materia, la Ley Nacional de Mecanismos Alternativos de Solución de Controversias en Materia Penal, en su numeral 48, establece que para ser facilitador se requiere:

"I.- Poseer grado de licenciatura afín a las labores que deberá desarrollar, con cédula profesional.
II.- Acreditar certificación.
III.- Acreditar evaluaciones de control de confianza.
IV. No haber sido sentenciado por delito doloso".

Facultad punitiva estatal. Potestad conferida al Estado, a través de la Fiscalía y su red de instituciones ministeriales que tiene como característica, perseguir las conductas antijurídicas que alteran el orden público y desestabilizan el *statu quo* social.

El *ius puniendi* estatal le fue conferido al Estado por y desde el pueblo mismo, de acuerdo a la *"Teoría del Pacto Social"* de Rousseau.

La naturaleza de la maquinaria ministerial es esencialmente retributiva, es decir, intimidatoria y represiva y su accionar se considera un mal necesario que permite garantizar la tutela de los bienes jurídicos de la sociedad. Actúa de manera preventiva, a través de programas públicos de profilaxis delictiva y contención criminal.

Sin embargo su accionar está limitado a las atribuciones establecidas por sus leyes orgánicas. Su accionar se rige por los principios de legalidad, subsidiaridad, mínima intervención, idoneidad, proporcionalidad y resocialización. En las últimas décadas han surgido teorías de *abolicionismo penal* que promueven la desaparición del sistema ministerial y del subsistema penitenciario, y sus defensores aseveran que los abusos sistemáticos que generan estas instituciones, aunado a su obsolescencia, las tornan ya ineficaces para paliar las problemáticas de criminalidad que asechan a la sociedad actual.

Feedback emocional. Ejercicio de retroalimentación, en virtud del cual, un terapeuta, un consultor, un conciliador, etc., de manera asertiva, empática y propositiva, le expresa a su interlocutor lo que piensa neutralmente en relación a la información que se le ha compartido, con la intención de fomentar una visión complementaria más amplia del tema que están deliberando en conjunto. El *feedback* le permite al interlocutor conocer la percepción que un tercero neutral tiene en relación a su concepción personal.

En los procesos restaurativos, la retroalimentación, tanto de la contraparte, como del propio conciliador o de la comunidad invitada al proceso, enriquecen la interpretación del conflicto, lo que permite obtener perspectivas de solución, desde múltiples enfoques.

Feminicidio. Vocablo que fue utilizado por primera vez en el *Tribunal de Crímenes contra la mujer*, en 1976 en Bruselas, por la accionista social Diana Rusel, quien definió este fenómeno como: *"un continuum de terror anti-femenino que incluye una amplia variedad de abusos verbales y físicos, tales como violación, tortura, esclavitud sexual, abuso sexual incestuoso, golpizas físicas, violencia emocional, acoso sexual, mutilación genital, operaciones ginecológicas innecesarias, heterosexualidad forzada, esterilización forzada, maternidad forzada, etc.; siempre que estas formas de terrorismo resulten en muerte contra la mujer"*. (Russell, Diane; *"Rape un marriage"*; Indiana Universities Press, 1982, p. 286).

El Código Penal Federal tipifica esta conducta de la siguiente manera:

"Comete el delito de feminicidio quien prive de la vida a una mujer por razones de género. Se considera que existen razones de género cuando concurra alguna de las siguientes circunstancias:

I. La víctima presente signos de violencia sexual de cualquier tipo;

II. A la víctima se le hayan infligido lesiones o mutilaciones infamantes o degradantes, previas o posteriores a la privación de la vida o actos de necrofilia;

III. Existan antecedentes o datos de cualquier tipo de violencia en el ámbito familiar, laboral o escolar, del sujeto activo en contra de la víctima;

IV. Haya existido entre el activo y la víctima una relación sentimental, afectiva o de confianza;

V. Existan datos que establezcan que hubo amenazas relacionadas con el hecho delictuoso, acoso o lesiones del sujeto activo en contra de la víctima;

VI. La víctima haya sido incomunicada, cualquiera que sea el tiempo previo a la privación de la vida;

VII. El cuerpo de la víctima sea expuesto o exhibido en un lugar público.

A quien cometa el delito de feminicidio se le impondrán de cuarenta a sesenta años de prisión y de quinientos a mil días multa. Además de las sanciones descritas, el sujeto activo perderá todos los derechos con relación a la víctima, incluidos los de carácter sucesorio".

Fenotipo conductual. Conjunto de características de la personalidad, que desarrollan y comparten ciertos individuos con patrones emocionales muy similares y que es determinada por el ambiente, inmersión cultural y clima ideológico de convivencia en el que cohabitan. Los fenotipos conductuales se forman en el subconsciente colectivo, a través de un *egregor* ideológico grupal (subcultura) que desarrollan ciertos grupos poblacionales.

Formalismos procedimentales. Dícese de todas aquéllas actuaciones jurídicas que siguen los patrones taxativos que marca la norma preestablecida. El formalismo procesal, solo se basa exclusivamente en el derecho positivo, en el que ciñe sus actuaciones. El imperio de la Ley permea cada actuación en el proceso: las fórmulas y el rigorismo legal, dan certeza a la maquinaria judicial, aunque a menudo la tornan densa, protocolaria y poco expedita. Empero, el artículo 17° constitucional reformado en el año 2017, estableció un cambio paradigmático, en la forma de entender el derecho tradicional en México al priorizar la justicia alternativa por encima de la justicia ordinaria: *"siempre que no se afecte, la igualdad entre las partes, el debido proceso u otros derechos en los juicios o procedimientos seguidos, en forma de juicio, las autoridades deberán privilegiar la solución del conflicto sobre los formalismos procedimentales".*

Formas de terminación anticipada del proceso. Dícese de todas aquellas resoluciones que ponen fin al proceso, pero que no llevaron previamente a cabo necesariamente todas las etapas procesales propias de un juicio ordinario. El *Código Nacional de Procedimientos Penales*, reconoce exclusivamente como forma de terminación anticipada, al *procedimiento abreviado*, el cual es un juicio sumario, en razón del cuál, se acelera el proceso, brindándole al imputado el beneficio de reducción de su pena, si acepta explícitamente su responsabilidad penal en la causa que se erige en su contra.

Foros alternativos. Espacios públicos de uso común (ágoras, explanadas, plazoletas), construidas por el Estado *ex profeso*, para desarrollar actividades culturales, artísticas, recreativas, etc., que faciliten el encuentro y la expresión de las diferentes voces de grupos ideológicos y tribus urbanas. Estos espacios comunitarios fomentan el respeto a la pluriculturalidad, la aceptación de cualquier expresión heterónoma, la tolerancia, la multidiversidad y la armonía social.

Fractalización social. Esquema de organización social que tiene como propósito replicar un modelo o una estrategia política pública exitosa, en diferentes niveles escalares u órdenes de gobierno: federal, estatal y municipal.

La fractalización permite llevar lo macrosocial a lo microsocial, acercando a la sociedad una estructura abstracta y general, de manera más concreta y particular. Un ejemplo de fractalización institucional en la justicia alternativa sería la creación de centros de mediación federales, centros de mediación estatales, centros de mediación municipales, centros de mediación distritales, centros de mediación regionales, centros de mediación comunales, centros de mediación barriales, centros de mediación por cuadrillas, etc.

La fractalización permite que un modelo exitoso se replique escalarmente para que llegue a todos los ciudadanos de forma cercana, pronta y expedita.

Francesco Carrara. Jurista italiano, considerado el padre de la *escuela clásica del delito*, consagró su vida al estudio del derecho penal, desarrollando teorías de axiología jurídica. Fue un impulsor de la abrogación de la pena de muerte y defensor de los derechos humanos del justiciable, defendió la idea de que la pena no debe ser retributiva, sino proporcional y con efectos reformatorios. Participó en la elaboración del primer Código Penal Italiano. Sus postulados siguen siendo estudiados en las escuelas contemporáneas de derecho.

G

Ghandi. Pensador pacifista nacido en la India, el 2 de Octubre de 1869. Por mostrar un talante de defensa continua de los valores de la paz y manifestar su repudio a toda manifestación de guerra, recibió el título honorífico de *"Mahatma"*, que significa: *"alma grande"*. Fue defensor de la independencia del pueblo hindú, siendo encarcelado en múltiples ocasiones. Fue defensor de los derechos de los animales y promotor del vegetarianismo. Estudió leyes y fue promotor de valores de la consciencia. Revolucionario espiritual e inspirador de múltiples movimientos de emancipación en el mundo. En1948, un grupo radical cegó su vida; pero su legado sigue teniendo eco en el presente. Su imagen sigue siendo utilizada como eslogan de movimientos pacifistas contemporáneos. Su frase: *"ojo por ojo y el mundo acabará ciego"*, se ha convertido en un aforismo célebre citado en miles de discursos impulsores de la proscripción de la guerra y el fomento de la cultura de paz.

Greta Thunberg. Joven activista sueca, defensora de los derechos medioambientales del mundo, diagnosticada con el síndrome de Asperger. En el año 2018 pronunció un discurso conmovedor en la Conferencia de las Naciones Unidas sobre el cambio climático, en el que confrontó a todos los líderes del mundo por su indiferencia, hipocresía y actitud depredadora, que ha puesto en entredicho la vida del planeta en el futuro mediato. Sus discursos, aunque focalizados a la lucha contra el cambio climático, también abordan temáticas como el respeto a las especies animales, el vegetarianismo y la paz mundial.

Grupos comunitarios. Agrupaciones de individuos que comparten raíces, ideologías, prácticas, creencias, culturas y tradiciones similares, que les dota de autonomía e identidad propia. Los grupos comunitarios se organizan para promover sus derechos y reafirmar su valor ontológico.
En la sociedad actual pululan diversos grupos comunitarios de los más disímiles, que luchan por la tutela y reconocimiento de sus

derechos: grupos de comunidades indígenas, personas con capacidades diferentes, grupos de migrantes, grupos religiosos, movimientos culturales, tribus urbanas, grupos de diversidad sexual, etc.

Guerra civil. Conflicto bélico que se genera al interior de un país, por la disputa de cotos de poder, sublevación en contra del gobierno en turno, estado de sitio, polarización política, desconocimiento de un gobierno, guerrillas posteriores a un conflicto armado internacional, etc. La guerra civil trae aparejada anarquía institucional, recesión económica, caos, zozobra en la ciudadanía y un profundo desgarre en el entramado social.

Guerra Fría. Conflicto político y mayormente ideológico, eventualmente con tensiones armamentísticas entre E.U.A. y la Unión Soviética, que duró cerca de 40 años y en el que intervinieron aisladamente otras naciones que se adhirieron al conflicto en ciertos momentos coyunturales de tensión geopolítica. Esta compleja guerra se suscitó en el contexto de la posguerra mundial de 1944 y es considerada la pugna histórica entre los bloques ideológicos capitalistas y comunistas. La perenne obsesión de Estados Unidos y la Unión Soviética por mostrar al mundo quien es la primera potencia mundial, les ha llevado a inmiscuirse en competencias por el mayor desarrollo armamentístico posible (mostrar al mundo quien tiene la mejor tecnología bélica), y la conquista por la carrera espacial (mostrar al mundo quien es capaz de aventurarse a misiones espaciales con mayor rapidez). Este conflicto fue atenuándose con el transcurso del tiempo y los historiadores coinciden que con la caída del Muro de Berlín y la disolución de la URSS, esta guerra llegó a su fin formalmente, aunque de *facto* las tensiones entre E.U.A y Rusia siguen aún latentes.

Günther Jakobs. Filósofo y jurista alemán, partidario de la teoría funcionalista del derecho penal, autor de más de 15 libros de dogmática penal. Logró gran popularidad con su *"teoría del derecho* *penal del enemigo"* en 1985, la cual ha influenciado sobremanera al pensamiento jurídico latinoamericano. Jakobs con esta doctrina de frontera, exhibió las tropelías de algunos sistemas jurídicos que aunque se ufanan de ser democráticos y garantistas, tienen lastres de autoritarismo al desarrollar políticas criminológicas sesgadas en contra de ciertos grupos delictivos, a los que deshumanizan, limitan sus derechos fundamentales y en quienes descargan un *ius puniendi*, exacerbado; quebrantando con ello los *"principio de universalidad"* y *"equidad"* que rigen a los derechos humanos.

H

Habeas corpus. Figura jurídica incorporada en múltiples legislaciones internacionales y aunque cada una le da matices propios, su teleología general es proteger a los particulares de detenciones arbitrarias y privaciones de la libertad efectuadas por las autoridades. El justiciable ante estas arbitrariedades y abusos de autoridad, puede recurrir ante un tribunal federal, para que este se pronuncie inmediatamente sobre la condición jurídica del detenido.

Esta institución fue inspiradora de la figura jurídica del amparo en México, la cual concede la prerrogativa al afectado (quejoso), de que pueda acudir individualmente ante la justicia federal para solicitar la protección de garantías que potencialmente le pueden o ya le fueron desconocidas; siguiendo los parámetros de la *"fórmula Otero"*.

Hacinamiento carcelario. Problemática penitenciaria que se suscita al interior de los núcleos carcelarios, que deriva de la sobrepoblación de reos, debido a la aglomeración y sobredemanda de las celdas disponibles, las cuales son insuficientes en relación a la población de reos instalada.

La sobrepoblación carcelaria es una problemática que ha asechado a los sistemas penitenciarios en Latinoamérica, desde las últimas décadas.

Los mecanismos alternativos de solución de controversias en materia penal tienen la teleología de descongestionar al sistema judicial y consecuentemente al subsistema carcelario.

Hecho que la ley señala como delito. Es el encuadramiento de la conducta desplegada por el agente activo del delito, con la hipótesis normativa tipificada en un ordenamiento penal. El elemento objetivo del delito, junto con el elemento subjetivo y normativo, configuran la conducta típica, antijurídica, punible y culpable del injusto penal.

Heterocomposición. Esquema de resolución de conflictos, en el que dos o más personas en disputa (físicas o jurídicas), se someten voluntariamente a un ejercicio de deliberación, el cual es resuelto por un tercero externo, quien de forma neutral, una vez agotadas todas las etapas formales, emite una resolución que resuelve la causa, la cual tendrá carácter vinculante, para todos los involucrados. Los esquemas de justicia heterocompositiva se dividen en formales, que son los que siguen protocolos legales, tales como los juicios jurisdiccionales propiamente dichos, más el arbitraje; y en extrajudiciales, que corresponden a los métodos alternos de solución de controversias, cuya metodología es informal, flexible y con enfoque restaurativo.

Holocausto. Vocablo de origen hebreo, que es traducido como: *"la gran catástrofe"*. Este término fue popularizado por varios sociólogos, después de la Segunda Guerra Mundial, para referirse al genocidio de judíos, ordenada por Hitler, en el momento más álgido del conflicto bélico. Este exterminio masivo, perpetrado por los nazis alemanes, es considerado uno de los actos más abominables de la historia de la humanidad. A raíz de esta abyecto acontecimiento, que generó una de la cicatrices más profundas registradas en los fastos de la historia, se erigió la ONU y otros Organismos Internacionales, con la finalidad de combatir las prácticas de racismo y segregación mundial, así como promulgar instrumentos, protocolos y tratados diseñados con políticas públicas profilácticas, para evitar que en el futuro se vuelva a presentar una experiencia similar.

Homofobia. Concepto global que hace alusión a la manifestación explícita de odio, repudio, segregación, discriminación, vejación o violencia en contra de personas homosexuales o que profesan una diversidad sexual diferente a la tradicional.

En múltiples legislaciones del mundo esta conducta es considerada un delito y su proliferación ha generado que muchos Estados eleven sus penas, a efecto de atenuar esta práctica, que encuadra dentro de la categoría de discriminación.

Howard Zehr. Criminólogo estadounidense, considerado el padre de la justicia restaurativa moderna, quien acuñó este término por primera vez en su obra: *"El librito de la Justicia Restaurativa "*, la cual se ha convertido en un tratado clásico citado miles de ocasiones en foros académicos, simposios, libros y revistas especializadas en justicia penal alternativa y restaurativa. Howard es autor y coautor de más de 20 libros sobre este tema y ha recibido múltiples reconocimientos por parte de la comunidad internacional, entre los que destacan el *"Premio Internacional de la Paz"* en el 2006, el *"Premio Anual de Constructor de Paz"* en el 2003, el *"Premio de la Paz Michael Sattler"*, entre otros.

I

Imperio de ley. Frase utilizada en la ciencia jurídico-política para referirse a la prevalencia suprema del derecho por sobre toda fuente externa regulativa. También conocida como *nomocracia*, que alude al aforismo legal: *"por sobre la ley, nada ni nadie"*.

En los sistemas jurídicos contemporáneos permea el *"principio de legalidad"* el cual constriñe a toda autoridad a limitarse a lo que le establezca taxativamente la estructura normativa preestablecida, prohibiéndole *a contrario sensu*, actuar discrecionalmente fuera del marco legal.

Actualmente con el resurgimiento de los modelos *iusnaturalistas*, hiperprotectores de los derechos humanos, se ha atenuado la concepción de la supremacía normativa, habilitando nuevos esquemas de justicia alternativa los cuales propugnan que sean los propios individuos, quienes resuelvan sus problemáticas de forma autónoma, prescindiendo del aparato jurisdiccional, con lo cual se transita del principio legalista: *"dura es la ley, pero rige la ley"*, al principio flexible antropocéntrico: *"la voluntad de las partes es lu ley suprema"*.

Impunidad. Vocablo que hace alusión a la falta de esclarecimiento de un hecho criminal, que trae como consecuencia que el delincuente que lo cometió no sea acreedor a la pena que le corresponde por su conducta ilícita y como consecuencia que la víctima u ofendido del delito, no reciban la reparación integral del daño que se le causó.

La impunidad como fenómeno social tiene dos implicaciones:
Objetiva: que corresponde al fracaso material de la autoridad ministerial en la persecución de los delitos.
Subjetiva: un efecto disuasivo para nuevas denuncias (cifra negra) en razón de la apreciación que se genera en la ciudadanía, respecto a la ineficiencia tanto del sistema ministerial, como del sistema judicial en sus sendas encomiendas de esclarecer los hechos e impartir justicia.

La ONU en el año 2005 publicó el instrumento intitulado: *"Conjunto de principios para la protección y la promoción de los derechos humanos mediante la lucha contra la impunidad"*, el cual en su numeral I.I. estableció:

''Por impunidad se entiende la inexistencia, de hecho o de derecho, de responsabilidad penal por parte de los autores de violaciones, así como de responsabilidad civil, administrativa o disciplinaria, porque escapan a toda investigación con miras a su inculpación, detención, procesamiento y, en caso de ser reconocidos culpables, condena a penas apropiadas, incluso a la indemnización del daño causado a sus víctimas''.

Imputabilidad moral. Es el juicio subjetivo de reproche que se le dirige al agente activo del delito, por haber tenido la intención de materializar el hecho criminal. El reproche moral se da debido a que el autor del delito, al tener la capacidad cognitiva-volitiva (libre albedrío) para discernir entre cometer o no el delito, optó por ejecutarlo empíricamente.

Imputación objetiva. Adjudicación de responsabilidad que se le hace a un individuo por la comisión de un *injusto penal*, el cual fue acreditado en razón del nexo de causalidad entre la hipótesis establecida en la norma y el resultado típico, antijurídico y culpable generado como consecuencia de la conducta ilícita que desplegó en la realidad externa.

In dubio pro reo. Frase latina que se traduce, como *"en caso de duda, se beneficiará al reo"*, la cual alude a que cuando de un proceso legal se desprenda que no existe material probatorio suficiente para condenar a un imputado y exista duda razonable sobre su responsabilidad penal, el tribunal deberá optar por declarar su libertad, todo ello en concordancia con el *''principio de presunción de inocencia''* y siguiendo la premisa popular de que *"vale más absolver a un culpable, que privar de su libertad a alguien inocente"*.

Inclusión social. Política pública que busca fomentar la equidad e igualdad entre todos los miembros de la sociedad, dotando a todos de las mismas condiciones y oportunidades, para su desarrollo integral, independiente de su edad, creencia, religión, género, etnia, raza, estatus económico, cultura, ideología, discapacidad, orientación sexual, etc.

La inclusión social aspira a reivindicar a todos aquellos grupos históricamente excluidos y fomentar ambientes integrativos en el que todas las personas y sectores de la sociedad, se sientan reconocidos y dignificados.

Inculpado. Persona física o jurídica a la cual se le atribuye la probable responsabilidad de la comisión de un evento delictivo y que se encuentra en proceso judicial, toda vez que un juez penal de control ha emitido en su contra un *"auto de vinculación a proceso"*.

De acuerdo con la Carta Magna en su numeral 20, apartado B, e imputado durante el proceso tiene las siguientes prerrogativas:
''I. A que se presuma su inocencia mientras no se declare su responsabilidad mediante sentencia emitida por el juez de la causa;
II. A declarar o a guardar silencio. Desde el momento de su detención se le harán saber los motivos de la misma y su derecho a guardar silencio, el cual no podrá ser utilizado en su perjuicio. Queda prohibida y será sancionada por la ley penal, toda incomunicación, intimidación o tortura. La confesión rendida sin la asistencia del defensor carecerá de todo valor probatorio;
III. A que se le informe, tanto en el momento de su detención como en su comparecencia ante el Ministerio Público o el juez, los hechos que se le imputan y los derechos que le asisten. Tratándose de delincuencia organizada, la autoridad judicial podrá autorizar que se mantenga en reserva el nombre y datos del acusador;
IV. Se le recibirán los testigos y demás pruebas pertinentes que ofrezca, concediéndosele el tiempo que la ley estime necesario al efecto y auxiliándosele para obtener la comparecencia de las personas cuyo testimonio solicite, en los términos que señale la ley;

V. Será juzgado en audiencia pública por un juez o tribunal. La publicidad sólo podrá restringirse en los casos de excepción que determine la ley, por razones de seguridad nacional, seguridad pública, protección de las víctimas, testigos y menores, cuando se ponga en riesgo la revelación de datos legalmente protegidos, o cuando el tribunal estime que existen razones fundadas para justificarlo. En delincuencia organizada, las actuaciones realizadas en la fase de investigación podrán tener valor probatorio, cuando no puedan ser reproducidas en juicio o exista riesgo para testigos o víctimas. Lo anterior sin perjuicio del derecho del inculpado de objetarlas o impugnarlas y aportar pruebas en contra;

VI. Le serán facilitados todos los datos que solicite para su defensa y que consten en el proceso. El imputado y su defensor tendrán acceso a los registros de la investigación cuando el primero se encuentre detenido y cuando pretenda recibírsele declaración o entrevistarlo. Asimismo, antes de su primera comparecencia ante juez podrán consultar dichos registros, con la oportunidad debida para preparar la defensa;

VII. Será juzgado antes de cuatro meses si se tratare de delitos cuya pena máxima no exceda de dos años de prisión, y antes de un año si la pena excediere de ese tiempo, salvo que solicite mayor plazo para su defensa;

VIII. Tendrá derecho a una defensa adecuada por abogado, al cual elegirá libremente incluso desde el momento de su detención. Si no quiere o no puede nombrar un abogado, después de haber sido requerido para hacerlo, el juez le designará un defensor público. También tendrá derecho a que su defensor comparezca en todos los actos del proceso y éste tendrá obligación de hacerlo cuantas veces se le requiera, y

IX. En ningún caso podrá prolongarse la prisión o detención, por falta de pago de honorarios de defensores o por cualquiera otra prestación de dinero, por causa de responsabilidad civil o algún otro motivo análogo''.

Indolencia social. Es el talante generalizado de indiferencia, desinterés e insensibilidad que asume una masa crítica de la sociedad, respecto a las necesidades, inquietudes o intereses de los demás.

La indolencia es la falta de solidaridades, empatía, simpatía o consideración hacia los problemas ajenos. Es una manifestación egocéntrica de la personalidad, inconmovible ante las calamidades que le circundan, ausente de toda expresión de fraternidad y altruismo. La indolencia social es incentivada por las sociedades mercantilistas (de consumo) que alientan el individualismo y la competencia recalcitrante.

La indolencia social es un dique que impide edificar una consciencia colectiva basada en los valores de cooperación, armonía y paz.

Indulto. Figura jurídica de naturaleza post- procesal, contemplada en el art. 89° de la Carta Magna, en virtud de la cual se autoriza al titular del ejecutivo federal a conceder el perdón o condonación parcial de la pena, a un individuo que ha sido condenado con una sentencia ejecutoriada definitiva. Esta figura obedece a razones humanitarias y se aplica regularmente a sentenciados en condición de senectud. También puede tener verificativo, cuando de nuevas pesquisas, surja la duda razonable de que el reo sentenciado, pudo no haber sido el agente activo del delito.

El *"indulto por gracia"*, no exime al individuo, beneficiario de esta figura, de reparar el daño cabalmente a la víctima u ofendido del delito; el *"indulto por reconocimiento de inocencia"*, exime al acreedor de este beneficio de reparar el daño pecuniariamente.

Inmediación. Principio jurídico en virtud del cual se conmina al juez penal de la causa a que esté presente físicamente en cada audiencia que tenga verificativo bajo su jurisdicción.

Este principio es extrapolado también a las dinámicas de mediación, conciliación y arbitraje, en las que la presencia física del facilitador del mecanismo es obligatoria, a efecto de que tenga verificativo la salida alternativa de solución de controversias.

A raíz del uso cada vez más popularizado de las TICs (Tecnologías de Información y Comunicación), se han desahogado múltiples audiencias y sesiones de avenencia a través de plataformas virtuales; con lo que ha surgido el debate doctrinal sobre si la ausencia física del juez o del facilitador en su caso, quebranta el principio de inmediación.

Insight. Vocablo empleado en la psicología, que se traduce como: *"ver hacia adentro"*, es decir, darse cuenta de algo propio: alguna conducta, patrón, emoción, pensamiento, trauma, herida, proyección, etc.

Cuando un individuo logra el *"insight"* (auto percepción de su problema), da un gran paso en su proceso de sanación emocional, puesto que de ese proceso de interiorización, obtendrá la comprensión de sus móviles intrínsecos que originaron su problemática, con lo cual podrá efectuar ajustes para resolverla o al menos aprender a convivir con ella, de manera funcional.

Instigación al delito. Inducción o manipulación que un individuo o agrupación ejerce sobre otra persona, a efecto de persuadirlo para que cometa un evento delictivo.

En la dogmática penal a esta práctica se le conoce como, autoría mediata, la cual consiste en valerse de otro individuo, como instrumento para ejecutar una conducta típica, antijurídica y culpable. El instigador por lo regular corresponde al autor intelectual, quien es el sujeto activo, que maquila la idea del delito y busca los medios óptimos para su perpetración.

Sobre esta figura, el Código Penal Federal en su artículo 13°, establece:

''Son autores o partícipes del delito:
I.- Los que acuerden o preparen su realización.
II.- Los que los realicen por sí;
III.- Los que lo realicen conjuntamente;

IV.- Los que lo lleven a cabo sirviéndose de otro;

V.- Los que determinen dolosamente a otro a cometerlo;

VI.- Los que dolosamente presten ayuda o auxilien a otro para su comisión;

VII.- Los que con posterioridad a su ejecución auxilien al delincuente, en cumplimiento de una promesa anterior al delito y

VIII.- Los que sin acuerdo previo, intervengan con otros en su comisión, cuando no se pueda precisar el resultado que cada quien produjo.

Los autores o partícipes a que se refiere el presente artículo responderán cada uno en la medida de su propia culpabilidad''.

Instituto de las Mujeres. Organismo creado *ex profeso* para brindar a las mujeres, servicios de amplio espectro: atención psicológica, asesoría legal, servicios de mediación intrafamiliar, asesoría nutricional, apoyos asistenciales, organización de eventos culturales y artísticos, foros de ayuda mutua, becas educativas, cursos técnicos para desarrollar competencias de autoempleo, etc.

Estos institutos han sido descentralizados y en la actualidad no solo existe el Instituto Nacional de las Mujeres, sino que múltiples Estados tienen su propio Instituto local; incluso existen institutos municipales que buscan acercar estos servicios a este grupo focal de la sociedad.

Los Institutos de las Mujeres, no solo se limitan a brindan servicios, sino que tienen además como teleología, empoderar a las mujeres, impulsando su liderazgo y rol proactivo en la sociedad, a través de programas que impulsen políticas públicas de equidad de género y acceso igualitario a oportunidades laborales, académicas, empresariales y políticas.

Inteligencia emocional. Es el cúmulo de capacidades, destrezas y habilidades que desarrolla un individuo para gestionar asertivamente sus emociones, en su relación consigo mismo, con los demás y con su entorno.

Las personas con inteligencia emocional suelen poseer las siguientes virtudes:

1. Tienen capacidad de identificar sus emociones y analizar sus mecanismos de exteriorización.

2. Expresan sus emociones de manera natural, sin forzarlas, ni reprimirlas.

3. Son realistas en sus proyectos, valoran objetivamente los alcances de sus decisiones.

4. Evitan tomarse las situaciones de manera personal y no se enganchan fácilmente en *emocionalismos* externos.

5. Son autocríticos y procuran aprender de los errores del pasado.

6. Son empáticos con los demás e identifican las emociones de sus congéneres y se muestran compasivos y comprensivos con sus necesidades.

7. Tienen apertura a nuevas ideologías, doctrinas y culturas (lo que les enriquece), fomentando en ellos, valores de aceptación, universalidad y tolerancia.

8. Evitan los prejuicios y buscan crear su propia percepción de las personas y de la realidad.

9. Buscan relacionarse con personas genuinas y evitan vínculos tóxicos o ambientes de *"vampirismo emocional"*.

10. Son personas entusiastas y optimistas, transmiten positivismo y energía en sus acciones.

Inteligencia interpersonal. Capacidad que tiene un individuo para relacionarse empáticamente con los demás y comprender intuitivamente el estado mental y emocional de su interlocutor(es), a través de la interpretación de su lenguaje no verbal (gesticular o motriz). Las personas con inteligencia interpersonal, tienen la capacidad de socializar con facilidad, además son confiables, brindan seguridad a los demás y saben mostrarse comprensivos y sensibles a las necesidades de otros.

Inteligencia kinestésica. También conocida como inteligencia corporal o cinestésica. Es la habilidad de expresar a través del cuerpo (gesticulaciones, movimientos táctiles y psicomotrices) ideas y sentimientos de manera coordinada, armónica y congruente. Las personas que desarrollan esta capacidad suelen ser altamente sensibles de su entorno y aprenden a través de la acción física y la experiencia directa.

En todo ejercicio terapéutico y proceso de mediación o conciliación, el facilitador debe tener la habilidad de interpretar el lenguaje corporal de sus interlocutores, a efecto de descifrar detalladamente su lenguaje no verbal (a menudo más elocuente) que acompañan en su discurso.

Interaccionismo simbólico. Corriente de la psicología social que tiene como teleología estudiar los códigos de comunicación que se dan entre los individuos (verbales, gesticulares, corporales, subliminales, etc.)
El interaccionismo simbólico estudia las formas de comunicación arquetípica que se da entre los interlocutores, analizando el comportamiento y los estereotipos que asumen las personas en diferentes contextos para transmitir ideas, conductas y sentimientos con quienes comparten un ejercicio dialéctico de comunicación, en un tiempo y espacio determinado.

Interés superior del niño. Principio axiológico del derecho que busca garantizar una protección de amplio espectro para todos los menores involucrados directa o indirectamente en un conflicto. Su origen legislativo se encuentra en el instrumento internacional intitulado: *"la Convención de los Derechos del niño"*.

A efecto de garantizar la protección del *interés superior del infante*, nuestra legislación ha incorporado los siguientes parámetros normativos difusos:
*Toda audiencia penal en la que esté involucrado un infante, ya sea como menor infractor, víctima de un delito o testigo del mismo, se desarrollará a puerta cerrada, con la finalidad de proteger su identidad e integridad, evitando con ello afectar el libre desarrollo de su personalidad.

*Todos los menores que participen en una audiencia legal o en una sesión de mediación, deberán estar acompañados por sus padres o tutores en su caso y asistidos en todo momento por personal especializado en el tratamiento de menores: psicólogos, trabajadores sociales, etc.

*Se robustecerán institucionalmente las *"procuradurías del niño"*, las cuales en su adscripciones contarán con personal multidisciplinario experto en el manejo de los protocolos de protección del interés superior del infante.

*Deberá depurarse y afianzarse el *sistema integral de justicia penal para adolescentes*, (a efecto de trascender el sistema tutelar retributivo), empleando un esquema de mínima intervención con fines meramente socioeducativos.

Intimidación social. Prácticas atribuidas al Estado, que bajo la justificación de su facultad punitiva y a través de esquemas retributivos, intentan generar temor a los grupos delincuenciales, amenazándoles, tácita, fáctica o jurídicamente, para disuadirles de cometer eventos potenciales, de naturaleza antisocial, en el futuro.

El aumentar las penas en los códigos penales, es considerado el principal acto de intimidación social.

Intolerancia. Incapacidad de aceptar las creencias, expresiones o prácticas de otra persona (s) o entidad(es), manifestando desaprobación, rechazo, consternación, denostación, etc., sobre esa condición externa diferente, a la percepción, creencia o expectativa propia. La intolerancia puede manifestarse de múltiples formas y focalizarse a diversos aspectos. *V.gr.:* intolerancia política, intolerancia religiosa, intolerancia ideológica, intolerancia cultural, intolerancia académica, intolerancia laboral, etc.

Introyección de la personalidad. Es la actitud mediante la cual una persona incorpora ideas o conductas de los demás de manera inconsciente, haciéndolas suyas, moldeando con ello una personalidad exógena, la cual hace propia. La introyección genera que el individuo replique programas mentales que no le son propios, sino que recibe de influencias heterónomas.

En el proceso de avenencia, el facilitador debe procurar que los intervinientes se sientan completamente autónomos, en un ambiente de neutralidad, libertad y seguridad.

Invasión de *facto*. Ingreso clandestino de un grupo militar a un territorio extranjero, con la intención de controlar una línea fronteriza o amagar con un posible ataque armamentístico. Este tipo de prácticas son el preludio de un conflicto bélico armado, aunque por lo regular, su intención es solamente exteriorizar un patrón de amenaza, para generar tensión geopolítica y obtener un beneficio ulterior. La comunidad internacional ha reprobado categóricamente este tipo de procedimientos y a pesar del repudio generalizado, algunas potencias siguen realizándolos subrepticiamente.

Irretroactividad de la ley. Principio que prohíbe que una ley nueva tenga efectos sobre hechos anteriores a su vigencia, que pudieran perjudicar al justiciable destinatario de la misma. El artículo 14 constitucional establece en su literalidad *"que a ninguna ley se dará efecto retroactivo en perjuicio de persona alguna"*, con lo cual puede inferirse a *contrario sensu*, que si la retroactividad de una norma ofrece un beneficio, entonces sí podrá retrotraerse en el tiempo, ello en congruencia con el *principio pro homine*, cuya teleología es asegurar la aplicación del radio de derechos más amplio para el individuo.

***Iter criminis*.** Es todo el recorrido que el agente activo del delito ha llevado a cabo desde la ideación del injusto penal, hasta la materialización del crimen.

El *iter criminis*, por lo general sigue el siguiente camino:
I.- La ideación del delito. El pensamiento del individuo que elucubra en su mente, la posibilidad de cometerlo.

II.- La valoración de los alcances de su conducta: el individuo analiza los *pros* y *contras* que vendrán como consecuencia de su conducta.

III.- Decisión de accionar. El individuo resuelve la viabilidad de su conducta y decide llevar a cabo su cometido criminal.

IV.- La preparación de su accionar previo a la comisión del delito. El individuo se hace de todas las herramientas que necesitará para materializar su conducta, planifica una agenda y crea una estrategia de ejecución.

V.- Materialización del delito. El individuo ejecuta físicamente su conducta, consumando su cometido delictivo.

Evidentemente no en todos los delitos, el delincuente ejecuta todo este recorrido completo, pero en la mayoría de los delitos, se sigue este patrón conductual.

Ius cogens. Concepto utilizado en el derecho internacional que hace referencia al conjunto de disposiciones normativas de naturaleza obligatoria, en razón de su jerarquía ontológica, axiológica y jurídica.

De acuerdo al *ius cogens*, hay bienes jurídicos supremos tutelados como la vida, la libertad y la dignidad humana, que son absolutos y que ningún tratado *a posteriori*, puede vulnerar.

El *ius cogens* es el parámetro internacional normativo abstracto de mayor prestigio y jerarquía moral y jurídica, de ahí que todos los instrumentos internacionales deban ajustarse a sus principios.

Iusnaturalismo. Teoría del pensamiento jurídico que postula la idea de que el Derecho antecede al hombre mismo, ya que las leyes son universales en cualquier tiempo y lugar, inmanentes a la vida misma. Para esta doctrina, el derecho subjetivo precede al derecho objetivo y las leyes naturales existen incluso antes que la sociedad y los esquemas de organización política.

Esta doctrina defiende la idea de que los derechos fundamentales, tales como el derecho a la vida y a la libertad, son intrínsecos al individuo, independientemente de que estén reconocidos o no por un código escrito.

Iuspositivismo (positivismo jurídico). Corriente del pensamiento jurídico que defiende la idea de que el derecho solo existe y tiene validez si es reconocido en un cuerpo normativo codificado, vigente en un tiempo y espacio determinado.

Para esta doctrina, las leyes son materiales, creadas del hombre para el hombre, a efecto de regular la sociedad. Los defensores de esta teoría, descartan todo postulado metafísico del derecho. El Derecho solo existe si una legislación lo contempla, ya que si no existe en una norma escrita, sencillamente se estaría ante la *"nada jurídica"*

J

Jane Addams. Activista y trabajadora social, defensora incansable de los derechos de la mujer y promotora de paz. Fue galardonada con el Premio Nobel de la Paz en el año 1931. Considerada pionera del feminismo, puso sus mejores empeños en fundar organizaciones de caridad para mujeres en condiciones menesterosas. Su trabajo intelectual fue prolijo, escribió más de una decena de libros sobre tópicos de sociología.

Jean Piaget. Epistemólogo suizo que estudió las dinámicas de aprendizaje funcionalista que desarrolla el individuo en su interrelación con su entorno, el cual moldea su comportamiento.

Este personaje es considerado el padre del *"constructivismo"*, cuya doctrina se tornó en una teoría paradigmática promotora de la idea del conocimiento libre y autónomo en los procesos formativos del individuo, los cuales determinan su comportamiento consigo mismo, con los demás y con el medio en el que se desenvuelve.

Juez de ejecución penal. Figura de nuevo cuño, introducida en la legislación mexicana, a raíz de la incorporación del sistema penal acusatorio, erigido con la reforma constitucional del año 2008, en virtud de la cual se crea un nuevo juez especializado, para supervisar y suministrar todo lo concerniente a la correcta ejecución de las penas que se desprendan de la sentencia de una causa penal.

En el año 2016, se promulgó la *Ley Nacional de Ejecución Penal*, la cual homologó en un mismo criterio nacional, los parámetros reguladores del sistema penitenciario, dotando en su numeral 25° al juez de ejecución penal de las siguientes facultades y obligaciones:

''I. Garantizar a las personas privadas de la libertad, en el ejercicio de sus atribuciones, el goce de los derechos y garantías fundamentales que le reconoce la Constitución, los Tratados Internacionales, demás disposiciones legales y esta Ley;

II. *Garantizar que la sentencia condenatoria se ejecute en sus términos, salvaguardando la invariabilidad de la cosa juzgada con los ajustes que la presente legislación permita;*

III. *Decretar como medidas de seguridad, la custodia de la persona privada de la libertad que llegue a padecer enfermedad mental de tipo crónico, continuo e irreversible a cargo de una institución del sector salud, representante legal o tutor, para que se le brinde atención, trato y tratamiento de tipo asilar;*

IV. *Sustanciar y resolver los incidentes que se promuevan para lograr el cumplimiento del pago de la reparación del daño, así como los demás que se promuevan con motivo de la ejecución de sanciones penales;*

V. *Garantizar a las personas privadas de la libertad su defensa en el procedimiento de ejecución;*

VI. *Aplicar la ley más favorable a las personas privadas de la libertad;*

VII. *Establecer las modalidades sobre las condiciones de supervisión establecidas para los supuestos de libertad condicionada, sustitución de penas y permisos especiales;*

VIII. *Rehabilitar los derechos de la persona sentenciada una vez que se cumpla con el término de suspensión señalado en la sentencia, así como en los casos de indulto o en los casos de reconocimiento de inocencia;*

IX. *Imponer los medios de apremio que procedan para hacer cumplir sus resoluciones''.*

Juez de garantías. Operador judicial que se incorporó en el nuevo sistema penal acusatorio en México, cuya función jurisdiccional inicia desde la etapa de investigación, en la que atiende y supervisa las actuaciones del Ministerio Público, hasta la emisión del ''*auto de apertura a juicio oral''* donde termina su actuación, canalizando la carpeta de investigación al *Tribuna de Enjuiciamiento* para el desahogo del juicio oral.

El artículo 134 del Código Nacional de Procedimientos Penales establece que son deberes del Juez de Control:

"I. Resolver los asuntos sometidos a su consideración con la debida diligencia, dentro de los términos previstos en la ley y con sujeción a los principios que deben regir el ejercicio de la función jurisdiccional;

II. Respetar, garantizar y velar por la salvaguarda de los derechos de quienes intervienen en el procedimiento;

III. Guardar reserva sobre los asuntos relacionados con su función, aun después de haber cesado en el ejercicio del cargo;

IV. Atender oportuna y debidamente las peticiones dirigidas por los sujetos que intervienen dentro del procedimiento penal;

V. Abstenerse de presentar en público al imputado o acusado como culpable si no existiera condena;

VI. Mantener el orden en las salas de audiencias".

Juez de vigilancia penitenciaria. Figura judicial propia de los sistemas acusatorios que consiste en delegar a un juez especializado todas las tareas relacionadas a la imposición de las penas, vigilancia jurisdiccional de las mismas y diligenciación de peticiones, trámites y actuaciones que se presenten en la etapa post-procesal. En México esta figura es de nuevo cuño, surgió con la reforma constitucional del 2008 y se consolidó con la entrada en vigor de la Ley Nacional de Ejecución penal en el año 2013, en la que se erigió al Juez de Ejecución Penal para que conociera peticiones sobre libertad anticipada, medidas preliberacionales, remisión de penas, traslado de reos, extradiciones, medidas de seguridad, etc. Además de ser una autoridad judicial de vigilancia, también desarrolla funciones administrativas y consultivas.

Juez penal de control. También conocido como *"juez de garantías"*, es la autoridad de impartición de justicia, cuya figura fue incorporada con el ingreso del nuevo sistema penal acusatorio en México. Sus funciones son las de garantizar el debido proceso y el respeto irrestricto de los derechos humanos de todos los intervinientes en el proceso. El juez de control es el encargado de autorizar al ministerio público, actuaciones tales como:

-Emisión de órdenes de aprensión.
-Emisión de órdenes de cateo.
-Exhumación de cadáveres.
-Intervención de comunicaciones privadas y correspondencia.
-Toma de muestras de fluido corporales, etc.
Y ya durante la etapa de judicialización de la carpeta de investigación, sus funciones son:
-Decretar la legalidad o ilegalidad de una detención.
-Emitir el auto de vinculación o no vinculación al proceso.
-Conceder a las partes, cuando proceda, prórrogas constitucionales.
-Decidir sobre las medidas cautelares que se le impondrán al imputado.
-Recibir y aprobar los datos de prueba de los intervinientes.
-Aprobar las salidas alternas al juicio, celebradas entre la víctima y el imputado, cuando procedan.
-Emitir el auto de apertura a juicio oral.

Juicio de Amparo. También conocido como *"juicio de garantías"*. *"Es una institución jurídica que se tramita y resuelve normalmente por los órganos del Poder Judicial Federal, y excepcionalmente por los órganos jurisdiccionales locales, a instancia del gobernado que considera que una norma general, acto u omisión de autoridad, afecta su esfera jurídica, por ser contraria a los derechos humanos que se reconocen en la Constitución y en los Tratados internacionales, de los que el Estado mexicano es parte, después de haber agotado los medios de defensa ordinarios, con el objeto de que se deje insubsistente y si efecto en el caso especial sobre el que versa la demanda, y se le mantenga o restituya en el goce del derecho infringido".* (Espinoza, Barragán, 2017).

Junta de Conciliación y Arbitraje. Órgano estatal de impartición de justicia tripartita que tiene como finalidad, garantizar el equilibrio entre las relaciones laborales entre trabajadores y patrones, a efecto de brindar a través de la aplicación de la Ley Laboral, certeza y seguridad jurídica en la solución de desavenencias obrero-patronales. Su naturaleza en primera instancia es ser un organismo de avenencia que facilite una negociación óptima entre los involucrados en el conflicto. La conciliación será siempre la primera propuesta para que las partes logren un convenio, que de no ser alcanzado, entonces la controversia se someterá a un árbitro, quien dirimirá el juicio a través de la emisión de un laudo.

Junta restaurativa. Dinámica de avenencia en virtud de la cual, los intervinientes directos del conflicto (agente activo y pasivo del delito), junto con algunos líderes de la comunidad donde se suscitó el evento antisocial, de forma voluntaria, se reúnen con la finalidad de dialogar sobre la problemática que les vincula, para de forma mancomunada, proponer alternativas que permitan la solución del conflicto, con la finalidad de que se resuelva de la manera más óptima, armónica y favorable para todos los involucrados, consiguiendo con ello que el inculpado asuma la responsabilidad de su conducta, se comprometa a no reincidir, repare el daño a la víctima y se reintegre a la sociedad de forma productiva y funcional, mientras que la víctima u ofendido y la comunidad partícipe le brindan el perdón y le dan el apoyo y contención para que pueda reincorporarse al núcleo social con armonía, sin asperezas ni resabios retributivos. De todos los mecanismos contemplados en la ley, este es el de naturaleza restaurativa más genuina.

Juntas de orientación ciudadana. Reuniones organizadas por las autoridades en las que se convoca a líderes y activistas sociales, a efecto de consultarles e integrarles en la toma de decisiones políticas. Estos ejercicios pretenden tornarse en un foro plural, en el que se escuchen todas las voces y se analicen conjuntamente los temas de impacto social, antes de presentar una iniciativa legislativa formal.

Justicia adversarial. Esquema procesal de confrontación a través del litigio judicial, en el que dos partes con intereses contrapuestos, presentan sus pretensiones jurídicas, ante un órgano jurisdiccional neutral quien dirime la controversia, una vez valorada la *"teoría del caso"* de cada uno de los intervinientes: (hechos, peticiones, argumentos jurídicos, material probatorio y alegatos conclusivos), emitiendo una resolución legal objetiva e imparcial apegada a estricto derecho.

Justicia Alternativa intra-penitenciaria. *"Proceso de diálogo y autoresponsabilización, reconciliación y acuerdo que promueve el entendimiento y encuentro entre las personas involucradas en un conflicto, generando la pacificación de las relaciones y la reducción de la tensión derivada de los conflictos cotidianos que la convivencia en prisión genera".* (Art. 206 de la Ley Nacional de Ejecución Penal).

Justicia conciliatoria. Esquema de gestión de conflictos que dota de total autonomía a las partes para que *motu proprio* resuelvan su controversia, a través de una dinámica de avenencia en la que un facilitador certificado (conciliador), organiza un debate dialéctico de negociación, proponiendo eventualmente perspectivas neutrales de solución que favorezcan la materialización del acuerdo.   La justicia conciliadora prescinde de la justicia ordinaria, y esta última solo se limita a supervisar, aprobar y avalar los acuerdos alcanzados por los intervinientes del mecanismo conciliatorio.

Justicia distributiva. Es un modelo axiológico, jurídico, político y social, cuyo esquema busca asignar las actividades, los recursos, las cargas, las obligaciones y las prerrogativas de manera proporcional entre todos los sectores de la sociedad, de acuerdo a las necesidades intrínsecas de cada grupo, a efecto de lograr una equidad y distribución justa de los bienes colectivos, logrando con ello la estabilidad, la autosustentabilidad y la armonía en el engranaje estatal.

Justicia Penal Alternativa extra-procesal. Es la materialización de un mecanismo alternativo que tiene verificativo fuera de la sede ministerial o de la sede judicial, es decir, en un Instituto de Justicia Alternativa público oficial, ante un facilitador cualificado en materia penal. Todo convenio celebrado en un Centro de Mediación debe ser avalado por el Ministerio Público o por el Juez Penal de la causa, según sea el caso.

Justicia Penal Alternativa intra-procesal. Es la materialización de una salida alterna, a través de un mecanismo de solución de controversias (mediación, conciliación o junta restaurativa), que tiene verificativo durante el devenir del proceso, una vez judicializada la carpeta ante el juez penal de control, y el cual se alcanza una vez que las partes deciden llevar a cabo una *"suspensión condicional del proceso"*, acordando un plan de reparación del daño, mismo que debe ser cumplido en todos sus términos por el imputado y aprobado por el juez de garantías. El intervalo para llevar a cabo este mecanismo comprende desde el *"auto de vinculación al proceso"* hasta antes de la emisión del *"auto de apertura juicio oral"*.

Justicia Penal Alternativa para Adolescentes. Sistema integral de justicia restaurativa focalizada para menores en conflicto con la ley que tiene como finalidad trascender el modelo tutelar retributivo, a través de la utilización de mecanismos alternativos de solución de controversias, tales como la mediación, la conciliación y los círculos restaurativos, a efecto de que la víctima u ofendido del delito, el menor infractor acompañado de sus progenitores o tutor(es) en su caso, guiados por un mediador o conciliador certificado, encuentren conjuntamente una solución satisfactoria al conflicto, de forma extrajudicial, a través de la amigable composición, en la cual, la víctima quede resarcida de su daño y el menor en conflicto con la ley, asuma la responsabilidad social de su acto y se someta voluntariamente a un plan de reinserción basado en medidas socioeducativas.

Los principios rectores que rigen la justicia penal para adolescentes son: voluntariedad, información, confidencialidad, flexibilidad, simplicidad, equidad, honestidad, libertad del menor imputado, licitud, moralidad, mínima intervención, inmediación, autonomía progresiva, enfoque diferencial y especializado, racionalidad, proporcionalidad y respeto irrestricto a los derechos humanos.

Justicia Penal Alternativa Post-procesal. Es el desahogo de un mecanismo restaurativo que tiene verificativo una vez que se ha emitido un fallo condenatorio en contra del imputado. Durante el proceso de ejecución de la pena, deben procurarse (si existe la voluntariedad de las partes) encuentros restaurativos entre la víctima y el victimario, a efecto de lograr una reconciliación entre ambos, que incida positivamente en el proceso de readaptación del reo y que pueda ser considerado por el *juez de ejecución de penas* para atenuar la condena del sentenciado o transmutarla por otra menos lesiva, permitiendo con ello al interno acceder a beneficios preliberacionales. Estas prácticas restaurativas post-procesales buscan cicatrizar en la medida posible, el tejido social que fue crosionado por el evento delictivo, origen del conflicto.

Justicia penal consensuada. Esquema de *plea bargaining* (negociación legal), que se permite en algunos sistemas, especialmente aquellos que tienen influencia de modelos de *common law,* en los que se autoriza que el fiscal (como representante de la víctima) y el imputado, negocien económicamente la reparación el daño, durante el proceso, a efecto de llegar a un arreglo justo, que ponga fin al juicio.

Las negociaciones también pueden consistir en ofrecerle beneficios al imputado o a los coautores del delito (como la reducción de la pena), si aceptan su responsabilidad penal, delatan a sus cómplices, o bien, si dan información sobre otros delitos mayores, de los cuales tengan conocimiento.

Este tipo de justicia ha sido criticada por su naturaleza meramente utilitaria, y alejada de los principios genuinos de la justicia restaurativa.

Justicia rehabilitadora. Es el esquema normativo que centra su atención en las personas en conflicto con la ley, a efecto de dotarles de herramientas pertinentes y suficientes con enfoque en derechos humanos, para que puedan emprender un proceso genuino e integral de readaptación social, que les permita reencauzar su vida, reparar el daño cometido por el *injusto penal*, asumir la responsabilidad de su conducta y someterse a los programas técnicos multidisciplinarios para lograr una reinserción social funcional de nuevo al núcleo social al que pertenecen.

Justicia Reparadora. Es otra forma de denominar a la justicia restaurativa o a la justicia humanitaria, que centra su foco de atención en los sujetos que intervienen en el *drama penal*, buscando que estos puedan alcanzar una avenencia, a través de una dinámica en la que el sujeto activo del delito, repare integralmente el daño al sujeto pasivo, para que este último pueda liberar al primero de la carga penal y una vez materializado el ejercicio restaurativo, sea cicatrizado el tejido social erosionado por el delito, normalizándose con ello el *statu quo* estatal.

Justicia represiva. Forma de impartición de justicia basada en la exacerbación de la facultad punitiva estatal, que dota al Ministerio Público de un poder excesivo, a efecto de perseguir los delitos, para su ulterior castigo.

La justicia represiva o retributiva utiliza un talante de venganza e intimidación social y parte de una legislación altamente *"criminalizante"*, con penas altas y poniendo su foco de atención en las conductas delictivas, más que en el individuo. Estos esquemas retributivos han sido criticados por los defensores de los modelos de *garantismo penal*, quienes consideran que la justicia represiva, ha sido un yerro histórico que ha derivado no pocas veces en modelos absolutistas y tiránicos indeseables.

Justicia restaurativa indígena. Mecanismo extrajudicial de gestión de conflictos que se desarrolla al interior de las comunidades autóctonas, que consiste en la invitación que hace el *consejo de ancianos sabios*, como líderes morales y espirituales del *"calpulli"* (comunidad), para desarrollar una congregación en una ágora pública, en consonancia con sus tradiciones ancestrales, costumbres, creencias culturales y espirituales, para que los involucrados en el conflicto, sus familiares y demás aldeanos interesados, propongan soluciones consensuadas para resolver la problemática, que una vez siendo aceptas y cumplidas por los involucrados, restituyen la armonía al interior del clan.

Justicia restaurativa menonita. Uno de los antecedentes más significativos que se han documentado sobre justicia penal alternativa en el continente americano, son las prácticas de círculos restaurativos desarrollados por las comunidades menonitas, asentadas en Ontario, Canadá, en los años 70's, donde se impulsaron proyectos piloto, para desarrollar reuniones víctimas-victimarios, con la teleología de celebrar ejercicios dialécticos de avenencia, entre los involucrados en un *drama penal*.

Múltiples eventos delictivos de vandalismo juvenil, fueron resueltos exitosamente a través de encuentros restaurativos extrajudiciales. La socialización y popularización de tales esquemas inspiró nuevos modelos institucionales de mediación en éste país, que fueron replicados en pocos años en algunos distritos de E.U.A.

La práctica de mediación menonita es considerada el primer antecedente formal de justicia penal alternativa juvenil en América.

Justicia Restaurativa. Es el modelo evolutivo de la Justicia Alternativa, ya que no solo ofrece alternatividad en la resolución de un proceso ordinario, sino que su teleología busca la sanación genuina del tejido social que fue erosionado con motivo del injusto penal, concientizando a la persona responsable, a efecto de que no vuelva a recurrir en esa práctica antisocial y reparando cabalmente el daño a la víctima u ofendido del delito.

El proceso restaurativo es holístico e integrativo, pues no solo involucra a los agentes activos y pasivos del delito, sino que invita a los miembros de la comunidad, donde se suscitó el delito, a que propongan soluciones heterocompositivas que promuevan la cohesión social e incentiven la cultura de paz.

La ONU en el año 2002 publicó un instrumento internacional intitulado: *"Principios básicos sobre la utilización de programas de justicia restaurativa en materia penal"*, en el que definió a la justicia restaurativa como: *"todo proceso en que la víctima, el delincuente y cuando proceda, cualesquiera otras personas o miembros de la comunidad, afectados por un delito, participan conjuntamente de forma activa en la resolución de cuestiones derivadas del delito, por lo general con la ayuda de un facilitador"*.

Justicia retributiva. Modelo inquisitivo de impartición de justicia que centra su atención en el castigo al delincuente, empleando medidas represivas severas, a efecto de combatir frontalmente el fenómeno criminal y crear una suerte de efecto disuasivo e intimidatorio para quienes en el futuro pretendan involucrarse en un evento delictivo.

La justicia retributiva se encuentra en desuso en los esquemas de justicia penal latinoamericanos, los cuales desde hace dos décadas, escalonadamente han ido adoptando modelos acusatorios con enfoque garantista-restaurativo. Sin embargo algunas legislaciones siguen teniendo resabios del otrora sistema inquisitivo y siguen utilizando figuras retributivas, tales como el *arraigo* y la *prisión preventiva oficiosa*, que ha desembocado en un derecho penal de excepción, doctrinalmente conocido como *"derecho penal del enemigo"*.

Justicia terapéutica. Estructura normativa cuya principal teleología es brindarle al sujeto en conflicto con la ley, las herramientas necesarias para que una vez asumida su responsabilidad penal y cumplido su compromiso de reparación del daño, derivado de su conducta delictiva, acceda a un proceso de readaptación y reinserción social, humanitario, holístico e integral, que una vez concluido y aprobado por un consejo técnico, le permita integrarse al núcleo social de manera funcional.

Este modelo es transversal e integra a múltiples especialistas de diferentes ramas: psicólogos, sociólogos, antropólogos, psiquiatras, trabajadores sociales, criminólogos, etc.

La justicia terapéutica ha tenido un impulso denodado en la última década al interior de los centros penitenciarios, donde se han popularizado prácticas de atención psicológica personalizada, grupos de meditación, control mental, yoga, respiración *pránica*, hipnosis, *hoponopono*, etc.

Justicia transicional. *''Toda la variedad de procesos y mecanismos asociados con los intentos de una sociedad por resolver los problemas derivados de un pasado de abusos a gran escala, a fin de que los responsables rindan cuentas de sus actos, servir a la justicia y lograr la reconciliación''.* (ONU, New York y Ginebra, 2014).

La justicia transicional pretende sanar las heridas del pasado que se legaron por conflictos armados o fenómenos de autoritarismo, dejando una gran huella histórica en un Estado o comunidad.

Estos esquemas permiten la transición de una experiencia abyecta de abusos y desconocimiento de derechos humanos, hacia una experiencia de sanación, propiciada por una justicia restaurativa que transforme a la sociedad en donde se gestó el conflicto originalmente, reconstruyendo su presente y liberando el camino futuro para la instauración de una nueva y genuina cultura de legalidad y paz.

Juzgar con perspectiva de género. Política pública que tiene como finalidad, crear protocolos con lineamientos definidos que garanticen que todos los juzgadores, las autoridades administrativas, los facilitadores de mecanismos alternativos, etc., tomen en cuenta la condición de la mujer involucrada en un conflicto legal, a efecto de brindarle una atención más sensible y especializada de acuerdo a sus condiciones y necesidades personales; ello con la finalidad de erradicar prácticas que traigan implícitos actos de discriminación, prejuicios o estereotipos sociales por razones de género.

La Suprema Corte de Justicia de la Nación en el año 2020 publicó el *"Protocolo nacional actualizado para juzgar con perspectiva de género"*, inspirado en los parámetros establecidos en el Sistema Universal e Interamericano de Derechos Humanos y en las interpretaciones jurisprudenciales emitidas por la propia Corte Interamericana, los cuales pretenden ser parámetros no solo orientadores, sino vinculantes para todos los juzgadores del país.

K

Karol Józet Wojtyla (Juan Pablo II). Sumo pontífice de la iglesia católica desde 1978 hasta el año 2005. Denominado como el *"Mensajero de la Paz"*, ganó fama por su talante conciliador, ya que durante su cargo eclesiástico, estableció vínculos de fraternidad con líderes de otros grupos religiosos, del judaísmo, del islamismo, de la iglesia anglicana, de la iglesia ortodoxa, etc.

Juan Pablo II visitó cientos de países en el mundo, llevando un mensaje de esperanza, humanismo, justicia y paz. En el año 1981 sufrió un atentado terrorista, a manos del turco Mehmet Ali. Meses después, Juan Pablo II visitó a su agresor en la cárcel donde este purgaba su condena, perdonándole públicamente, mientras se fundía con él en un abrazo de reconciliación, lo que se ha considerado uno de los actos públicos de justicia restaurativa más significativos del siglo XX.

Ku kluz clan. Agrupación terrorista estadounidense fundada a mediados del siglo XIX, promotora de la cultura de odio, sembradora de terror en el mundo a través de prácticas de homofobia, racismo, anticatolicismo, xenofobia, etc.

Este grupo perduró por muchas décadas, atribuyéndose a sí mismo ataques terroristas y actos de violencia social. Esta asociación delictiva quedó disuelta en los años 60s, sin embargo su ideología ha inspirado a múltiples grupos que promueven el odio y la segregación. Evidentemente la antinomia de estas agrupaciones son los movimientos defensores y promotores de la cultura de paz.

L

Labelling Approach. Teoría del etiquetamiento criminal. Doctrina polémica de la criminología, que parte de los postulados de que todo criminal debe ser etiquetado o clasificado, de acuerdo a su conducta desviada. Esta teoría considera que si se diseña una clasificación de delincuentes, el Estado podrá brindarles a cada uno, atención más personalizada, *ad hoc* a sus características y necesidades intrínsecas. Esta doctrina ha recibido no pocas críticas, por parte de sus detractores, quienes consideran que el etiquetamiento delictivo, solo fomenta la estigmatización del delincuente, su segregación, su deshumanización, su criminalización y tratamiento diferenciado; empero, los postulados de esta teoría, han inspirado a múltiples ramas de la criminalística para el estudio y elaboración de perfiles criminales.

Lao-Tse. Filósofo chino, conocido como el *"anciano maestro"*, considerado uno de los pensadores que más ha influenciado la cultura oriental. Plasmó su erudición en su obra magna *"Tao Te Ching"*, escrito sagrado de la filosofía taoísta.

Para este pensador, la violencia no es más que la expresión de la ignorancia humana, y solo puede ser combatida con la razón. Lao-Tse consideraba que el exceso de leyes, puede derivar en prácticas de opresión social, y que el Estado debe limitarse a seguir las leyes de la naturaleza.

Para el Taoísmo, la fuerzas polares, no deben luchar, sino complementarse y retroalimentarse armónicamente, de ahí que su símbolo principal (Ying- Yang), sea considerado un emblema de reconciliación, equilibrio, unidad y paz.

Laudo. Resolución emitida por un árbitro, en virtud del cual se dirime una controversia que fue sometida a su deliberación y que pone fin al conflicto.

En México las Juntas de Conciliación y Arbitraje son los organismos especializados en materia laboral que resuelven los conflictos obrero-patronales, a través de laudos que deciden sobre el fondo de la causa.

En los modelos heterocompositivos de arbitraje la causa también se dirime a través de un laudo que deberá ser acatado por las partes.

Leal saber y entender. Frase popular que se asienta en actas oficiales, en la que un perito, consultor externo, o facilitador de un mecanismo alternativo de solución de controversias en su carácter de conciliador, da cuenta de su actuación de *buena fe*, emitiendo diagnósticos neutrales sobre un tema, de acuerdo a su experticia y valoración epistemológica objetiva que hace de una realidad, a través de las máximas de la experiencia, la lógica y la razón.

Legitimidad judicial. Potestad constitucional conferida al Poder Judicial y a sus órganos jurisdiccionales que lo integran: Suprema corte, Tribunales de amparo, Tribunales de apelación, Juzgados de primera instancia, Juzgados mixtos o especializados, Juzgados de paz, etc., para que impartan justicia de manera pronta, expedita e imparcial a los justiciables adscritos a su circunscripción territorial. La función judicial es uno de los componentes tripartitas de nuestro sistema, quien junto a la función legislativa y a la función ejecutiva, integran el poder soberano mexicano constitucional.

Legitimidad ministerial. Potestad conferida a la fiscalía como órgano autónomo público, con personalidad jurídica y patrimonio propio, a efecto de que persiga las conductas delictivas que atenten contra el bien común y afecten el orden público. La actuación del ministerio público se ha caracterizado históricamente por ser de naturaleza represiva (retributiva), empero, el *ius puniendi* estatal se ha atenuado con la inmersión que la justicia restaurativa ha hecho en los últimos años en el sistema jurídico mexicano.

Lenguaje de señas. Sistema semántico de comunicación utilizado por la comunidad de personas con condición de sordera, que les permite desarrollar a través de códigos gesticulares, kinestésicos y visuales, patrones de comunicación efectiva. La lengua de señas puede ser aprendida por cualquier persona que tenga interés en acceder a este sistema de comunicación.

Actualmente las autoridades están conminadas a tener adscritos, traductores de lenguas de señas, en cada una de sus institucionales estatales (fiscalías, órganos jurisdiccionales, centros de mediación, etc.), a efecto de facilitar el acceso de personas con esta condición, a estos servicios públicos de manera incluyente y funcional.

Lenguaje corporal. Dinámica de comunicación que se expresa a través de gesticulaciones faciales y movimientos mecánicos corporales, que transmiten ideas y emociones intrínsecas, a menudo inconscientes, que al ser acompañadas del lenguaje verbal, se convierten en el mecanismo de intercambio de información que utilizan los seres humanos para interactuar con su entorno.

Lente retributivo. Percepción social incentivada por las autoridades, desde las instituciones penales, promoviendo a través de políticas públicas y leyes exacerbadas, la idea de que el castigo al delincuente, la intimidación social y los esquemas represivos, son formas idóneas para contrarrestar el fenómeno delictivo. Los enfoques retributivos se basan en la intolerancia delictiva, en el aumento de las penas y en la limitación de derechos para los justiciables, desembocando en prácticas de *"derecho penal del enemigo"*.

La inmersión que han tenido los "Derechos Humanos" en los sistemas penales en las últimas décadas, y el impulso de la justicia restaurativa y los modelos de garantismo penal, han ido desplazando los enfoques retributivos que han privado por tanto tiempo en el mundo.

Leviatán. Frase utilizada de forma alegórica por el filósofo inglés Thomas Hobbes, con la que alude al Estado absolutista, el cual absorbe un poder descomunal, tornándose tiránico, imponiendo su autoridad superlativa, anulando cualquier fuerza opositora y quebrantando sistemáticamente los derechos humanos de sus gobernados.

Ley de Amnistía. Cuerpo normativo federal expedido en México en el año 2020, cuya teleología de acuerdo a su *"exposición de motivos"* fue fomentar la política criminológica de despresurización de los núcleos carcelarios, a efecto de aliviarles de la sobrepoblación penitenciaria que han padecido desde las últimas décadas. La promulgación de esta Ley, obedeció a criterios humanitarios, permitiendo que reos de poca peligrosidad social, que se inmiscuyeron en eventos delictivos por circunstancias fortuitas, puedan ser acreedores a un beneficio preliberacional. Evidentemente la Ley exige como condición *sine qua non*, que la reparación del daño a la víctima, quede garantizado, antes de conceder esta prerrogativa al convicto.

Ley de Justicia Alternativa. Cuerpo normativo que regula todo lo referente a los principios, funcionamiento, estructura orgánica y esquemas operativos de los mecanismos alternativos de solución de controversias que pueden ser utilizados por los justiciables, para la resolución de sus desavenencias, siempre y cuando se dé la preexistencia de ciertas condiciones que habiliten su desahogo.

El artículo 17° de la Carta Magna, es el numeral constitucional que de forma abstracta da génesis y contención a la justicia alternativa en México, con la finalidad de ayudar a despresurizar los sistemas judiciales y erigir un paradigma de alternatividad judicial.

Concomitantemente, después de la reforma constitucional del 2008, las entidades federativas, han ido promulgando leyes de justicia alternativa, aunque con esquemas aplicativos disímiles, sin embargo la tendencia de homologación normativa ha hecho que se expidan leyes nacionales, que han uniformado los criterios en todo el país, como fue el caso de la *Ley Nacional de Mecanismos*

Alternativos de Solución de Controversias en Materia Penal, promulgada en el año 2014.

Ley del Talión. Disposición normativa que fue contemplada en múltiples cuerpos legales de la antigüedad, tales como: el *Código Hammurabi*, la *Ley Mosaica*, la *Ley Decenviral* (Doce Tablas), la *Blutrache* del Derecho germánico, entre otros; que legitimaban el esquema retributivo de venganza privada, es decir, permitían que la víctima, o la comunidad que recibió un agravio, pudieran responder con la misma conducta al infractor, a efecto de compensar el daño recibido.

Este tipo de justicia arcaica fue superada por la etapa científica del Derecho penal, en la que se crearon los primeros órganos jurisdiccionales *ad hoc* para impartir justicia. La Ley del Talión es graficada por la frase: *"ojo por ojo y diente por diente"*.

Nuestra legislación mexicana prohíbe categóricamente el hacerse justicia *"motu proprio"* (de iniciativa propia).

Ley General de Ejecución Penal. Cuerpo normativo publicado en el año 2016 que vino a homologar a nivel nacional criterios uniformes para la aplicación de las políticas carcelarias en todo el país. Antes de la promulgación de esta Ley, existía una gran dispersión normativa, debido a que cada Estado, tenía su propia regulación local, lo que traía como consecuencia la aplicación de criterios disímiles en cuanto al tratamiento de los internos y a los trámites administrativos al interior de los núcleos carcelarios. Esta legislación incorporó la figura del *juez de ejecución penal*, dotándole de autonomía para conocer de todos los asuntos suscitados en la dinámica intrapenitenciaria.

Ley General de Víctimas. Cuerpo normativo promulgado en el año 2013, que homologó en un solo criterio aplicativo a nivel nacional, un esquema hiperprotector para todas aquellas personas que han sido víctimas u ofendidos de una conducta delictiva. Esta ley especializada vino a complementar el listado de prerrogativas contempladas en el artículo 20, apartado C, de la Carta Magna.

En el anterior modelo inquisitivo se decía que la víctima era el gran olvidado del sistema y que la doble victimización era un fenómeno recurrente, en cambio el sistema acusatorio retomó la protección de este grupo focal, lo que se reforzó con la reforma constitucional en materia de Derechos Humanos del 2011.

Ley Nacional de Mecanismos Alternativos de Solución de Controversias en Materia Penal. Ordenamiento jurídico promulgado el 29 de Diciembre del 2014 que homologó en todo el país, en un solo criterio normativo, los parámetros aplicativos del nuevo modelo paradigmático penal de justicia restaurativa en México. Su incorporación a la legislación mexicana, tenía la encomienda de transformar la ideología retributiva que permeaba en el pasado, dando paso a un esquema de alternatividad judicial más incluyente, autocompositivo y con enfoque en derechos humanos.

Su novedad estriba en la incorporación de figuras de nuevo cuño, tales como la *"suspensión condicional del proceso"*, el *"acuerdo reparatorio"*, el *"procedimiento abreviado"*, etc.; representando un gran desafío para la cultura jurídica mexicana.

Ley Nacional del Sistema Integral de Justicia Penal para Adolescentes. Cuerpo normativo paradigmático en la legislación mexicana, promulgado en el año 2016, que vino a abrogar al sistema tutelar que privó por tantos años en México.   Con esta Ley, el talante correctivo del *sistema penal de justicia para jóvenes en conflicto con la ley*, se transformó en uno con   enfoque socioeducativo.

Esta legislación de corte restaurativo, privilegia las salidas alternas, por sobre las formalidades procedimentales, utilizando la reclusión solo como medida de *ultima ratio*. Su esencia parte del respeto al *"interés superior del niño"*, buscando ser lo menos lesivo posible, es decir, de mínima intervención.

Esta Ley General, vino a homologar en un solo criterio operativo y orgánico en todo el país, la forma de aplicar la justicia para menores infractores.

Libertad ambulatoria. Es el derecho fundamental de ejercer la facultad locomotiva o de tránsito, sin mayores restricciones que las expresamente señaladas en la ley.

Este derecho humano está contemplado expresamente en el artículo 11° de la Constitución, que a la literalidad refiere: *"Toda persona tiene derecho para entrar en la República, salir de ella, viajar por su territorio y mudar de residencia, sin necesidad de carta de seguridad, pasaporte, salvoconducto u otros requisitos semejantes"*.

El derecho de libertad ambulatoria tiene como némesis a la *"pena privativa de libertad"*, esta última legitimada por el Estado en el ejercicio de su facultad punitiva que le habilita para encarcelar a un individuo que ha cometido un delito que tiene contemplado esta pena.

La figura de la *"prisión preventiva"* y el *"arraigo"* también quebrantan -aunque con legitimidad- la libertad ambulatoria de un individuo en conflicto con la ley.

La *"suspensión condicional del proceso"*, como salida alterna al juicio tiene como teleología que el individuo se someta a una serie de condiciones, a efecto de evitar el derrotero tradicional del proceso penal que pudiera desembocar en una senteenciad condenatoria en su contra, probablemente privativa de libertad. Sin embargo, el Código Nacional de Procedimientos Penales en su numeral 195, al referirse a la figura de la *"suspensión condicional del proceso"*, contempla también medidas que atentan contra la libertad de tránsito, las cuales son:

"I.- Residir en un lugar determinado.

II.- Frecuentar o dejar de frecuentar determinados lugares o personas.

...

IX.- Someterse a la vigilancia que determine el Juez de control.

...

XI. No conducir vehículos.

XII.- Abstenerse de viajar al extranjero''.

Libertad condicionada. Beneficio que se le otorga a ciertos reos, que consiste en darles la oportunidad de recuperar su libertad ambulatoria, antes de que concluya el término de su sentencia privativa de libertad.

Este beneficio preliberacional solo puede ser concedido por el juez de ejecución penal, si se cumplen los siguientes requisitos taxativos que señala el numeral 137° de la *Ley Nacional de Ejecución Penal* que reza de la siguiente manera:

''Para la obtención de alguna de las medidas de libertad condicionada, el Juez deberá observar que la persona sentenciada cumpla los siguientes requisitos:

I. Que no se le haya dictado diversa sentencia condenatoria firme;

II. Que no exista un riesgo objetivo y razonable en su externamiento para la víctima u ofendido, los testigos que depusieron en su contra y para la sociedad;

III. Haber tenido buena conducta durante su internamiento;

IV. Haber cumplido satisfactoriamente con el Plan de Actividades al día de la solicitud;

V. Haber cubierto la reparación del daño y la multa, en las modalidades y con las excepciones establecidas en esta Ley;

VI. No estar sujeto a otro proceso penal del fuero común o federal por delito que amerite prisión preventiva, y

VII. Que se haya cumplido con la mitad de la pena tratándose de delitos dolosos''.

Libertad de expresión. Prerrogativa consignada en cualquier Estado democrático constitucional, cuyo derecho humano, estriba en la facultad de exteriorizar ideas o sentimientos, sin recibir ninguna represalia o censura por ello. La exteriorización de ideas puede ser verbal, escrita o a través de la utilización de un mecanismo gráfico o digital. Sin embargo este derecho no es absoluto, ya que la libertad de expresión no debe atentar contra derechos de terceros, incentivar al odio o sublevación, inducir a un delito, etc.

La libertad de expresión está regulada constitucionalmente en los siguientes numerales:

Art. 6° constitucional. "La manifestación de las ideas no será objeto de ninguna inquisición judicial o administrativa, sino en el caso de que ataque a la moral, la vida privada o los derechos de terceros, provoque algún delito, o perturbe el orden público; el derecho de réplica será ejercido en los términos dispuestos por la ley. El derecho a la información será garantizado por el Estado".
"Toda persona tiene derecho al libre acceso a información plural y oportuna, así como a buscar, recibir y difundir información e ideas de toda índole por cualquier medio de expresión".
Art. 7° constitucional. "Es inviolable la libertad de difundir opiniones, información e ideas, a través de cualquier medio. No se puede restringir este derecho por vías o medios indirectos, tales como el abuso de controles oficiales o particulares, de papel para periódicos, de frecuencias radioeléctricas o de enseres y aparatos usados en la difusión de información o por cualesquiera otros medios y tecnologías de la información y comunicación encaminados a impedir la transmisión y circulación de ideas y opiniones".

Libre albedrío. Es la facultad natural que tiene todo individuo de poder tomar cualquier decisión respecto al derrotero de su vida.

Categoría psicológica en virtud de la cual el individuo discierne entre una gama de posibilidades para elegir libremente una de ellas, con total autonomía de la voluntad.

El libre albedrío está limitado por el Derecho, el cual le impone diques, pues ésta última ciencia parte del principio de que la libertad de un individuo termina dónde empieza la libertad de otro.

De acuerdo a la teoría *contractualista* de Rousseau, para que el Estado pueda funcionar, necesita que los individuos le entreguen ciertas libertades, a cambio de que pueda brindarles organización y contención social.

Libre desarrollo de la personalidad. Derecho Humano fundamental que posee todo individuo de forma natural por el solo hecho de serlo y que consiste en garantizar su dignidad humana, a través de la protección absoluta y progresiva de su libertad, su honor, sus creencias, su integridad, su cultura, su imagen, su intimidad, etc., es decir, son todas aquellas categorías humanas inherentes a su naturaleza, su personalidad, su entorno y su desarrollo evolutivo, que deben ser tuteladas y garantizadas por el Estado.

La *Declaración Universal de los Derechos Humanos*, como el instrumento internacional más importante del mundo sobre el tema del *"libre desarrollo de la personalidad"*, refiere:

Art. 1. *"Todos los seres humanos nacen libres e iguales en dignidad y derechos y, dotados como están de razón y conciencia, deben comportarse fraternalmente los unos con los otros"*.

Art. 22. *"Toda persona, como miembro de la sociedad, tiene derecho a la seguridad social, y a obtener, mediante el esfuerzo nacional y la cooperación internacional, habida cuenta de la organización y los recursos de cada Estado, la satisfacción de los derechos económicos, sociales y culturales, indispensables a su dignidad y al libre desarrollo de su personalidad"*.

Art. 26, fracción II. *"La educación tendrá por objeto el pleno desarrollo de la personalidad humana y el fortalecimiento del respeto a los derechos humanos y a las libertades fundamentales; favorecerá la comprensión, la tolerancia y la amistad entre todas las naciones y todos los grupos étnicos o religiosos, y promoverá el desarrollo de las actividades de las Naciones Unidas para el mantenimiento de la paz"*.

Linchamiento público. Es una práctica clandestina e ilegal de venganza privada, en razón de la cual, un grupo de personas, aprehenden a un individuo que fue sorprendido en flagrancia cometiendo un delito o desplegando una conducta inmoral, por la que recibe una agresión tumultuaria, regularmente acompañada de actos vejatorios, como expiación por su conducta. Por lo regular, estos castigos, se da antes de que los aprehensores, den parte a la autoridad policial competente.

Estas prácticas se han popularizado socialmente en las últimas décadas, como consecuencia de la percepción de impunidad que la ciudadanía tiene respecto a la actuación de sus autoridades.

Estos eventos están prohibidos categóricamente por el numeral 17° de la Carta Magna, que a su literalidad establece: *"Ninguna persona podrá hacerse justicia por sí misma, ni ejercer violencia para reclamar su derecho"*.

Litigio. Disputa legal entre dos o más personas (físicas o jurídicas) que es sometida ante un tribunal orgánico competente que fue erigido para que de forma imparcial, objetiva, fundada y motivada, declare el derecho sobre una causa que se le planteó formalmente, poniendo fin a la disputa, a través de la emisión de una sentencia.

Luigi Ferrajoli. Filósofo del Derecho que desarrolló prolijamente la teoría del *"garantismo penal"*, cuyos postulados han inspirado, copiosas teorías contemporáneas de justicia restaurativa.

Algunos de sus principios han sido tomados por algunos sistemas acusatorios de América Latina. México no ha quedado exento de su influencia, ya que en múltiples foros académicos, se hace referencia a los postulados teóricos de este jurista italiano. La reforma constitucional en materia de derechos humanos del 2011 se inspiró en algunos parámetros ontológicos de la doctrina garantista de Ferrajoli.

M

Machismo. Conglomerado de pensamientos, comportamientos y prácticas que promueven la superioridad del hombre sobre la mujer.

Esta práctica es antiquísima y en los fastos de la historia se ha registrado un sesgo histórico de machismo, *v.gr.:* en el derecho romano tenía gran popularidad la figura del *pater familias (jefe de familia),* varón *sui juris (con libertad total),* que ejercía el *domus* (dominio), sobre personas, bienes, esclavos y clientes, teniendo de forma exclusiva la patria potestad de sus hijos(as) y nietos(as), además de una relación de control sobre su cónyuge y concubinas.

La figura del machismo ha sido acentuada en los sistemas patriarcales, en los que prácticamente se anula a la mujer o se le relega a actividades secundarias o de subordinación.

Madre Teresa de Calcuta. Monja religiosa nacida el 26 de Agosto de 1910, en Turquía, fue fundadora de la *"Congregación de misioneras de la Caridad".* Gran parte de su vida la dedicó al servicio de caridad, atendiendo a enfermos pobres de la ciudad de Calcuta, aunque su congregación se extendió y popularizó por todo el mundo. Su compasión por los más necesitados: huérfanos, personas de calle, enfermos terminales y marginados sociales, le dieron reconocimiento mundial. Murió en el año 1997, mientras el mundo le rendía múltiples homenajes por su labor altruista de reconstrucción de los valores de amor, servicio y fraternidad. Su legado sigue vigente en la actualidad y su imagen se sigue utilizando en los movimientos pacifistas y en las cumbres que impulsan la justicia y la solidaridad social.

Magnetismo conflictual. Dinámica en razón de la cual, las personas cercanas a las personas en conflicto, son atraídas conscientemente o inconscientemente al mismo, involucrándose en él de forma ineluctable.

Es frecuente que terceros ajenos al conflicto sean absorbidos por el campo gravitacional de la dinámica conflictual, viéndose compelidos a tomar una postura respecto al mismo. Ejemplo de magnetismo conflictual sería la presencia de familiares, testigos, peritos, consultantes, que se involucran (directa o indirectamente) en la controversia y eventualmente en el ejercicio de avenencia.

Malala Yousafzai. Joven activista pakistaní, defensora de los derechos de las mujeres y su acceso a la educación. En el año 2012 sufrió un ataque por parte del grupo terrorista Talibán, quien intentó cegar su vida y silenciar su mensaje. Sobreviviente de este atentado se mudó a Inglaterra, donde continúa con la difusión de su mensaje de reivindicación educativa de las mujeres. En el año 2014 fue galardonada con el *Premio Nobel de la Paz*, con tan solo 17 años de edad. Su historia conmovedora y su incesante lucha para que todas las niñas del mundo puedan acceder a los modelos educativos, con igualdad de oportunidades que los varones, le han valido la invitación para presentarse en varios foros internacionales, desde donde sigue difundiendo su mensaje.

Mapeo del conflicto. Es la construcción y sistematización que el gestor del conflicto (mediador o conciliador) va organizando mentalmente con la información que progresivamente va recibiendo de los intervinientes, a efecto de tener un panorama general de la dinámica conflictual, dimensionar la magnitud del problema, comprender los móviles y variables que se han adherido al conflicto original y buscar el mejor modelo de avenencia para su resolución pacífica.

Con la finalidad de que el agente facilitador del conflicto pueda emprender un mapeo general del conflicto debe tener clara las respuestas a las siguientes preguntas:
1. ¿Quiénes son los intervinientes del conflicto? (primer acercamiento biográfico). 2. ¿Cuál es el vínculo entre los conflictuantes? (familiar, laboral, afectivo, jurídico, indeterminado, etc.).
3. ¿Hay terceros involucrados en la contienda? (personas adheridas por magnetismo conflictual).

4. ¿Cuál fue la causa que detonó el conflicto? (inmersión a la verdad histórica).
5. ¿Cuáles son las expectativas de los intervinientes? (intereses primarios u ocultos).
6. ¿Es viable la avenencia o se advierte disputa de intereses irreconciliables? (diagnostico preliminar).

Un facilitador qué ha logrado crear un mapeo del conflicto integral, cronológico y diáfano estará en condiciones óptimas de desarrollar la mejor estrategia para materializar un acuerdo exitoso entre las partes.

Maquinaria judicial. Estructura operativa del poder judicial, cuyo engranaje sistematizado se encarga de la impartición de justicia, a través de sus órganos jurisdiccionales supracoordinados dentro de una circunscripción territorial, con actividades orgánicas y jurídicas preestablecidas en un cuerpo normativo.

Marginación penal. Fenómeno penitenciario que se desprende a consecuencia del delito, en razón del cual, el individuo que comete un evento criminal, es segregado de la sociedad, para ser recluido en un núcleo carcelario, en el que es desprovisto no solo de su libertad, sino también de múltiples derechos patrimoniales, políticos y civiles. Desprovisto a veces, inclusive de su dignidad, el reo queda al margen de la sociedad, quien se desatiende de él, segregándolo a una institución carcelaria, para que purgue una pena, por su conducta impía.

La marginación penal es la antinomia de la reinserción social, pues mientras esta es integrativa, aquella es excluyente.

Martin Luther King Jr. Activista social estadounidense, incansable defensor de los derechos de los afroamericanos, organizador de múltiples movimientos pacifistas, orador portentoso que congregaba a masas gigantescas; en 1963 pronunció su discurso público intitulado *"I have a dream"* (Yo tengo un sueño), en el que clamaba por la dignificación de todos los individuos, más allá de su condición económica o color de piel. Este discurso ha sido considerado, una de las piezas oratorias más inspiradoras de la historia.

Su infatigable labor como pacifista, le llevaron a recibir el *"Premio Nobel de la Paz"*, sin embargo 4 años después fue asesinado por un grupo político de opositores. Este homicidio fue considerado como el magnicidio del siglo XX.

Su discurso pacifista de erradicación de la violencia y de la segregación racial, ha inspirado múltiples cuerpos normativos del mundo. En Estados Unidos se instauró el Día de Martin Luther King Jr., para conmemorar su incólume legado.

Masa crítica. Concepto utilizado en las causas sociales, el cual refiere a la presencia o participación de un aforo mínimo de personas, para que una actividad tenga verificativo. Para que ciertos fenómenos puedan materializarse socialmente, es menester la participación de un quórum que le den contención al mismo.

No debe confundirse masa crítica con reunión masiva, pues mientras esta hace alusión a una congregación generalizada de individuos, la primera refiere a un grupo específico de individuos especializados en una materia.

Mayéutica. Técnica de análisis discursivo desarrollada por el filósofo griego Sócrates, que consiste en ir desmenuzando semánticamente un argumento, para descubrir sus consistencias y sus falacias. A través de intercambio de preguntas inferenciales y respuestas basadas en la lógica, se evidenciaban sofismas, contradicciones y paradojas del interlocutor.

Esta técnica ha sido utilizada por muchos abogados en el litigio durante el examen de testigos, a través de preguntas sugestivas que llevan al interpelado a caer en contradicciones que le quiten valor probatorio a su declaración, haciendo nugatorio su argumento.

Mecanismo Alternativo de Solución de Controversias en materia penal. Modelo paralelo al sistema ordinario de impartición de justicia penal, que tiene como finalidad resolver las desavenencias de los involucrados en un conflicto penal, a través de un esquema de negociación auto-compositivo. En México su incorporación vino aparejado con el ingreso del sistema procesal penal acusatorio. La Carta Magna dotó a la Justicia Alternativa de protagonismo, al referir en su numeral 17° que el Estado deberá erigir mecanismos alternativos de solución de conflictos y que las salidas alternas deberán priorizarse por encima de los formalismos procesales.

En materia penal, los mecanismos contemplados para resolver los conflictos son la *mediación*, la *conciliación* y la *junta restaurativa*, que serán las metodologías empleadas para la materialización de acuerdos reparatorios y suspensiones condicionales del proceso. Su finalidad práctica es la de descongestionar al aparato judicial y su finalidad axiológica es la de fomentar la justicia restaurativa y la cultura de paz.

Mecanismos psicológicos de defensa. Es la exteriorización emocional de alguna conducta inconsciente que permite a quien la expresa, poder defenderse de un acto de hostilidad (simbólico, real o aparente) que se presenta en su realidad.

Los mecanismos de defensa buscan proteger a la *psique* de eventos aparentemente peligrosos que se han vivido en el pasado y que en la memoria han quedado registrados como experiencias traumáticas.

De acuerdo con el psicoanálisis, los mecanismos de defensa pueden exteriorizarse a través de la *proyección*, la *compensación emocional*, la *expiación de culpa*, la *negación*, la *fantasía evasiva*, el *impulso reactivo*, la *identificación exógena*, el *aislamiento*, etc.

Mediación asincrónica. Es el ejercicio de avenencia que se desarrollara de manera diferida en el tiempo, regularmente utilizando medios virtuales de comunicación.

La mediación asincrónica debe desarrollarse de manera excepcional y solo en casos especiales (casuísticamente, en razón a que alguno de los intervinientes padezca alguna enfermedad grave, algún trastorno temporal o por encontrarse en el extranjero).

No es recomendable que en el ejercicio restaurativo no estén presentes las partes o que alguna de ellas de contestación o se integre posteriormente al ejercicio de mediación o conciliación. El principio de inmediación es fundamental y la ausencia física de alguno de los intervinientes puede influir en el fracaso del convenio.

Mediación asociativa. Modelo de avenencia desarrollado por el insigne jurista, sociólogo y criminólogo mexicano Jorge Pesqueira, el cual considera que la mejor metodología para gestionar un conflicto, es a través del ejercicio integrativo grupal, que permita generar una sinergia resolutiva del conflicto de manera humanitaria, colaborativa e integral, a través de un diálogo simbiótico, no individualista o egocéntrico; en el que se atiendan de manera genuina las necesidades de los intervinientes y se transforme el conflicto en una experiencia positiva para la comunidad, trascendiendo del *"yo"* al *"nosotros"*, lo que lleve a que en la consciencia colectiva se genere la asunción distributiva de la responsabilidad y se construyan mancomunadamente esquemas de avenencia y convivencia armónica.

Mediación comunitaria. Metodología de gestión de conflictos que tiene como finalidad resolver desavenencias suscitadas, al interior de grupos barriales locales o comunitarios.

El mediador comunitario es un tercero neutral que coordina el círculo restaurativo entre los miembros de la comunidad donde se originó la problemática, para que a través del diálogo y la amigable composición todos los involucrados tengan un foro plural de comunicación en el que puedan expresar sus inquietudes y esgrimir propuestas para resolver la disputa.

Esta práctica para solucionar conflictos grupales es una de las más antiquísimas y ha sido utilizada históricamente por las culturas indígenas, en las que comendadores, ancianos o líderes espirituales de las comunidades, cuando se suscitaba un conflicto, congregaban a los intervinientes para que alrededor de una fogata, tomando té, café, chocolate u otra bebida, platicaran su problemática y a través del perdón mutuo y la asunción de responsabilidad, llegaran a un consenso que resolviera el conflicto.

Este tipo de prácticas restaurativas en las comunidades indígenas han sido muy exitosas y populares, de ahí que muchos investigadores, antropólogos y sociólogos, hayan hecho prolijos estudios cualitativos sobre estas dinámicas de derecho consuetudinario.

Mediación en delitos graves. Dinámica de gestión de un conflicto entre el binomio víctima-victimario, que se origina de una conducta delictiva de alto impacto social que vulnera bienes jurídicos hipersensibles.

En la gran mayoría de las legislaciones de todas las latitudes del mundo que contemplan modelos de justicia alternativa, a través de esquemas de mediación y conciliación, se tiene prohibido desarrollar prácticas de avenencia para delitos graves, limitando estas figuras, para delitos menores o de bagatela. Sin embargo progresivamente el catálogo de delitos mediables y conciliables ha crecido exponencialmente en la última década, con lo que se advierte una inmersión, expansión, socialización y culturización de la justicia restaurativa en las legislaciones internacionales. Uno de los ejemplos más emblemáticos es el caso de España, quien ha incorporado en su legislación local, esquemas de encuentros restaurativos entre víctimas y victimarios, vinculados por delitos graves. El éxito de estos programas en España estriba en la profesionalización que se ha hecho de sus facilitadores, quienes a través de ejercicios resarcitorios bien llevados, han logrado desarrollar óptimamente círculos restaurativos, incluso entre personas que han perpetrado actos terroristas y las víctimas de estos eventos criminógenos.

La expansión de la justicia restaurativa como paradigma emergente ha sido creciente y sus resultados halagüeños.

Mediación escolar. Dinámica de gestión de conflictos al interior de los centros educativos, coordinada en conjunto por un Consejo Técnico que involucra a los docentes, directivos, padres de familia, concejales de aulas, líderes de grupos, personal técnico adscrito a la institución (psicólogos, trabajadores sociales) y eventualmente especialistas externos (investigadores expertos y pedagogos), quienes mancomunadamente intenten de forma neutral, positiva y propositiva resolver los conflictos suscitados al interior del núcleo escolar.

Las principales problemáticas que se resuelven con la mediación escolar son:

I.- *Bullying* entre alumnos.

II.- Violencia física y riñas entre compañeros en clase.

III.- Conflictos de intereses entre docentes.

IV.- Desavenencias administrativas entre padres de familia, docentes y directivos. V.- Debates complejos en la toma de decisiones.

VI.- Recaudación de fondos para actividades académicas.

VII.- Faltas graves al reglamento escolar.

VIII.- Gestión de recursos con instituciones gubernamentales.

IX.- Pérdidas materiales y daños a equipos de cómputo y bienes inmuebles.

X. Entre otras de menor popularidad.

El proceso sistematizado de mediación escolar, busca mejorar la convivencia académica, propiciar un ambiente distendido en el núcleo educativo, mejorar las relaciones interpersonales, crear estrategias óptimas en la gestión de conflictos, fomentar foros plurales de debate edificante y sana crítica, impulsar la consciencia civil, los valores y la responsabilidad en el alumnado.

Mediación familiar. Proceso de avenencia que intenta resolver un conflicto suscitado al interior de un seno familiar, el cual es gestionado neutralmente por un facilitador certificado, el cual desde un talante profesional, objetivo, humanitario e imparcial, procurará que las partes del conflicto lleguen a un consenso que ponga fin a una desavenencia, a efecto de evitar que esta derive en un conflicto penal, procurando que redunde en el mayor beneficio de todos los involucrados en el conflicto.

En la mediación familiar se procurará por sobre todas las cosas que el diálogo entre los intervinientes sea asertivo, pero respetuoso, de tal tenor que los demás miembros de la familia no sean afectados emocionalmente por el conflicto intrafamiliar.

Las principales temáticas que son motivos de mediación familiar son:

I.- Disputas ideológicas entre hijos y padres.

II.- Discusiones sobre el cuidado de un adulto mayor enfermo.

III.- Discusiones por tensiones económicas.

IV.- Problemáticas de comunicación.

V.- Sobre-exigencias en la gestión de recursos en los gastos familiares.

VI. Adopciones y tutelas.

VII. Etcétera.

Mediación Neozelandés. Es el primer antecedente de justicia restaurativa formal que se tiene en el mundo. La cultura maorí heredó de sus ancestros, rituales nativos de gestión de conflictos al interior de la comunidad, a través de un ejercicio denominado *"Whakahuihui Tangata"* (círculos familiares de reconciliación), basados en el principio *"manaaki tangata"* (respeto mutuo), procuraban a través del diálogo, resolver el conflicto, conminándose a las partes a que eviten reincidencias ulteriores. Influenciados por su cosmogonía espiritual, los pobladores de la comunidad maorí, previo al ejercicio de mediación, hacían rezos *''karakias''*, para recibir la sabiduría divina, que les permitiera gestionar el conflicto de manera exitosa, en beneficio de toda la comunidad.

Estas prácticas han sido tan exitosas en esta región, que desde 1970 los tribunales neozelandeses ordinarios han invitado a integrantes de la cultura maorí, a participar en círculos restaurativos, creando una organización extrajudicial denominada *"Te Whanav Awhina"*, donde anualmente se resuelven cientos de asuntos, a través de mediación nativa.

Mediación notarial. Mecanismo extrajudicial que permite la resolución de una desavenencia, la cual es dirimida por un notario público, quien desde su experticia, hace las veces de facilitador, a efecto de que las partes que solicitan su servicio puedan llegar a un acuerdo satisfactorio y justo para ambas. Este tipo de práctica ha sido exitosa en legislaciones europeas. La fe pública y la calidad moral que tiene un notario en estas latitudes, lo tornan en un mediador idóneo para moderar y gestionar conflictos entre dos o más personas físicas (e incluso jurídicas) que someten a él su causa. En México esta figura no está contemplada legislativamente.

Mediación policial. Esquema de gestión de conflictos, diligenciado por policías facilitadores, los cuales están certificados para hacer las veces de mediadores/conciliadores, estando habilitados para acudir al lugar donde se suscitó el conflicto barrial, conminando a las personas en desavenencia, a que se reúnan con la finalidad de buscar una amigable composición a su problemática. Conflictos de bagatela pueden ser resueltos, a través de un ejercicio dialéctico asertivo entre los intervinientes, moderado por un experto cualificado.

Las principales problemáticas comunitarias susceptibles de mediación son: I.-Conflictos vecinales por el uso de espacios públicos (canchas deportivas, áreas verdes, servidumbres de paso, ágoras, etc.)
II.-Conflictos por la disputa de cajones de estacionamiento.
III.-Discusiones vecinales por ruidos excesivos de fiestas clandestinas.
IV.-Problemas ocasionados por mascotas.
V.-Discusiones por ramajes que invaden espacios privados.
VI.-Conflictos por consumo de alcohol en la vía pública.
VII.-Etc.

Mediación privada. Metodología de gestión de conflictos llevada a cabo por un facilitador (mediador o conciliador) que no pertenece directamente a un Centro Público de Justicia Alternativa, pero que ha sido certificado y acreditado por este, quien le habilita para que pueda desempeñar tal función.

Los Centros de Mediación Privada, deberán estar jurídicamente constituidos en una sede definida con instalaciones apropiadas para desarrollar las dinámicas propias del ejercicio de la mediación, tendrá su reglamento interno de operación apegado a la Ley de Justicia Alternativa de su entidad y su acreditación deberá refrendarse cada dos años ante su instituto público de adscripción.

Mediación vecinal. Dinámica social de gestión de conflictos que se suscitan entre colonos y que es resuelta a través de juntas restaurativas, en las que participan el presidente de colonos, los líderes vecinales de cuadrillas y los propios involucrados en el conflicto, para mancomunadamente buscar una solución inmediata de la problemática, evitando su escalada. Los problemas vecinales más comunes se suscitan por: disputas por cajones de estacionamiento, fiestas ruidosas, morosidad en pagos compartidos, riñas entre niños, daños materiales generados por mascotas, invasión de banquetas, invasión de ramas de árboles, bloqueo de servidumbres de paso, utilización inapropiada de áreas verdes o zonas comunes, etc.

Mediación. Proceso alternativo en virtud del cual dos personas con intereses contrapuestos se reúnen con la finalidad de resolver su conflicto a través de un convenio de transacción. Esta dinámica es de naturaleza autocompositiva, pues son directamente los involucrados quienes debaten con la finalidad de encontrar una ruta de solución a su desavenencia. El mediador facilitador es la persona profesional que moderará la discusión, sin tomar partido por ninguna de las posturas, haciendo uso de su experticia para que el encuentro restaurativo se desarrolle de forma armónica, plural, asertiva y exitosa. El mediador no podrá emitir juicios de valor ni propuestas sesgadas, su encomienda será tornarse solamente en puente de comunicación entre los conflictuantes, para que a través de este ejercicio dialéctico, de forma bilateral, resuelvan el problema que los vincula.

Medida cautelar penal. Providencia solicitada por el Ministerio Público al Juez penal de control a efecto de que le imponga al imputado ciertas restricciones durante el proceso, con la finalidad de garantizar que éste último, no tome represalias contra la víctima que le acusa, o en contra de los testigos que podrían declarar en su contra, o para evitar que obstaculice la investigación ministerial.

El art. 155 del Código Nacional de Procedimientos Penales establece como medidas cautelares:

"I. La presentación periódica ante el juez o ante autoridad distinta que aquél designe;
II. La exhibición de una garantía económica;
III. El embargo de bienes;
IV. La inmovilización de cuentas y demás valores que se encuentren dentro del sistema financiero;
V. La prohibición de salir sin autorización del país, de la localidad en la cual reside o del ámbito territorial que fije el juez;
VI. El sometimiento al cuidado o vigilancia de una persona o institución determinada o internamiento a institución determinada;
VII. La prohibición de concurrir a determinadas reuniones o acercarse o ciertos lugares;
VIII. La prohibición de convivir, acercarse o comunicarse con determinadas personas, con las víctimas u ofendidos o testigos, siempre que no se afecte el derecho de defensa;
IX. La separación inmediata del domicilio;
X. La suspensión temporal en el ejercicio del cargo cuando se le atribuye un delito cometido por servidores públicos;
XI. La suspensión temporal en el ejercicio de una determinada actividad profesional o laboral;
XII. La colocación de localizadores electrónicos;
XIII. El resguardo en su propio domicilio con las modalidades que el juez disponga,
XIV. La prisión preventiva".

Medidas de *ultima ratio*. Condiciones que se establecen en los sistemas jurídicos garantistas, a efecto de limitar la utilización de prácticas por parte de las autoridades, que pueden ser lesivas de bienes jurídicos personales o colectivos. La locución latina *ultima ratio*, se traduce textualmente como: último recurso, último argumento, última razón; es decir, en tratándose de prácticas invasivas como medidas cautelares, providencias precautorias, etc., se establecerán medidas progresivas de forma taxativa de menor a mayor hostilidad, y deberán usarse en ese orden de prelación, utilizándose solo las más represivas en casos estrictamente necesarios.

Medidas de internamiento. Esquema punitivo contemplado en el Sistema Integral de Justicia Penal para Adolescentes, que tiene como finalidad darle a *los jóvenes en conflicto con la ley*, un tratamiento penitenciario de naturaleza socioeducativa, dentro de un núcleo acondicionado para tal encomienda.

El internamiento es una medida de *ultima ratio*, tal como se desprende del numeral 31° de la Ley Nacional del Sistema Integral de Justicia penal para Adolescentes: *''Las medidas de privación de la libertad se utilizarán como medida extrema y excepcional, sólo se podrán imponer a personas adolescentes mayores de catorce años, por los hechos constitutivos de delito que esta Ley señala, por un tiempo determinado y la duración más breve que proceda''*.

Medidas de no repetición. Esquema de profilaxis del derecho victimal que tiene como finalidad crear disposiciones de hecho y de derecho para evitar que cualquier víctima u ofendido en un delito sufra doble victimización por parte de las autoridades.

Algunas políticas para evitar la revictimización por parte de las autoridades son:
-Supervisión continua de los cuerpos policiales y de los miembros de las fuerzas armadas.

-Aplicación del principio *pro persona* que se desprende del bloque de constitucionalidad y de los tratados internacionales que versan sobre Derechos Humanos.

-Garantizar la independencia del poder judicial.

-Brindar a la víctima de un delito atención integral y protección continua, posterior al evento delictivo, hasta que ella lo requiera.

-Supervisión a través de visitadurías continuas por parte de las Comisiones de Derechos Humanos a las instituciones de impartición de justicia.

-Difusión continua de los Códigos de Ética que deben de seguir las autoridades en sus respectivas competencias.

-Creación de programas de justicia restaurativa, con enfoque en derecho victimal. -Etc.

Meditadores por la paz. Organismo internacional creado a finales de los años 90's, con la finalidad de promover la práctica de la meditación como una herramienta para desterrar la violencia, la segregación y la guerra del mundo. Su filosofía consiste en unir voluntades a través de meditaciones colectivas, a efecto de emanar pensamientos positivos de amor, respeto, paz interior, alegría, optimismo, felicidad, plenitud, calma, armonía, etc., que haga eco en el subconsciente colectivo de la humanidad.

Su mensaje ha sido adoptado por múltiples movimientos espirituales autónomos en el mundo.

El movimiento hippie de los años 60's en América del Norte, que promovió el mensaje "Amor y Paz", se considera el precursor de este gran movimiento mundial cultural e ideológico.

Memoria episódica. Es la capacidad neuronal que permite que un individuo pueda evocar recuerdos autobiográficos con gran nitidez y reproducirlos mentalmente con lujo de detalles, a pesar de que haya transcurrido mucho tiempo desde que tuvieron verificativo esas experiencias.

En un ejercicio restaurativo, la relatoría clara de memorias permite conocer la verdad histórica del asunto, a efecto tener información suficiente para reencauzar el evento conflictivo y gestar las mejores perspectivas de solución.

Mensaje subliminal. Transmisión de un paquete de información de doble contenido, diseñado para inducir o manipular la percepción del individuo que recibe el mensaje de forma indirecta o subconsciente. Este tipo de prácticas se consideran inmorales, puesto que son subrepticias e intentan engañar o sesgar la percepción del receptor del mensaje. En medios de comunicación televisivos, radiofónicos, *slogans* publicitarios, etc., se ha advertido este tipo de prácticas ocultas de manipulación emocional y cognitiva.

Michael Foucault. Erudito francés que incursionó en diversas ramas del conocimiento como la filosofía, la historia, la sociología, el derecho, la medicina y la sociología. Desarrolló múltiples estudios de los que destacan sus teorías críticas a diversas instituciones sociales, particularmente a la institución carcelaria de la cual hizo un estudio profundo en su libro *"Vigilar y Castigar"*, publicado en 1975, en el que describe a esta institución como una "fábrica del Estado" utilizada para imponer su autoridad retributiva.

Este pensador ha condenado enérgicamente al sistema penitenciario de castigo y su "espectáculo punitivo" desarrollado al interior de los núcleos carcelarios. Defendió junto con Jeremy Bentham, los diseños panópticos de los centros de reclusión por considerar que son los mejores para brindar un tratamiento apropiado sus internos. Abogó por las teorías garantistas y la modulación de las penas.

Su pensamiento ha sido estudiado en todo el mundo y muchas de sus ideas han sido y siguen siendo citadas en foros de criminología, justicia restaurativa y psicología forense.

Militarización de la seguridad pública. Dinámica creciente, en razón de la cual, los Estados deciden incorporar progresivamente a miembros del fuero militar a actividades otrora civiles de seguridad pública.

La inmersión del ejército en actividades que históricamente fueron de competencia exclusiva de los cuerpos policiales, se debe a la violencia social desbordada, producto de la expansión del crimen organizado en la sociedad, que ha dejado al Estado rebasado institucionalmente.

En México, la creación de la Guardia Nacional se creó *ex profeso* para blindar al Estado en materia de seguridad pública, erigiendo un proyecto de hibridación logística de supracoordinación entre los miembros de la policía y del ejército nacional.

Miscelánea penal. Conjunto de temas relacionados al Derecho penal (minutas legislativas) que se programan a través de intervalos de tiempo predefinidos (bimestral, semestral, anual), con la intención de ser debatidos en pleno por la Cámara de Diputados, a efecto de aprobar las que sean de mayor impacto y pertinencia, de acuerdo a las necesidades coyunturales de mayor demanda social.

Misoginia. Conducta exteriorizada de odio, repudio, denostación y animadversión hacia la mujer. Esta actitud de vejación promueve la idea de la condición subalterna de la mujer en la dinámica social. Y aunque de forma genérica se atribuye al hombre la práctica de misoginia, también las mujeres pueden manifestar misoginia hacia otras mujeres; incluso puede manifestarse una misoginia interiorizada, en razón de la cual, una mujer siente odio a sí misma, por su propia condición de género.

El tema de la misoginia preocupa sobremanera a la comunidad internacional, la cual para paliar este fenómeno histórico creciente, ha promulgado en este tenor, los siguientes instrumentos internacionales:

Declaración Universal de los derechos humanos:
Preámbulo, párrafo 5. *"Los pueblos de las Naciones Unidas han reafirmado en la Carta su fe en los derechos fundamentales del hombre, en la dignidad y el valor de la persona humana y en la igualdad de derechos de hombres y mujeres".*

Artículo 7. *"Todos son iguales ante la ley y tienen, sin distinción, derecho a igual protección de la ley. Todos tienen derecho a igual protección contra toda discriminación que infrinja esta Declaración y contra toda provocación a tal discriminación"*.

Artículo 16. *"Los hombres y las mujeres, a partir de la edad núbil, tienen derecho, sin restricción alguna por motivos de raza, nacionalidad o religión, a casarse y fundar una familia, y disfrutarán de iguales derechos"*.

Art. 25. *"La maternidad y la infancia tienen derecho a cuidados y asistencia especiales"*.

Pacto Internacional de Derechos Económicos, Sociales y Culturales:

Artículo 2. *"Los Estados Partes en el presente Pacto se comprometen a garantizar el ejercicio de los derechos, sin discriminación alguna por motivos de raza, color, sexo, idioma, religión, opinión política o de otra índole, origen nacional o social, posición económica, nacimiento o cualquier otra condición social"*.

Artículo 3. *"Los Estados Partes en el presente Pacto se comprometen a asegurar a los hombres y a las mujeres igual título a gozar de todos los derechos económicos, sociales y culturales enunciados en el presente Pacto"*.

La Convención sobre la Eliminación de todas las Formas de Discriminación contra la Mujer:

Artículo 1. *"A los efectos de la presente Convención, la expresión 'discriminación contra la mujer' denotará toda distinción, exclusión o restricción basada en el sexo que tenga por objeto o resultado menoscabar o anular el reconocimiento, goce o ejercicio por la mujer, independientemente de su estado civil, sobre la base de la igualdad del hombre y la mujer, de los derechos humanos y las libertades fundamentales en las esferas política, económica, social, cultural y civil o en cualquier otra esfera"*.

Artículo 2. *"Los Estados Partes condenan la discriminación contra la mujer en todas sus formas"*.

Declaración sobre la eliminación de la violencia contra la mujer (1994).

Artículo 1. *"A los efectos de la presente Declaración, por 'violencia contra la mujer' se entiende todo acto de violencia basado en la pertenencia al sexo femenino que tenga o pueda tener como resultado un daño o sufrimiento físico, sexual o sicológico para la mujer, así como las amenazas de tales actos, la coacción o la privación arbitraria de la libertad, tanto si se producen en la vida pública como en la vida privada".*

Artículo 2. *"Se entenderá que la violencia contra la mujer abarca los siguientes actos, aunque sin limitarse a ellos:*

a) La violencia física, sexual y sicológica que se produzca en la familia, incluidos los malos tratos, el abuso sexual de las niñas en el hogar, la violencia relacionada con la dote, la violación por el marido, la mutilación genital femenina y otras prácticas tradicionales nocivas para la mujer, los actos de violencia perpetrados por otros miembros de la familia y la violencia relacionada con la explotación;

b) La violencia física, sexual y sicológica perpetrada dentro de la comunidad en general, inclusive la violación, el abuso sexual, el acoso y la intimidación sexuales en el trabajo, en instituciones educacionales y en otros lugares, la trata de mujeres y la prostitución forzada;

c) La violencia física, sexual y sicológica perpetrada o tolerada por el Estado, dondequiera que ocurra".

Mixofobia. Aversión que un individuo manifiesta por otra persona o grupo de personas que profesan ideologías diferentes a él/ella (religión, modo de vida, afiliación política, preferencia sexual, etc.). Esta manifestación conductual puede considerarse un acto neurótico de intolerancia exacerbada, que lleva a la persona que la padece a una autosegregación que puede derivar en paranoia, condición que puede inducirle a la comisión de un acto delictivo *a posteriori*.

Modelo comunicacional operante. Dinámica de interacción en la comunicación, en razón de la cual, el emisor transmite información a su interlocutor de forma directa y clara, que es decodificada y recibida por este último de manera efectiva. El proceso lingüístico es funcional si se da un flujo armónico de intercambio de información: compatibilidad en el idioma, interpretación cultural del mensaje, comprensión del contexto, códigos comunes de intercambio cognitivo y predisposición emocional entre el emisor y el destinatario.

Modelo de garantismo penal. Paradigma jurídico contemporáneo que promueve la atenuación de la facultad punitiva estatal y el fomento de un esquema de hiperprotección de los derechos fundamentales del justiciable.

Este modelo busca frenar los excesos y abusos que se han cometido en el pasado por las autoridades, asimismo pretende empoderar a todos los intervinientes del *"drama penal"* (víctimas y victimarios), garantizándoles que el respeto a sus derechos humanos será integral y que el proceso penal será justo, en igualdad de condiciones para todos y diligenciado con enfoque restaurativo.

Modelo de mediación circular narrativo. *''El enfoque que tiene este modelo consiste en trabajar en la relación de las partes, buscando la revalorización de los individuos para que tomen consciencia de su capacidad de resolver positivamente los conflictos con los que se enfrentan y el reconocimiento que hagan uno de otro, comprendiendo su postura, circunstancias y forma de sentir; es decir, lo que pretende este modelo es la evolución interna de los individuos con la adquisición de capacidades que les permitan adoptar una postura que inclusive se proyecte hacia el bienestar de la comunidad''.* (Sotero Praga, Milagros, Sotelo Muñoz, Helena; España; *"Los modelos teóricos de la mediación"*; Ed. Tecnos; 2007, p. 158).

Modelo de mediación lineal de Harvard. Esquema metodológico de mediación que fue desarrollado por un grupo de investigadores de la Universidad de Harvard (de ahí su denominación doctrinal). *"Su operación para la solución de conflictos se basa en la participación* de terceros, que en este caso sería un mediador, en colaboración con las partes en conflicto, dando como resultado que en el procedimiento no haya vencedores ni vencidos, sino que todos logren satisfacer sus intereses, ya sea de forma parcial o completa. Este modelo de negociación no se enfoca en el conflicto, sino únicamente lo retoma para identificar la discordancia que existe y que sirva de referente hacia la búsqueda del acuerdo como objetivo principal. Es mediante la tarea del mediador que se restablece la comunicación para que las partes transiten de una actitud de lucha y venganza hacia una solución positiva consensuada. Este modelo pudiera ser de interés para instituciones que tengan como objetivo obtener un récord sobre el número de acuerdos alcanzados, donde las estadísticas sean un factor importante de observación". (Sotero Praga, Milagros, Sotelo Muñoz, Helena; España; "Los modelos teóricos de la mediación"; Ed. Tecnos; 2007, p. 171).

Modelo de mediación transformativo. "Se atribuye la creación de este modelo a Sara Cobb. El trabajo del mediador basado en este modelo se fundamenta en la interacción de las partes y en el restablecimiento de sus relaciones como objetivo principal, lo que como consecuencia traerá el arreglo del conflicto. De este modo se pondrá especial atención a la historia en la que se produjo el conflicto, desde los distintos enfoques de las partes y permitiendo la remarcación de las diferencias con la intención de que, estando polarizadas las partes, puedan crear una historia alternativa de lo que sucedió y de esta manera poder llegar a un acuerdo que resuelva las desavenencias". (Sotero Praga, Milagros, Sotelo Muñoz, Helena; España; "Los modelos teóricos de la mediación"; Ed. Tecnos; 2007, pp.171).

Modelo de Wagga de mediación. Esquema de justicia restaurativa desarrollado por la tribu de los Maorís, nativos de Nueva Zelanda, que implementaron en la cofradía de Wagga, un modelo de avenencia a través de encuentros restaurativos entre víctimas, ofensores, familiares y autoridades, para buscar un convenio que resuelva el conflicto y restaure la armonía de la comunidad, que se quebrantó debido al injusto penal. El modelo Wagga fue adoptado en algunos centros educativos juveniles en Reino Unido y E.U.A., a partir de los años 90's, con resultados halagüeños en materia de justicia penal juvenil alternativa. Este modelo ha sido inspirador de múltiples proyectos contemporáneos de justicia restaurativa en el mundo.

Modelo educativo Montessori. Método de enseñanza holístico que tiene como propósito dotar a los niños de herramientas de *aprendizaje libre,* que incentiven el desarrollo de su máximo potencial cognitivo, físico, emocional y espiritual.

Basado en una pedagogía constructivista, este modelo busca que los educandos desarrollen habilidades y destrezas de forma natural y lúdica, a través de una metodología autodidacta y creativa, que fomente los valores y dote a los niños de una formación integral.

Modelo penitenciario panóptico. Estructura arquitectónica de presidio, propuesta por el jurista Jeremy Bentham en 1971, que consiste en un esquema de vigilancia penitenciaria, a través de torres de observación que custodian las diferentes áreas del penal, colocadas longitudinalmente en forma de estrella (patrón geométrico que facilita la logística y la supervisión aérea). El vocablo *panóptico*, tiene su origen en el griego y significa *"observarlo todo"*. Muchas cárceles europeas y latinoamericanas han utilizado los modelos panópticos para construir sus cárceles, algunas replicando los modelos originales de Bentham y otras más añadiendo innovaciones en sus diseños.

Monopolio judicial. Frase con la que se alude al acaparamiento de funciones jurisdiccionales formales, por parte del poder judicial, quien es el único legitimado *a priori* para ejercerlas. Empero, con la reforma del artículo 17 constitucional se erigió una nueva modalidad de acceso a la justicia: *"en los juicios o procedimientos seguidos en* *forma de juicio, las autoridades deberán privilegiar la solución del conflicto sobre los formalismos procedimentales".*

En la actualidad, el sistema jurídico mexicano ha sufrido una suerte de descentralización operativa, a través del binomio alternativo-formal, con lo que la justicia ordinaria ha perdido su exclusividad.

Moral. Sistematización de valores, patrones de costumbres, convencionalismos sociales, creencias y normas consideradas políticamente correctas en una sociedad, en un tiempo y espacio determinado y que son practicadas por sus ciudadanos *motu proprio,* por convicción personal y libres de toda coacción.

Moralización societal. Es el conjunto de conductas, programas, discursos y actividades fomentadas por el Estado, destinadas a promover entre los miembros de una comunidad, una ideología que fomente la sana convivencia, el recto actuar y el impulso de valores e ideales humanos, tales como: la honestidad, el respeto, la tolerancia, la solidaridad, la fraternidad, la gratitud, la cooperación mutua, etc.

Móvil delictivo. Conjunto de pulsiones psíquicas, ideas e intenciones intrínsecas que llevaron a un individuo a cometer un evento criminal, es decir, es el elemento subjetivo que moviliza al agente activo del delito a exteriorizar una acción que traerá como resultado una conducta típica, antijurídica y culpable.

Los móviles internos del individuo pueden obedecer a múltiples causas: físicas, emocionales, psíquicas, orgánicas, endocrinas, etc.

Determinar el móvil de un delito ayuda a comprender el *iter criminis* y a establecer la peligrosidad del delincuente, a efecto de decidir cuál es el programa de readaptación social más apropiado para su tratamiento penitenciario y ulterior reinserción social.

Movimientos reaccionarios. Agrupación de individuos que comparten una ideología común, por lo regular de protesta en contra del *statu quo* estatal. Los grupos reaccionarios buscan crear una contrafuerza para hacer valer una creencia o revertir una situación que ellos perciben como equivocada.

Los movimientos reaccionarios pueden ser de diversa índole: políticos, ecológicos, religiosos, culturales, activistas, radicales, anarquistas, revolucionarios, decrecentistas, populistas, etc.

Multa. Pena de naturaleza pecuniaria que se le impone a un individuo como sanción, la cual puede ir acompañada de una pena complementaria, y que es utilizada primordialmente para reparar el daño a la víctima del delito o restituir patrimonialmente el bien jurídico tutelado por la norma.

Muro de la ignominia. Locución informal que ha sido utilizada desde los años 80's en diferentes foros, para referirse a las paredes fronterizas que algunos estados (en el ámbito local) o algunos países (en el ámbito internacional) utilizan con fines de división, por razones ideológicas, culturales, raciales, políticas, etc.

A raíz de la caída del *"Muro de Berlín"* (1989), la comunidad internacional ha expresado en múltiples foros, el repudio generalizado por la construcción de diques y barreras de segregación que lleven implícitos mensajes de rechazo y hostilidad. La experiencia más reciente de construcción de un muro divisorio, fue el proyecto del otrora presidente estadounidense Donald Trump, para erigir una valla fronteriza kilométrica en los límites con México, que además fuera resguardada por elementos de seguridad, con la finalidad de impedir el cruce migratorio de *"extranjeros indeseables"*, según las propias palabras del mandatario norteamericano.

Negociación distributiva. Proceso de disputa entre dos o más personas en el que cada uno de ellos intenta obtener un beneficio propio, sin considerar las necesidades e intereses del otro. Este tipo de negociación es egoísta y se centra en una competencia de "ganar-perder", ya que los conflictuantes tienen posturas incompatibles y solo buscan maximizar un beneficio personal.

El regateo es común en este tipo de negociaciones, pero la cesión de prerrogativas es mínima, por lo que a menudo fracasan estos incipientes intentos de acuerdo.

Negociación integrativa. Ejercicio dialéctico, en virtud del cual, cada uno de los intervinientes en el proceso de negociación, asume un talante de cooperación que permite facilitar y consolidar el éxito del convenio y materializar un resultado de "ganar-ganar". Las personas o instituciones involucradas en este tipo de negociación están dispuestas a ceder incluso ciertos intereses y/o buscar alternativas diferentes a las que se contemplaban inicialmente, con la finalidad de que se logre un convenio justo que beneficie a todos.

Negociación. Manifestación de la voluntad de dos o más personas que es exteriorizada con la intención de celebrar un acuerdo que trae implícito obligaciones y derechos recíprocos, que *a priori*, se presumen equitativos. La negociación se desenvuelve a través del diálogo en el que los involucrados se ofrecen recíprocas concesiones. Esta dinámica interactiva se da a través del intercambio de información entre las partes, en la cual cada una ofrece algo a la otra con la intención de que ambas tengan beneficios con la materialización del acuerdo.

El proceso de negociación sigue diferentes etapas:

I.- Diagnóstico inicial de la situación.

II.- Exteriorización de la voluntad.

III.- Planteamiento de lo que se pretende obtener y de lo que se ofrece a cambio. IV.- Intercambio de expectativas.

V.- Aceptación de acuerdos comunes.

VI.- Aceptación de compromisos.
VII.- Formalización y cierre.

Nelson Mandela. Político humanista y activista sudafricano que dedicó gran parte de su vida a la lucha contra el racismo y la desigualdad económica; fomentando los valores de fraternidad, paz y reconciliación social. Debido a su influencia marxista, su lucha reivindicatoria promovía la erradicación de la explotación laboral y el empoderamiento de los grupos más vulnerables. En 1962 fue encarcelado por sus opositores, siendo prisionero durante 27 años; empero, la presión internacional ejerció una presión tan denodada que en 1990 fue liberado; a los 4 años de ello, se postuló como candidato presidencial y se convirtió en primer mandatario de Sudáfrica. Ganador del Premio Nobel de la Paz y la Medalla Presidencial de la Libertad, Mandela dejó un legado de humanismo, del cual puede enorgullecerse la historia. En el año 2015, la ONU publicó un instrumento internacional con enfoque restaurativo penitenciario intitulado: *"Reglas Mínimas de las Naciones Unidas para el Tratamiento de los Reclusos"*, a las que se le añadió el subtítulo: *"Reglas Nelson Mandela"*, como homenaje a la memoria de este humanista de la paz.

Neoconductismo. Corriente de estudio del comportamiento humano, desarrollada por el psicólogo Skinner, que plantea la idea de que la conducta del individuo es determinada por los estímulos exteriores de su entorno, los cuales va decodificando a través de procesos mentales que le dan significado.

Mientras el conductismo se limita a establecer las relaciones de pasividad entre los estímulo externos y el comportamiento condicionado, el neoconductismo va más allá y considera que si bien es cierto que los estímulos exógenos generan programas mentales, el individuo de forma proactiva puede discernir como utilizarlos en su realidad empírica.

Nodo de intercomunicación. Es el espacio acondicionado y creado *ex profeso*, para que los intervinientes de un conflicto puedan desarrollar su dinámica de avenencia de manera óptima y segura. Está diseñado para que converjan todas las condiciones operativas, orgánicas, instrumentales y normativas, que garanticen el éxito del mecanismo de mediación o conciliación, según sea el caso.

Non bis in idem. Locución latina cuya traducción es: *"Nadie puede ser juzgado dos veces por la misma causa"*. Es un axioma del derecho penal, en razón del cual se prohíbe que el Estado erija el mismo proceso que ya fue incoado en el pasado a una persona y del cual ya se ha emitido una sentencia (condenatoria o absolutoria). Este principio tiene como finalidad dotar a los justiciables de un sistema jurídico que ofrezca certeza legal, través de declaratorias que *"causen estado"* y que sean definitivas y ejecutoriadas.

Non extra petita. Expresión latina que significa: *"no más de lo pedido"*, y que se utiliza en los procesos tanto ordinarios como en los alternativos, para hacer alusión a que ningún juez o conciliador (aunque tenga ciertas facultades de intervención para sugerir alternativas de solución) deben excederse de sus facultades, ni deben ir más allá de lo solicitado y delimitado por las partes. Todo impartidor de justicia o facilitador de un mecanismo alternativo, debe ceñirse exclusivamente a las propuestas de los intervinientes, sin ir más allá de lo solicitado. Todo exceso subjetivo en sus atribuciones, puede dar lugar a su recusación inmediata.

Normas uniformes sobre la igualdad de oportunidades para las personas con discapacidad. Instrumento internacional normativo publicado por la Asamblea General de las Naciones Unidas en el año 1993, cuya teleología es crear principios y disposiciones jurídicas para proteger a las personas en condiciones de vulnerabilidad que padecen algún tipo de discapacidad. Este instrumento pretende tornarse en un documento modelo inspirador, que pueda ser replicado y adecuado por todos los países signatarios de este organismo, en sus respectivas legislaciones locales.

Entre las principales ideas que destacan en este instrumento, se encuentran las siguientes:

-Concientizar a todos los países sobre el aumento de personas con discapacidad que se da en el mundo y la importancia de crear marcos normativos *ad hoc* a sus condiciones propias.

-Promover políticas públicas incluyentes para dignificar a las personas con capacidades diferentes, integrándolas de forma natural en actividades laborales, culturales, artísticas y deportivas, adecuadas a sus condiciones especiales.

-Crear centros de salud *ad hoc* a estas personas, a efecto de que puedan recibir un tratamiento a sus padecimientos de manera personalizada y óptima.

-Fomentar desde los medios de comunicación una imagen positiva de las personas con capacidades diferentes.

-Promover la toma de conciencia de los derechos que asisten a todas las personas con algún tipo de discapacidad.

-Promover programas multidisciplinarios para la capacitación de personal técnico que atienda a personas que se encuentren en estas condiciones.

-Crear fondos para el suministro de equipo técnico y tecnológico que favorezca el proceso de rehabilitación de las personas con discapacidad.

Notitia criminis. Es el primer conocimiento que la autoridad ministerial tiene de un hecho probablemente constitutivo de un delito, lo que les conmina a iniciar una investigación para verificar los hechos y consecuentemente abrir formalmente una carpeta de investigación.

La *noticia criminal* puede ser recibida por el Ministerio Público, a través de dos vías: una formal, a través de una denuncia o querella; y otra informal, a través de indicios indirectos, como pueden ser, una llamada anónima, un mensaje dejado en una manta colocada en la vía pública, un hallazgo fortuito encontrado por un elemento de la policía, etc.

Núcleo familiar. *"Conjunto de personas que conviven bajo el mismo techo, organizadas en roles fijos (padre, madre, hermanos, etc.) con vínculos consanguíneos o no, con un modo de existencia económico y social comunes, con sentimientos efectivos que los unen y aglutinan"*. (OMS). Este concepto en la actualidad tiene una connotación más amplia en razón de la incorporación de nuevas figuras reconocidas por el derecho civil: familias biparentales, familias homoparentales, familias adoptivas, etc.

Nulla pena, sine legale iuditio. Aforismo latino cuya traducción es: *"no habrá pena, sin existir antes un juicio legal"*. Este principio pretende brindar certeza jurídica al justiciable, el cual no podrá ser sometido a ningún castigo penal, sin que se le haya comprobado previamente, a través de un debido proceso, su culpabilidad.

La figura de la prisión preventiva (oficiosa o justificada), quebranta este principio, puesto que el privar de la libertad a un individuo (antes de tener un dictamen de culpabilidad), no solo viola el principio de *"presunción de inocencia"*, sino que tal figura se torna fáctica y jurídicamente en un castigo anticipado.

Nullum crimen sine lege. Locución latina cuya traducción es: *"no hay crimen, sino está contemplado en la ley"*. Este aforismo del derecho penal hace alusión a que no pueden ser perseguidas punitivamente conductas que no estén debidamente escritas y tipificadas en un código penal. Este principio brinda seguridad jurídica al justiciable, el cual no puede ser llevado ante un tribunal penal, sino es por una causa previamente contemplada en un cuerpo normativo sustantivo.

Este principio surgió para contrarrestar los tremendos abusos que fueron cometidos durante la Inquisición, en la que se condenaron a muchas personas (de forma sumaria, a través de tribunales montados *ex profeso*), acusadas por delitos inexistentes, quebrantando las formalidades del debido proceso.

Numerus clausus de la Justicia Alternativa. Locución que refiere que en materia penal alternativa, no todos los delitos pueden ser considerados mediables o conciliables, sino solo los de menor impacto social. La ley adjetiva establece un número limitado (*numerus clausus*) de las conductas típicas, antijurídicas y culpables que si pueden resolverse a través de una salida alternativa al juicio. En la legislación mexicana existen dos soluciones alternas: el *"acuerdo reparatorio"* y la *"suspensión condicional del proceso"*. La primera figura (acuerdo reparatorio) solo procede para delitos que se persiguen por querella, para delitos culposos y delitos patrimoniales no violentos; y respecto a la segunda figura (suspensión condicional), esta solo puede proceder para delitos cuya media aritmética de la pena, no exceda de cinco años.

O

Ombudsman. Palabra inglesa que se traduce como el *"defensor del pueblo"*. Este término fue acuñado por primera vez por el jurista Hans Harta, quien propuso incorporar a la Carta Magna sueca, una institución que defendiera los más altos valores y derechos humanos de los particulares, que fuera presidida por un individuo impoluto, de calidad moral indiscutible y que protegiera a los ciudadanos de abusos de las autoridades. Esta figura ha sido adoptada por múltiples sistemas jurídicos en el mundo, con sus matices propios, pero que en general se refieren a la Institución que aboga por el respeto irrestricto de los derechos fundamentales del pueblo. En México esta figura recae en el presidente de la *Comisión Nacional de los Derechos Humanos.*

ONG. Organismo(s) no Gubernamental(es), que tienen como finalidad erigirse en asociaciones para promover y materializar fines altruistas; se sostienen financieramente a través de donativos voluntarios y no persiguen actividades lucrativas. Su naturaleza humanitaria les permite hacer frente de forma genuina y directa a problemáticas de diversas índoles: protección al ambiente, defensa de las comunidades indígenas, ayudar a personas en condiciones de calle, luchar contra el racismo y hambruna, empoderamiento de las mujeres que han sufrido violencia intrafamiliar, etc.; además algunas desarrollan investigaciones y programas para combatir pandemias en el mundo, defensa de especies en peligro de extinción, impulso de propuestas de paz, atención a víctimas de atentados terroristas, apoyo a niños con familiares recluidos en centros penitenciarios, etc.

La transparencia en la canalización de recursos y la fiscalización periódica que reciben con informes de auditorías, los hacen organismos socialmente confiables.

Organización de las Naciones Unidas. (ONU). Es el organismo internacional más grande e importante del mundo en la actualidad. Surgió en 1945 a raíz de la devastación que dejó la Segunda Guerra Mundial. Su finalidad es congregar a todos los países signatarios miembros (193 actualmente), para debatir problemáticas globales y buscar mancomunadamente soluciones a conflictos que trastocan a todo el mundo: tensiones bélicas, conflictos geopolíticos, hambruna, políticas para combatir el cambio climático, etc. Los principios axiológicos que rigen a este organismo son: intercambio, solidaridad, cooperación, fraternidad y unidad.

A través de una agenda internacional, la ONU organiza cumbres, en donde especialistas del mundo discuten sobre los temas coyunturales y de frontera que asechan a la humanidad.

Su organigrama orgánico se compone de una Asamblea General, un Consejo de Seguridad, un Consejo Económico Social, un Consejo de Administración Fiduciaria, una Corte Internacional de Justicia y una Secretaría Técnica.

La ONU además desarrolla tareas de profilaxis bélica, brindando servicios de arbitraje y buenos oficios a naciones involucradas en conflictos, a efecto de que puedan gestionar el mismo, a través de amigables composiciones.

Órgano Técnico de Defensa. Dícese del defensor penal público o defensor penal privado, debidamente acreditado con cédula profesional que lleva la causa del imputado, presentando excepciones y pruebas de descargo, para estructurar una *"teoría del caso"*, que beneficie a su representado.

El Código Nacional de Procedimientos Penales, en su numeral 117 establece que son obligaciones del defensor:

''I.- Entrevistar al imputado para conocer directamente su versión de los hechos que motivan la investigación, a fin de ofrecer los datos y medios de prueba pertinentes que sean necesarios para llevar a cabo una adecuada defensa;

II-. Asesorar al imputado sobre la naturaleza y las consecuencias jurídicas de los hechos punibles que se le atribuyen;

III.- Comparecer y asistir jurídicamente al imputado en el momento en que rinda su declaración, así como en cualquier diligencia o audiencia que establezca la ley; IV.- Analizar las constancias que obren en la carpeta de investigación, a fin de contar con mayores elementos para la defensa;

V.- Comunicarse directa y personalmente con el imputado, cuando lo estime conveniente, siempre y cuando esto no altere el desarrollo normal de las audiencias;

VI.- Recabar y ofrecer los medios de prueba necesarios para la defensa;

VII.- Presentar los argumentos y datos de prueba que desvirtúen la existencia del hecho que la ley señala como delito, o aquellos que permitan hacer valer la procedencia de alguna causal de inimputabilidad, sobreseimiento o excluyente de responsabilidad a favor del imputado y la prescripción de la acción penal o cualquier otra causal legal que sea en beneficio del imputado;

VIII.- Solicitar el no ejercicio de la acción penal;

IX.- Ofrecer los datos o medios de prueba en la audiencia correspondientes y promover la exclusión de los ofrecidos por el Ministerio Público o la víctima u ofendido cuando no se ajusten a la ley;

X.- Promover a favor del imputado la aplicación de mecanismos alternativos de solución de controversias o formas anticipadas de terminación del proceso penal, de conformidad con las disposiciones aplicables;

XI.- Participar en la audiencia de juicio, en la que podrá exponer sus alegatos de apertura, desahogar las pruebas ofrecidas, controvertir las de los otros intervinientes, hacer las objeciones que procedan y formular sus alegatos finales;

XII.-Mantener informado al imputado sobre el desarrollo y seguimiento del procedimiento o juicio;

XIII.- En los casos en que proceda, formular solicitudes de procedimientos especiales;

XIV.- Guardar el secreto profesional en el desempeño de sus funciones;

XV.- Interponer los recursos e incidentes de la legislación aplicable y, en su caso, promover el juicio de Amparo;

XVI.- Informar a los imputados y a sus familiares la situación jurídica en que se encuentre su defensa''.

Órganos jurisdiccionales. Entes de impartición de justicia creados por una ley orgánica que fija sus competencias institucionales y atribuciones, con la finalidad de que declaren el derecho sobre las causas que les sean presentadas por los justiciables, de manera formal, a través de un debido proceso, guiado por los principios de objetividad, neutralidad, imparcialidad, honestidad, transparencia y legalidad.

Oyente neutral (*neutral listener adviser*). Persona que no es un especialista en mediación o conciliación, ni está certificada como facilitador, pero que por consenso de las partes, es invitada a participar en un mecanismo alternativo de solución de controversias, pues los intervinientes consideran que su experiencia y conocimiento técnico, puede aportar perspectivas de solución edificantes a la resolución del conflicto. Este tipo de invitados externos, regularmente son peritos en alguna materia (ingeniería, bioquímica, contabilidad, etc.), que pueden brindar información neutral sobre el tema, materia de la controversia.

P

Pacta sunt servanda. Frase latina cuya traducción es: *"los acuerdos se hicieron para cumplirse"*. Es un principio invocado con regularidad en el derecho internacional para reafirmar el compromiso vinculante que deben asumir todos los Estados signatarios de un tratado, en su estricto cumplimiento moral y jurídico.

Este axioma es contemplado en la legislación mexicana en el artículo 1796 del Código Civil Federal que a la literalidad reza: *"Los contratos se perfeccionan por el mero consentimiento. Desde que se perfeccionan obligan a los contratantes, no solo al cumplimiento de lo expresamente pactado, sino también a las consecuencias"*.

Este principio es la base ontológica y axiológica de la justicia alternativa que parte de la premisa: *"la voluntad de las partes es la ley suprema"*.

Pacto Internacional de Derechos Civiles y Políticos. Instrumento internacional multilateral, expedido por la ONU, que entró en vigor en el año 1976, siendo publicado en múltiples idiomas. Actualmente cuenta con 176 signatarios que lo han ratificado. Entre las principales prerrogativas que contempla se encuentran: *"el derecho a la libre determinación de los pueblos"*, *"proscripción de todo tipo de discriminación por motivos de género, raciales o creencias religiosas"*, *"derechos de las víctimas de un delito"*, *"igualdad de goce de derechos políticos entre hombres y mujeres"*, *"proscripción de esclavitud y servidumbres"*, *"libertad de tránsito"*, *"derecho al debido proceso"*, *"libre expresión de las ideas"*, *"derecho a la reunión pacífica"*, etc.

Este instrumento antropocéntrico es uno de los más populares del mundo, junto con la *"Declaración Universal de los Derechos Humanos"*.

Paneles de revisión de controversias. Grupos internacionales de individuos propuestos *ex profeso* por diferentes países, en los que se asigna mediadores altamente cualificados para erigir un equipo multilateral de trabajo, que permita resolver mancomunadamente controversias que se susciten entre los países miembros signatarios de un instrumento internacional.

Los paneles de expertos mediadores permiten que exista pluralidad y representatividad diplomática en la toma de decisiones, en temas de agenda internacional, tales como: contingencias ambientales, proyectos biotecnológicos, tópicos migratorios, contingencias de salud pública, regulación armamentística, etc.

Paradigma restaurativo. Modelo gnoseológico emergente que vino a transformar la concepción retributiva del derecho, proponiéndole un esquema humanitario de gestión de conflictos, en virtud del cual, los involucrados en una problemática social o jurídica, puedan (haciendo uso de su autonomía) resolver su desavenencia, a través de un ejercicio dialéctico de amigable composición, en donde el agente activo, asuma su responsabilidad, reparando el daño a la víctima de forma integral (que le permita sentirse resarcida en su bien jurídico tutelado), resolviéndose con ello el conflicto original, reconstruyéndose el tejido dañado y recuperándose con ello, la armonía y la cohesión social.

El paradigma restaurativo pone su atención en el ser humano y en sus necesidades, prescindiendo en la medida de lo posible de la intervención estatal (y su esquema represivo), ya que el aparato judicial se limita simplemente a avalar los convenios que celebran las partes, dando contención institucional y legal a los mismos.

Paradigma social. Modelo ideológico que permea en un núcleo social, compuesto por el conjunto de creencias con las que se interpreta la realidad en un momento histórico determinado. Su hegemonía pervive hasta que es desplazado por un nuevo modelo ideológico que le suplanta. Cada nuevo paradigma es considerado superador del anterior.

Los paradigmas sociales dependiendo de su enfoque epistémico pueden clasificarse en:

Funcionalistas: basados en la dinámica operativa y en lo objetivos de los roles sociales.

Estructuralistas: focalizados en la reconstrucción constante de esquemas que mejoren el entramado social.

Interpretativos: sustentados por la percepción subjetiva colectiva que tiene todos los actores sociales como constructores de la realidad social.

Paradigmática reforma constitucional en México en el año 2011 en Materia de Derechos Humanos. Reforma emblemática en el sistema jurídico mexicano, en virtud de la cual se incorporó un nuevo paradigma de naturaleza hipergarantista, con un enfoque antropocéntrico, promotor de la filosofía *pro persona,* que elevó a categoría de rango constitucional todos los tratados internacionales que versan sobre derechos humanos, previamente firmados y ratificados por el Estado mexicano. Para esta reforma, el respeto irrestricto y promoción de los derechos humanos, son los valores supremos por antonomasia.

En esta reforma también se erigieron figuras novedosas, tales como el *"interés legítimo"* y el *"amparo adhesivo"* en el juicio de garantías, brindando prerrogativas de mayor radio de protección al justiciable.

Parafraseo en mediación. Técnica de retroalimentación utilizada por un facilitador de un *mecanismo alternativo de solución de controversias* (mediador o conciliador), que consiste en repetir la información que ha recibido de alguno de los intervinientes, empleando la misma idea, pero con otros vocablos; con la finalidad de fortalecer la información que ha expresado el interlocutor, permitiendo con ello, darle mayor claridad al mensaje y corroborar que la información que se ha recibido, es la que se quiso transmitir. La paráfrasis como herramienta de comunicación es muy importante en todo ejercicio dialéctico que tiene como finalidad generar una avenencia.

Paranoia. Trastorno de la personalidad que tiene como característica la exteriorización recalcitrante de miedo, desconfianza y recelo hacia algo o alguien. Cuando esta actitud se manifiesta en forma exacerbada, puede derivar en delirio de persecución que a su vez puede desembocar en esquizofrenia.

La paranoia puede ser tratada con terapias *ad hoc* y con fármacos bajo prescripción psiquiátrica. De acuerdo con la psicología clínica, todas las personas han presentado alguna vez en su vida, en mayor o menor medida, algún cuadro de paranoia, propiciado por alguna situación de *stress* excesivo, relacionado a una situación de peligro real o latente.

Paz negativa. Es aquélla política pública que se limita exclusivamente a buscar opciones para contrarrestar los efectos que se generaron por encuentros bélicos o por actos violentos de gran calado. Se basa más en los efectos que en las causas del conflicto y actúa desde el miedo a la violencia, más que en la simiente de la paz.

Paz positiva. Es el conjunto de políticas públicas privadas que sistematizadamente pretendan erigir una cultura de paz, en la que prive la justicia social, el respeto y la tolerancia, con la finalidad de edificar un modelo ideológico práctico que incentive de manera integral la armonía social.

La paz positiva es proactiva, se basa en una filosofía holística y busca permear en todos los sectores, para promover una transformación social real.

Paz. Estado de armonía, en el que cada persona, entidad o situación, se encuentra en equilibrio y balance, sin ser afectada por eventos hostiles exógenos, como disputas, animadversiones o conflictos (*lato sensu*).

La paz puede considerarse el Estado ideal al que aspiran las naciones y los individuos, sin embargo en una sociedad tan complejizada y de interacción constante, el conflicto es inevitable.

La paz social, en ese sentido, es la avenencia de los conflictos o el manejo funcional de los mismos, trascendiendo la zozobra, la violencia y la desarmonía en el entramado social.

Platón consideraba que la paz, solo puede vivirse en el plano inteligible (mundo de las ideas) ya que en el plano material, es imposible alcanzar este estado, por lo que el humano solo puede aspirar a conocerla parcialmente, pero nunca experimentarla de manera absoluta.

Penología. Rama de la criminología que tiene como objeto de estudio los sistemas retributivos de castigo penal. Analiza la naturaleza de las penas, su génesis, su evolución, su justificación normativa, su clasificación, sus características intrínsecas, su naturaleza ontológica, su necesidad social, sus alcances lesivos, su sistematización jurídica, su ejecución, etc. La penología estudia no solo a la pena *per se*, sino también las medidas cautelares, las medidas ministeriales de seguridad, la aplicación de faltas administrativas, la conmutación de las penas y la restauración pre y post-penitenciaria.

Perdón del ofendido. Forma de extinción de la acción penal llevada a cabo en la sede ministerial o en la sede jurisdiccional (según sea la etapa en la que se tramite), que consiste en la manifestación ratificada formalmente por parte de la víctima u ofendido, en virtud de la cual libera al inculpado de toda responsabilidad penal y habilita con ello a que la pretensión punitiva del Estado quede sin efecto.

El perdón de la víctima u ofendido solo es posible para delitos que se persiguen por querella de la parte ofendida; para los delitos que se persiguen de oficio, no es posible conceder esta prerrogativa al imputado, toda vez que hay conductas que no solo afectan a la víctima exclusivamente, sino que trastocan bienes colectivos, de ahí que se les deben perseguir de forma obligatoria.

Perdón histórico. Acto en virtud del cual un Estado, a través de la lectura de una minuta en un evento oficial, ofrece disculpas a otro Estado o Estados, u a otra entidad jurídica, por hechos, abusos, omisiones o excesos directos o indirectos, que pudieron haberle(s) ofendido o violentado moral, jurídica, ideológica o materialmente.

Esta actitud obedece al fomento de una cultura de paz, que solo puede alcanzarse con la cicatrización de rencillas históricas que aún en el presente pueden generar tensión entre los entes involucrados.

La diplomacia, la fraternidad, la cooperación, la ayuda mutua, los *"buenos oficios"* y los imperativos éticos han llevado a muchas naciones a desarrollar estos ejercicios de redención histórica.

Perfil del facilitador de un mecanismo alternativo. Es el conjunto de virtudes que deseablemente debe tener todo mediador o conciliador, a efecto de desarrollar su actividad laboral con profesionalismo y probidad.

Las cualidades mínimas que debe tener todo facilitador, son las siguientes:

-Capacidad intelectual y sensibilidad para comprender la naturaleza de los conflictos.

-Facilidad de palabra y parafraseo para poder ser un moderador elocuente durante el ejercicio dialéctico del proceso de negociación.

-Facultad de dirección y persuasión para generar propuestas (en el caso de la conciliación) claras y de viable implemento.

-Facultad de adaptación y control emocional ante escenarios hostiles o adversos.

-Conocimientos suficientes de psicología intrapersonal y teoría de conflictos.

-Sencillez en su habla, para transmitir empatía y confianza a los intervinientes.

-Humanismo, sensibilidad y espíritu de cooperación, siempre desde un talante de neutralidad.

-Reputación intachable y calidad moral respaldada por alguna institución.

Plan de reparación del daño. Documento oficial elaborado de forma mancomunada por la víctima u ofendido del delito, la representación social, el imputado y su abogado defensor, el cual es aprobado por el juez penal de control y en el que se sistematiza las condiciones taxativas a las cuales se someterá el inculpado durante un lapso de tiempo determinado, a efecto de que se suspenda el procedimiento que se ha erigido en su contra y que una vez que sea cumplido en todos sus términos, extinguirá la acción penal. El plan de reparación del daño debe estar focalizado a generar no solo la restitución del bien jurídico lesionado a la víctima, sino en crear una consciencia de readaptación genuina en el inculpado.

Plan Nacional de Desarrollo. Es el documento en el que el gobierno que asume la Presidencia, plantea todos los programas y actividades en materia de política, administración, seguridad, economía, migración, comercio, educación, salud, ciencia, tecnología, etc., que impulsará, desarrollará o consolidará durante su gobierno. Así mismo, se diseñan las estrategias, cronogramas, planes de trabajo y rutas para alcanzar sus objetivos durante su sexenio.

En el Plan Nacional de Desarrollo se plantean las problemáticas coyunturales del país y se presentan perspectivas de solución viables para hacer frente a ellas, durante la proyección sexenal. Este instrumento sirve para informar a los ciudadanos de forma diáfana los ejes temáticos en los que se trabajará durante el mandato presidencial en turno.

Plan Nacional de Paz y Seguridad 2018-2024. Documento de planeación estratégica en materia de seguridad pública, presentada por el Presidente Andrés Manuel López Obrador, a efecto de dar a conocer la visión, los ejes temáticos y los protocolos de actuación que sobre esta materia se han programado durante su mandato, con la finalidad de hacer frente a los tópicos de erradicación de la corrupción institucional, la optimización de la procuración de justicia, la promoción y respeto irrestricto a los derechos humanos, el afianzamiento axiológico social, el replanteamiento estratégico respecto al combate contra el crimen organizado, la construcción e impulso de la cultura de paz, la dignificación de la ciudadanía y la planeación de los modelos de seguridad pública.

Plea bargaining. Figura contemplada en el sistema judicial estadounidense que consiste en desarrollar una negociación económica entre las partes para dar por concluido el juicio. A veces la negociación consiste en la promesa que se le hace al inculpado, de reducirle la pena, si delata a sus cómplices o brinda información sobre un crimen mayor.

Este esquema ha sido altamente criticado, por considerarse un acto vulgar de *"regateo procesal"*, que poca incidencia tiene en la sanación del tejido social, ya que se limita a la celebración de acuerdos pecuniarios o convenios de dudosa moralidad. Naturalmente no todos los delitos pueden acceder a la justicia negociada, en la mayoría de los Estados de Norteamérica solo proceden para conductas de bagatela o de naturaleza patrimonial. En México *el procedimiento abreviado* es una variante del *"plea bargaining"*, aunque con una estructura más retributiva.

Plebiscitos. Ejercicio de integración ciudadana en el que a través de consultas populares se invita organizadamente al pueblo a expresar su percepción sobre temas sensibles que se pretenden incorporar a la agenda nacional. Este mecanismo es una figura que por antonomasia define a la democracia. Su origen se remonta al derecho romano, donde la *vox populi* tenía gran incidencia en la toma de decisiones públicas.

Pluriculturalidad. Convergencia de varias ideologías que conviven en un mismo espacio geográfico.

México es considerado un país multidiverso culturalmente, debido a la alta cantidad de grupos étnicos que coexisten en su territorio. El artículo 2° de la Carta Magna, reconoce la pluriculturalidad, la autonomía y el reconocimiento jurídico de las tradiciones y convencionalismos sociales de todas sus comunidades autóctonas. El respeto a la pluriculturalidad, es el primer eslabón para construir el engranaje de una sólida cultura de paz.

Poderes fácticos. Grupos autónomos que ostentan poder *per se*, más no son de naturaleza política institucional, por ejemplo, la iglesia, los medios de comunicación, los grupos académicos, las asociaciones civiles, etc., que debido a su alcance de persuasión masiva, influyen con sus opiniones en la toma de decisiones formales del Estado, o ejercen una presión ideológica para sesgar una decisión político-social.

Polarización social. Conflicto dualizado, en razón del cual se genera un quiebre ideológico, político, económico y cultural al interior del núcleo social. La polarización lleva a una suerte de guerra ideológica de *facto*, en la que dos o más grupos propugnan por la defensa de sus intereses, descalificando la postura de sus opositores. El clima de polarización en una sociedad conduce a falta de consensos políticos y legislativos, lo que trae estancamiento económico, pugnas de poder y tensión social.

Políticas criminológicas restaurativas. Plan estratégico diseñado en materia de justicia penal y seguridad pública por el Estado y sus órganos especializados, con la finalidad de elaborar y fomentar programas profilácticos de contención y seguimiento de las necesidades de todos los agentes involucrados en un conflicto penal. Estas políticas se caracterizan por fomentar principalmente la prevención delictiva a través de programas de impulso al deporte, a la educación, a la cultura, etc., que incentiven valores para construir la paz social, con trabajos estratégicos y transversales que involucre a todas las instituciones y a todos los miembros de la sociedad.

Políticas penitenciarias holísticas-restaurativas. Es el diseño de actividades contempladas normativamente por la Ley Nacional de Ejecución Penal, a efecto de brindar a los internos que están purgando una pena en un centro penitenciario, herramientas formativas, terapéuticas, recreativas, que sean pertinentes, integrales y suficientes y que incidan positivamente en su proceso de readaptación y reinserción social, a través de programas que impulsen la educación, la cultura, el deporte, la salud, el trabajo, los valores, el desarrollo humano y el crecimiento espiritual que les permita reincorporarse a la sociedad de manera armónica y funcional.

Políticas pre-carcelarias. Es el conjunto de diligencias que el juez de ejecución de penas, junto con los órganos administrativos penitenciarios, desarrollan para decidir el lugar en el que el sentenciado purgará su condena, a efecto de que su tratamiento de readaptación sea el más óptimo y focalizado a sus condiciones particulares. Durante este intervalo se gestionan todos los trámites administrativos y operativos de registro, actualización de base de datos, instalación del reo, contacto con familiares, logística y comunicación con otras instituciones que coadyuvan con el sistema penitenciario de manera transversal.

Políticas sociales. Estrategias diseñadas por el Estado y su aparato de gobierno, que tienen como finalidad promover la cohesión social, a través de programas que impulsen el desarrollo de políticas públicas de fomento de empleo, lucha contra la pobreza, apoyo a la juventud, inclusión social, igualdad de género, reducción de desigualdades, acceso a la educación, acceso a programas de cobertura universal (como la salud, el bienestar social, etc.).

Ponderación normativa. Es el ejercicio de valoración lógico-jurídica, en razón del cual, el juzgador analiza dos derechos que aparentemente son contradictorios, a efecto de resolver la discrepancia entre ambos, de manera ecléctica; y al decantarse por alguno de ellos, fundamentar y motivar la razón de su determinación. El *test de proporcionalidad* que hace el juzgador, permite comprender la lógica inferencial de su decisión y los puntos fácticos, axiológicos y jurídicos de su guion argumentativo.

Pontificio Consejo de Justicia y Paz. Organismo interno creado por la Iglesia Católica en 1967 que tiene como teleología, difundir un mensaje eclesiástico de justicia social y paz en el mundo, estrechando vínculos de cooperación con otros organismos, a través de esquemas de fraternidad, hermandad y solidaridad; fomentando jornadas de pacificación entre los grupos católicos internacionales, e integrando a otros grupos que de buena fe, comparten los mismos intereses, de manera genuina.

Populismo punitivo. Ideología que socializa la justicia retributiva (represiva o de castigo), en la que el Estado intenta a través de la amenaza de su facultad punitiva, amedrentar a la delincuencia, reafirmando su autoridad.

La elevación de penas, la ampliación de catálogos con nuevos delitos, el abuso de la prisión preventiva, el discurso beligerante, la militarización policial, la polarización social, la creación de nuevas cárceles, la crítica a los sistemas garantistas, la exclusión de tratados internacionales que versan sobre derechos humanos, los movimientos para reincorporar la pena de muerte y la cadena perpetua, son ideas que se propagan desde el populismo penal. Esta práctica también se caracteriza por gestionar consultas informales populares sobre las medidas a tomar para combatir la delincuencia, pero no con la intención genuina de conocer la *vox populi*, sino con el fin egocéntrico de manipular a las masas y sumar simpatizantes políticos.

Potestad punitiva estatal. Es la facultad conferida al Estado en el *"Pacto Social"*, a efecto de erigir un esquema retributivo para perseguir las conductas típicas, antijurídicas y culpables que se presentan en la sociedad, castigándoles; y disuadiendo con ello en el futuro, conductas criminógenas potenciales. El *ius puniendi* se organiza bi-institucionalmente, a través de un órgano que investiga y persigue los delitos: aparato ministerial; y de un órgano qué delibera, declara el derecho e imparte justicia: aparato judicial.

La facultad punitiva estatal debe ceñirse al *"principio de legalidad"* y todo exceso en sus atribuciones puede derivar en esquemas represivos indeseables.

Predisposición colectiva. Actitud de prejuicio que un grupo de individuos manifiesta hacia alguna persona, objeto, institución o circunstancia, regularmente a través de un estereotipo negativo preconcebido. La predisposición de ánimo impide tener una valoración imparcial u objetiva *a posteriori*, en razón de que ya se tiene una interpretación sesgada sobre lo prejuzgado. La predisposición social puede darse por la manipulación, desinformación o descalificación que se hace sobre algo o alguien, atribuyéndole una estigmatización por lo regular desfavorable que puede ser real o ficticia, pero que influye en la percepción de una masa crítica de individuos.

Preguntas circulares en la mediación. Formulación de interrogantes que efectúa el mediador de forma progresiva y sistematizada, a efecto de facilitar la exposición de los intervinientes en el proceso restaurativo, de una manera abierta, organizada y coherente, a través de retroalimentaciones que permitan al expositor tener una visión más abarcante del conflicto.

Las preguntas circulares (de retroalimentación) a diferencia de las preguntas directas, brindan confianza al interlocutor y no lo hacen sentirse juzgado o cuestionado inquisitivamente.

Las preguntas circulares no siguen una estructura cronológica, sino que son atemporales y pueden fluctuar en acontecimientos pasados y futuros, lo cual permite reconstruir la panorámica conflictual desde un enfoque más amplio e integrativo.

Prejuicio social. Es una actitud mental y emocional con tintes negativos que se direcciona hacia un grupo de individuos, al que se le adjudican estereotipos peyorativos o etiquetas degradantes para desvalorizarles, ridiculizarles o segregarles socialmente. El prejuicio parte de una valoración sesgada desde las que se emite una desaprobación moral subjetiva y que a menudo son solo ideas preconcebidas de un grupo sectario, reaccionario, religioso o político.

Premediación. Técnica de *caucus*, recomendada en los esquemas restaurativos, que consiste en la reunión individual que el mediador tiene con cada uno de los intervinientes, antes de desarrollar el encuentro de mediación formal, a efecto de conocer sus expectativas respecto al proceso, explicarles los alcances de la sesión, empatizar y despertar confianza en ellos y optimizar el proceso ulterior de avenencia.

Premio Internacional de la paz infantil. Galardón otorgado anualmente desde el año 2005 por la *"Fundación KidsRights"*, a una persona menor de edad que haya hecho una aportación significativa para el impulso, tutela o fomento de los derechos del niño o que haya impactado al mundo e incidido en la difusión o creación de una iniciativa valiosa en favor de este grupo de la población civil. Los beneficiarios de este premio reciben un reconocimiento simbólico, una donación en efectivo de 100,000 euros y la promesa de que se dará seguimiento, contención, apoyo y difusión a su proyecto a nivel internacional. Se procura que el reconocimiento sea entregado solemnemente por alguna personalidad de talla internacional en una ceremonia pública. Malala Yousafzai y Greta Thunberg han sido dos niñas famosas que han obtenido este reconocimiento por su activismo social.

Premio Nobel de la Paz. Distinción internacional que concede cada año el *"Comité Noruego del Nobel"*, a algún individuo u organismo que haya hecho aportes para la construcción de la cultura de la paz en el mundo (mediación de conflictos internacionales, promoción de los derechos humanos, participación en actividades pacíficas, difusión de los más altos valores humanos y espirituales, etc.). Este premio se otorga anualmente en un evento solemne y consiste en la entrega de una medalla conmemorativa, un diploma honorífico y una cantidad pecuniaria que varía en cada edición. Personajes célebres como: Roosevelt, Martin Luther King, la Madre Teresa de Calcula, el Dalai Lama, Rigoberta Menchú, Nelson Mandela, Kofi Annan y Malala; han sido galardonados con este reconocimiento. Instituciones como el Comité Internacional de la Cruz Roja, Amnistía Internacional y la UNICEF, también han sido reconocidas con este premio internacional.

Premisas subyacentes de los programas restaurativos. De acuerdo con el *"Manual sobre programas de justicia restaurativa"*, publicado en Viena por la Organización de las Naciones Unidas en el año 2006, todo programa de justicia penal restaurativo debe aspirar a los siguientes objetivos subyacentes:
A) Que la reparación del daño se garantice cabalmente a la víctima.
B) Que el imputado desarrolle una asunción real de su comportamiento.
C) Que el foro restaurativo garantice la expresión libre de las necesidades y expectativas de todos los involucrados en el "drama penal".
D) Que se involucre en la medida de lo posible a los integrantes de la comunidad, donde se suscitó el evento delictivo.

Prerrogativa inalienable. Dícese de aquel derecho intrínseco fundamental que pertenece a todo individuo de manera innegable, irrenunciable e irrevocable. Estos derechos naturales le son propios al individuo desde su nacimiento y le acompañarán toda la vida; jamás podrán desconocérsele, incluso él mismo no podrá prescindir de ellos. Esta aura garantista, estará adherida a su naturaleza jurídica, desde su nacimiento, hasta su muerte.

Presión política. Actitud de persuasión, manipulación, amenaza, sugerencia incisiva, etc., que un individuo o grupo de individuos, regularmente que ostenta(n) un cargo público o son líderes de alguna asociación civil o movimiento ciudadano, ejercen sobre alguna institución o persona vinculada a un coto de poder de *facto* o de *jure*, con la finalidad de influir en la toma de decisiones, que les lleve a la obtención de un beneficio propio.

Presión social. Influencia constante provocada por una expectativa social, que se ha depositado sobre un individuo o grupo de individuos, para que actúen de determinada manera o asuman un rol consuetudinario.

Los jóvenes son grupos a los que la sociedad de forma tácita y explícita, les exige que sigan ciertos patrones de comportamiento, ejerciendo sobre ellos, una presión social constante. *V.gr.:* tener una carrera, casarse a determinada edad, construir un patrimonio propio, etc.

Es recurrente que muchas personas traicionen sus propios ideales, por seguir el estereotipo o expectativa que la sociedad ha depositado en ellos.

Presoteca. Neologismo alegórico utilizado por el jurista Zaffaroni, que hace alusión de manera despectiva a la cárcel, como una institución de mero depósito de presos, en la que son segregados y clasificados, sin ningún tipo de oficio o beneficio social.

Presunción de culpabilidad. Práctica ilegal que consiste en presentar a un individuo públicamente como responsable de la comisión de un delito, sin antes haber sido juzgado por un tribunal de enjuiciamiento que haya declarado, a través de una sentencia definitiva su responsabilidad penal.

Este tipo de práctica es muy común que se cometa en los medios de comunicación, en los que irresponsablemente se exhibe el nombre y la imagen de una persona prejuzgada como responsable de un delito, adjudicándosele adjetivos y etiquetas de culpabilidad tales como: *homicida, ladrón, violador,* etc.

La presunción de culpabilidad es una mala praxis que también permea en los cuerpos policíacos, a través de la realización de detenciones arbitrarias (inspecciones de rutina), efectuadas a individuos en la vía pública por la sola condición de su apariencia física o por su tipo de vestimenta.

La figura de la *prisión preventiva oficiosa* también ha sido criticada por promover institucionalmente culpabilidad apriorística.

Presunción de inocencia. Principio ontológico que debe regir en todo sistema penal de naturaleza garantista. Este estándar jurídico y axiológico consiste en tratar a todo individuo como inocente, hasta que no se declare su responsabilidad penal a través de una sentencia ejecutoriada.

El principio de *"presunción de inocencia"*, está consagrado en la Constitución Política de los Estados Unidos Mexicanos en su numeral 20, apartado B; el cual reza a su literalidad:

"Derecho de toda persona imputada":

I. *"A que se presuma su inocencia mientras no se declare su culpabilidad mediante sentencia emitida por el juez de la causa"*.

En cuanto a la legislación internacional el principio de presunción de inocencia es reconocido en los siguientes instrumentos internacionales: *Declaración Universal de los Derechos Humanos:*

Art.11. I. "Toda persona acusada de delito tiene derecho a que se presuma su inocencia mientras no se pruebe su culpabilidad, conforme a la Ley y en juicio público en el que se le hayan asegurado todas las garantías necesarias para su defensa".

II. "Nadie será condenado por actos u omisiones que en el momento de cometerse no fueron delictivos según el Derecho Nacional o Internacional. Tampoco se impondrá pena más grave que la aplicable en el momento de la comisión del delito".

Convención Americana sobre Derechos Humanos:

Art. 8. "Toda persona inculpada de delito tiene derecho a que se presuma su inocencia mientras no se establezca legalmente su culpabilidad".

Pacto Internacional de Derechos Civiles y Políticos:

Art. 14. "Toda persona acusada de un delito tiene derecho a que se presuma su inocencia mientras no se pruebe su culpabilidad conforme a la Ley".
Convenio Europeo de Derechos Humanos:
Art. 6.2. "Toda persona acusada de una infracción se presume inocente hasta que su culpabilidad haya sido legalmente establecida".

Pre-trial discovery of documents. Práctica de buena fe, consistente en que las partes involucradas en un conflicto, intercambian la información de la que disponen (documentos, registros, etc.), a efecto de que todos los datos con los se cuenten, sean asequibles y transparentes para todos, favoreciendo con ello, la búsqueda de una alternativa de solución al conflicto.

Este ejercicio, es denominado en algunas legislaciones como *"descubrimiento probatorio"* y consiste en la exigencia bilateral de intercambio de material probatorio, que los intervinientes en un proceso se hacen recíprocamente, para clarificar los hechos y prevenir situaciones supervenientes, permitiéndose con ello llegar a un acuerdo antes de que tenga verificativo el juicio formal.

A menudo el intercambio de información, documentos y pruebas, se convierte en la antesala, para lograr una negociación extrajudicial exitosa, que resuelva la causa de fondo.

Prevaricación. Conducta antijurídica cometida por una autoridad: juez, magistrado, árbitro, que emite una resolución dolosamente, sabiendo previamente que tal sentencia o laudo son injustos y quebrantan la ley. Este tipo de conductas son atribuidas exclusivamente a los servidores públicos, derivado de su falta de diligencia, neutralidad y probidad.

Prevención delictiva. Conjunto de políticas públicas en materia de criminalidad y seguridad pública que tienen como finalidad diseñar estrategias profilácticas para disminuir la incidencia delictiva, promoviendo escenarios que fomenten la armonía social, el orden público y la cultura de paz como ideología sistematizada para lograr la cohesión social y disuadir el fenómeno delictivo en el futuro.

Primera Guerra Mundial. Conflicto bélico que tuvo verificativo de 1914 a 1918, en el que intervinieron múltiples países del orbe: Hungría, Alemania, Bulgaria, Francia, Rusia, Inglaterra, E.U.A, Japón, Bélgica, Rumania, Serbia, entre otros.   Esta Guerra dejó más de 16 millones de pérdidas humanas. El conflicto armado concluyó después de meses de negociaciones, con la *"Conferencia de Paz en Francia"*, en la que se celebró el *"Tratado de Versalles"* en 1919, fecha en que oficialmente quedaría concluida esta guerra histórica sin parangón que trastocó al mundo entero.

Principio de concordia. Axioma que se desprende del artículo 17° constitucional que establece *"que las autoridades deberán privilegiar las salidas alternas (mecanismos alternativos de solución de controversias) sobre las formalidades procedimentales"*. La materialización de una salida alterna cumplimentada en todos sus términos tiene fuerza vinculante legal y efecto *erga omnes,* contra terceros, con lo que se garantiza que una vez agotada la vía alternativa no se podrá exigir de nuevo al deudor por la vía ordinaria, en razón de que tal obligación ya fue cumplimentada.

Principio de confidencialidad. Postulado rector de la justicia alternativa que tiene como finalidad proteger la privacidad e información personal de los intervinientes del conflicto, de tal suerte que no exista riesgo de ser expuestos al escrutinio público. Toda la información que se evoque durante el proceso restaurativo, no podrá ser utilizada *a posteriori* (en caso de que no se alcance el acuerdo) en el juicio ordinario, una vez que sea reanudado. En todo ejercicio restaurativo debe prevalecer un código de ética mutuo entre los participantes.

Principio de consentimiento informado. Parámetro rector de la justicia alternativa que tiene como característica, garantizar que todos los intervinientes, haciendo uso de su autonomía, hayan exteriorizado libremente su voluntad al participar en el ejercicio de avenencia. Cualquier vicio del consentimiento hace nugatorio todo el proceso desde su origen.

Principio de equidad. Parámetro rector de los mecanismos alternativos de solución de controversias que tiene como finalidad garantizar que el facilitador sea un agente neutral que propicie escenarios de imparcialidad para la materialización de la avenencia entre los intervinientes. El talante objetivo del mediador o conciliador dotará a las partes de certeza y confianza para la celebración del acuerdo reparatorio. La equidad de acuerdo a la descripción clásica romanista consiste en *"el arte de dar a cada quien lo que le corresponde"*.

Principio de flexibilidad. Postulado ontológico de la justicia alternativa que tiene como finalidad evitar los formalismos y protocolos innecesarios que entorpezcan la dinámica restaurativa entre los involucrados. Los intervinientes en todo momento deben sentirse libres en su accionar y su actitud debe ser espontánea y proactiva. La justicia alternativa tiene como característica la sencillez en su desarrollo, *a contrario sensu* de la justicia ordinaria que es estructurada y solemne.

Principio de honestidad. Categoría ontológica y axiológica que debe regir a los mecanismos alternativos, que se basa en los principios de veracidad, transparencia, lealtad y buena fe. Toda actitud deshonesta, impropia o malintencionada por parte de los intervinientes llevará al proceso a su fracaso inexorable.

Principio de igualdad entre las partes. Principio rector de los Mecanismos Alternativos de Solución de Controversias que conmina al facilitador (gestionador de la negociación en el conflicto) a que asegure las condiciones óptimas para que los intervinientes dispongan de las mismas oportunidades para lograr un acuerdo de avenencia.

El facilitador deberá empoderar a ambas partes, pero colocándolas en el mismo nivel, a efecto de que logren un acuerdo reparatorio exitoso.

La Ley Nacional de Mecanismos Alternativos de Solución de Controversias, en su artículo 4, inciso V, establece: *"Los Mecanismos Alternativos deberán ser conducidos con objetividad, evitando la emisión de juicios, opiniones, prejuicios, favoritismos, inclinaciones o preferencias que concedan u otorguen ventajas a algunos de los intervinientes"*.

Principio de imparcialidad. Parámetro rector de la justicia alternativa que tiene como finalidad garantizar la neutralidad del proceso por parte del facilitador del mecanismo. Cualquier sesgo o favoritismo por parte del mediador o conciliador hacia a alguna de las partes, será motivo para que el operador sea recusado de su cargo. La imparcialidad en el proceso implica tratar de manera igualitaria a todos los involucrados, dándoles las mismas oportunidades para que expresen sus inquietudes a través de argumentos y contraargumentos, réplicas y dúplicas.

Principio de individualización y particularidad de la pena. Este eje rector de la penología moderna establece que solamente el sujeto que ha cometido el delito, puede ser acreedor a una sanción, la cual no debe trascender a sus familiares o círculo social cercano. Jurídicamente está prohibido que los alcances de la pena, trasciendan más allá del agente activo del delito; sin embargo en la realidad material se advierte la siguiente realidad: escarnio, estigmatización, segregación y toda suerte de penurias que viven las familias de los reos durante su estancia penitenciaria.

Principio de indivisibilidad. Principio ontológico de los Derechos Humanos, el cual alude a que ningún derecho fundamental puede ser fragmentado, atenuado, dividido y ni perder (bajo ninguna circunstancia) su espectro garantista, ya que son unidades jurídicas que el Estado debe garantizar a sus justiciables, de forma integral. Ningún derecho humano puede disociarse o disminuir en sus alcances aplicativos.

Principio de información. Postulado que tiene como objetivo, garantizar que todos los intervinientes de la dinámica de avenencia, accedan de forma directa a todos los datos que se evoquen durante el proceso, así mismo, de estar enterados de cada acontecimiento superveniente que se genere en el devenir del mismo. Desde el comienzo, el facilitador asignado a la causa, estará obligado a explicar e informar a las partes de manera clara y sencilla todo lo que se suscite en el mecanismo, así como los alcances del mismo.

Principio de interdependencia. Condición en razón de la cual se establece que todos los Derechos Humanos están interrelacionados entre sí y se fortalecen recíproca y multilateralmente. Ningún derecho está aislado del otro, ya que todos se retroalimentan entre sí y su sistematización forma un engranaje armónico de unidad.

Principio de interpretación conforme. Parámetro hermenéutico en virtud del cual se conmina a las autoridades a que hagan valer el control de convencionalidad, armonizado con el control de constitucionalidad, a efecto de dotar al justiciable de una gama de derechos de amplio espectro, tanto de fuente internacional, como de fuente local. La interpretación conforme es la sistematización, sinergia y armonización que se realiza de los tratados que versan sobre derechos humanos y del texto constitucional.

Principio de legalidad. Parámetro que debe prevalecer en todo proceso restaurativo, a efecto de garantizar el orden jurídico preestablecido. Si bien es cierto que la justicia alternativa es una ruta independiente de las vías ordinarias de impartición de justicia, también lo es que aquella debe ser avalada por esta. Todo *''acuerdo reparatorio''* o *''suspensión condicional del proceso''* que se celebre en un centro de mediación, deben ser aprobados por el ministerio público o por el juez penal de control, según sea el caso, y una vez cumplidos cabalmente en todos sus términos, tendrán la categoría de cosa juzgada. Ningún acuerdo celebrado por los intervinientes del proceso restaurativo puede ir en contra de los derechos humanos o atentar contra prerrogativas de terceros. Además de su categoría axiológica, el proceso alternativo debe empatar con los parámetros normativos, pues de estos se desprende su preexistencia.

Principio de mínima intervención. Postulado que surge en razón de que el modelo restaurativo, tiene como premisa empoderar a los intervinientes y motivarlos a que de forma directa pongan fin al conflicto, a través de una amigable composición. La naturaleza de la justicia alternativa es ser lo menos invasiva posible, limitándose el Estado a avalar los acuerdos que celebren las partes.

Con este principio ontológico se pretende garantizar un ambiente armónico para el desarrollo del mecanismo alternativo, exento de toda coacción moral en contra de los intervinientes.

El mediador o conciliador debe ceñirse exclusivamente a coadyuvar con las partes, delegándoles el protagonismo a ellas y tornándose él, meramente en una figura de apoyo, facilitadora del proceso.

Principio de necesidad de la pena. Parámetro rector de la política penológica moderna, el cual parte del postulado de que la pena como medida retributiva, solo debe utilizarse como *ultima ratio*, es decir, solo en casos cuya aplicación sea estrictamente necesaria. Este eje rector busca incorporar esquemas de mínima intervención de corte restaurativo, como política criminal penitenciaria.

Principio de no auto-incriminación. Principio de *garantismo penal* que se incorporó en México con la implementación del sistema penal acusatorio, en virtud del cual se prohíbe que el imputado se declare así mismo culpable en el juicio. La prueba confesional (otrora la *''reina de las pruebas''*), ya no es admitida en el sistema vigente, y su razón estriba en evitar que el inculpado sea coaccionado desde la fiscalía para aceptar su responsabilidad penal, de manera viciada.

Excepcionalmente, en el *"procedimiento abreviado"*, en el caso de que el imputado reconozca de forma genuina su culpa y se acompañe de evidencia contundente, este podrá acceder a algún tipo de beneficio de reducción de la pena.

Principio de progresividad. Parámetro rector intrínseco de los Derechos Humanos que establece que estos serán siempre crecientes y abarcantes, ampliando cada vez que sea posible, su espectro normativo de protección universal. Este principio constriñe al Estado a garantizar que los derechos humanos (bajo su tutela), progresivamente amplifiquen sus alcances protectores con el transcurso del tiempo, de manera gradual.

Principio de resocialización. Teleología de todo núcleo penitenciario, que consiste en desarrollar un esquema integral, basado en la educación, el trabajo, el deporte y la cultura, a través de programas focalizados para lograr la reeducación, la readaptación y finalmente la reinserción funcional de los internos a la sociedad.

Principio de subsidiariedad. Esquema binario que poseen algunos sistemas normativos, en los que se ofrecen dos alternativas al justiciable para diligenciar un asunto, que si bien trabajan por causas interrelacionadas, se excluyen mutuamente.

En el sistema jurídico mexicano con la incorporación de la Justicia Alternativa, se creó una bifurcación en la manera de impartir justicia, es decir, el ciudadano (siempre y cuando cumpla las condiciones de procedencia) podrá optar por acudir a una instancia formal para resolver su conflicto o podrá elegir el utilizar una salida alterna a través de un mecanismo alternativo de resolución de controversias; pero no podrá emplear ambos simultáneamente y una vez utilizado alguno de ellos y concluido en todas sus etapas, tendrá la categoría de resolución vinculante formal.

Principio de universalidad. Prerrogativa jurídica en virtud de la cual se establece que una norma que brinda derechos o establece obligaciones, tiene efectos *erga omnes*, es decir, abarca a todos los individuos sin excepción y nadie puede renunciar o sustraerse a ellos. En materia de derechos humanos, este principio garantiza que todo individuo en el orbe gozará de ellos, por el solo hecho de serlo.

Principio de voluntariedad. Postulado que parte de la premisa de que la manifestación de la voluntad externa de las partes en conflicto, debe ser espontánea, autónoma y libre de toda coacción.

En el supuesto de que se acredite algún vicio en el consentimiento, en razón de alguna presión psicológica, amenaza, engaño o manipulación hacia a alguno de los intervinientes, el acuerdo se declarará nulo de pleno derecho.

Principio del debido proceso. Principio de garantismo procesal, en razón del cual, el Estado se constriñe a garantizar que el sistema judicial operará de forma óptima e imparcial, respetando cabalmente todas las formalidades del proceso, brindando a los justiciables una tutela judicial efectiva.

El debido proceso implica que los órganos jurisdiccionales deben seguir rigurosamente todas las disposiciones normativas que establece su legislación orgánica y adjetiva, garantizando una justicia sin dilación, objetiva y científica.

Principio pro-persona (*pro-homine*). Parámetro humanista incorporado en la Constitución Política de los Estados Unidos Mexicanos en su numeral primero, en el año 2011, con la reforma en materia de Derechos Humanos, cuya implicación estriba en conminar a que el juzgador, al aplicar una norma, se cerciore de que esta sea la que le brinde mayor protección al justiciable, estando obligado a hurgar, no solo en las prerrogativas constitucionales, sino también en los tratados internacionales del sistema interamericano de derechos humanos, para hacer valer en sus resoluciones, el derecho que ofrezca mayor espectro garantista a los particulares. Este principio tiene un enfoque antropocéntrico, centrando su atención en el individuo.

Principios Básicos del Uso de Programas de Justicia Restaurativa en Materia Penal. Instrumento internacional publicado por la ONU, a través de su Consejo Económico y Social, en el año 2002, cuya teleología fue crear un parámetro modelo de justicia restaurativa, que sus países signatarios pudieran replicar en el contexto de sus legislaciones locales. Los *"principios básicos"* proponen un esquema universal de comprender y aplicar los mecanismos restaurativos de forma eficaz y humanitaria; que sean complementarios y subsidiarios de los sistemas legales, a los que van dirigido. Este documento tuvo el mérito de dar por primera vez, una definición precisa de lo que debe entenderse por proceso restaurativo, el cual fue definido en su numeral 2°, como: *''todo proceso en que la víctima, el delincuente y, cuando proceda, cualesquiera otras personas o miembros de la comunidad afectados por un delito, participen conjuntamente de forma activa en la resolución de cuestiones derivadas del delito, por lo general con la ayuda de un facilitador''.*

Prisión preventiva oficiosa. Figura polémica del sistema jurídico mexicano, altamente criticada por la doctrina, por considerarla inconstitucional e inconvencional, toda vez que contempla la privación de libertad obligatoria de un individuo, durante el intervalo que dura su proceso, si el delito que se le imputa, corresponde al siguiente catálogo contemplado en el artículo 19° constitucional: *''abuso o violencia sexual contra menores, delincuencia organizada, homicidio doloso, feminicidio, violación, secuestro, trata de personas, robo de casa habitación, uso de programas sociales con fines electorales, corrupción tratándose de los delitos de enriquecimiento ilícito y ejercicio abusivo de* *funciones, robo al transporte de carga en cualquiera de sus modalidades, delitos en materia de hidrocarburos, petrolíferos o petroquímicos, delitos en materia de desaparición forzada de personas y desaparición cometida por particulares, delitos cometidos con medios violentos como armas y explosivos, delitos en materia de armas de fuego y explosivos de uso exclusivo del Ejército, la Armada y la Fuerza Aérea, así como los delitos graves que determine la ley en contra de la seguridad de la nación, el libre desarrollo de la personalidad, y de la salud''.*

Prisión. Es la medida retributiva utilizada por antonomasia en el derecho penal, que consiste en limitar la libertad ambulatoria de un individuo que cometió un delito, a efecto de segregarle de la sociedad, durante un intervalo de tiempo determinado, a efecto de brindarle en reclusión, un tratamiento resocializador.

El Código Penal Federal en su numeral 25°, formalmente sobre la prisión refiere lo siguiente: *"La prisión consiste en la pena privativa de libertad personal. Su duración será de tres días a sesenta años, y sólo podrá imponerse una pena adicional al límite máximo cuando se cometa un nuevo delito en reclusión. Se extinguirá en los centros penitenciarios, de conformidad con la legislación de la materia y ajustándose a la resolución judicial respectiva".*

Procedimiento abreviado. Figura de nuevo cuño, incorporada con la implementación del sistema penal acusatorio en México, que promueve la terminación anticipada del proceso, dinamizando la resolución de los juicios. Exige como condiciones de procedibilidad que el imputado acepte su responsabilidad penal a efecto de acceder al beneficio de disminución de la pena, además de que no exista oposición fundada de la víctima.

Esta figura tiene efectos más prácticos que restaurativos, pues si bien es cierto que el imputado asume su responsabilidad, esta deviene de un interés utilitario y no de una genuina práctica de asunción de responsabilidad penal.

El *"juicio simplificado"*, como es conocido en algunas legislaciones latinoamericanas, busca a través de una *"vía sumaria"*, despresurizar al sistema penal judicial, de la excesiva carga de trabajo que padece.

Su naturaleza jurídica es polémica, pues contradice principios como el *"debido proceso"*, la *"no autoincriminación"* y la *"exhaustividad del proceso penal"*. Algunos tratadistas lo consideran una mera práctica de *"plea bargaining"* (justicia negociada).

Programas de mediación juvenil entre víctimas y ofensores. Proyectos de justicia restaurativa que surgieron a raíz de la exitosa experiencia de los encuentros juveniles de avenencia, realizados en Ontario, Canadá, a mediados de la década de los 70's y que fueron replicados por Estados Unidos, pocos años después, creando centros denominados *"Victim-Offender mediation"*, financiados con donativos comunitarios y subsidios del gobierno.

Actualmente en Estados Unidos, existen registrados más de 300 programas de mediación entre víctimas y ofensores y sus prácticas han sido replicadas en algunos países europeos como España, donde se han implementado programas similares, incluso en esquemas post-penitenciarios.

Programas restaurativos. Dícese de todas aquellas políticas públicas diseñadas por el Estado, con respaldo jurídico y contención institucional, tendientes a desarrollar, promover, difundir y consolidar esquemas de avenencia social en las que los involucrados en un conflicto puedan encontrar modelos autocompositivos para resolver sus controversias, mitigando la hostilidad, coadyuvando en la sanación del tejido social e incentivando la cultura de paz.

Programas sociales restaurativos. Esquematización de políticas públicas diseñadas para paliar los efectos del delito, a través de brindar acompañamiento a las víctimas durante el proceso, asesoría legal y psicológica, contención institucional, apoyo financiero, etc., a efecto de resarcirles el daño que recibieron derivado del *"injusto* *penal"*, asimismo buscan propiciar el acercamiento con su ofensor, a efecto de generar un encuentro restaurativo entre ambos, que permita resolver el conflicto a través de una amigable composición.

Prohibición de ir a un lugar determinado. Orden de restricción emitida de forma fundada y motivada por el Ministerio Público en la etapa de investigación, en contra del probable imputado, a efecto de crear un aura protectora para la víctima u ofendido. La prohibición ambulatoria también puede emanar de una medida cautelar decretada por el juez penal de control, a efecto de proteger a la víctima u ofendido y a los testigos potenciales de cargo; así mismo para evitar que el imputado entorpezca el proceso o intente borrar pruebas o contaminar la escena del crimen.

El Código Nacional de Procedimientos Penales sobre estas figuras refiere: *Art. 137. "Son medidas de protección las siguientes:*
I. Prohibición de acercarse o comunicarse con la víctima u ofendido;
II. Limitación para asistir o acercarse al domicilio de la víctima u ofendido o al lugar donde se encuentre;
III. Separación inmediata del domicilio".
Art. 155. "Tipos de medidas cautelares.
V. La prohibición de salir sin autorización del país, de la localidad en la cual reside o del ámbito territorial que fije el juez;
VI. El sometimiento al cuidado o vigilancia de una persona o institución determinada o internamiento a institución determinada;
VII. La prohibición de concurrir a determinadas reuniones o acercarse o ciertos lugares;
VIII. La prohibición de convivir, acercarse o comunicarse con determinadas personas, con las víctimas u ofendidos o testigos, siempre que no se afecte el derecho de defensa;
IX. La separación inmediata del domicilio".

Proscripción. *"Expulsión de un ciudadano del territorio nacional, en atención a una supuesta o real peligrosidad para el régimen".* *"Medida adoptada por los gobiernos antidemocráticos para evitar* *la presencia de sus adversarios en el país, en el caso de que, por razones de conveniencia, no se decidan a eliminarlos físicamente".* (De Pina, Rafael, "Diccionario de Derecho", 2003).

Provocación social. Incitación tácita o explícita que alguna persona, grupo social o ente, hace públicamente, a efecto de exacerbar los ánimos de las masas, con la finalidad de que este responda a tal instigación y se pronuncie respecto a la misma.

A menudo la provocación social es una estratagema utilizada por líderes públicos para sacar *"raja política"* o sesgar una opinión colectiva. La provocación social ha sido utilizada también para inducir al pueblo a un levantamiento armado o a una sublevación civil.

Proxemia. Es la actitud con la que un individuo gestiona su espacio personal, es decir, el radio de alcance que le circunda sin sentirse invadido por algo o alguien.

La proxemia expresa la forma en la que una persona organiza y estructura su espacio personal y la dinámica interactiva de comportamiento que desarrolla con sus interlocutores en un proceso comunicativo.

En toda sesión de avenencia, el facilitador del mecanismo alternativo debe ser sensible a la necesidad espacial de cada uno de los intervinientes, buscando en todo momento que se sientan cómodos en su espacio personal, en un ambiente de libertad, seguridad y confort.

Proyección psicológica. Frase utilizada en el psicoanálisis que describe el fenómeno en el cual una persona atribuye a otro individuo los defectos o las virtudes que el mismo tiene. Este desplazamiento de percepción es un mecanismo de defensa, conocida como *"la realidad del espejo".*

Carl Jung, denomina a este fenómeno como la *"proyección de la sombra".* Se le denomina proyección de la sombra, cuando se atribuyen categorías negativas a otro, que la persona que emite el juicio también posee. Y proyección de la sombra dorada, cuando un individuo le adjudica a alguien virtudes y cualidades que el mismo tiene.

Prueba indiciaria. Dícese de aquel material probatorio que no tiene una naturaleza específica, sino que se conforma por el conjunto sistematizado de elementos objetivos y subjetivos, que correlacionados por las categorías de tiempo, modo y lugar; valorados por medio de la razón, la lógica y las máximas de la experiencia, pueden inferir o presuponer hechos, que deben ser valorados críticamente por el juez al momento de emitir un dictamen.

Psicología conductual. Rama epistemológica de la ciencia del comportamiento humano, que tiene como objeto de estudio la respuesta conductual que se origina en el individuo en su interrelación cotidiana con el mundo exterior. Esta rama de la psicología propone la reprogramación del comportamiento del individuo para resolver patrones socialmente no funcionales. De acuerdo a esta doctrina, toda conducta puede ser reencauzada si se dota al individuo de las herramientas correctas para mejorar su interacción con su entorno.

Los facilitadores de mecanismos de resolución de conflictos (mediadores, conciliadores y árbitros), deben tener conocimientos mínimos de psicología, para poder gestionar las problemáticas exógenas con las que conviven en su actividad cotidiana.

Psicología inversa. Estratagema de persuasión utilizada conscientemente por algún individuo, a efecto de conseguir que otra persona diga, reconozca o haga algo contrario a lo que originalmente deseaba, pensaba, decía o hacía.

Esta técnica es utilizada por algunos terapeutas, especialmente con personas de talante rebelde (que actúan contradiciendo todo *statu quo*, buscando reafirmar su autonomía) y consiste en decir o proponer algo deliberadamente, para que el interlocutor haga justamente lo contrario y que es en realidad lo que el terapeuta quiere generar. *V.gr.:* decir a alguien que no haga algo ya que seguramente no tiene la capacidad para lograrlo, buscando con ello que la persona que reciba este mensaje, lo haga -incluso contra su voluntad- solo para reafirmar su autoestima y aliviar su ego herido.

Psicología transgeneracional. Enfoque terapéutico que tiene como finalidad estudiar los comportamientos que un individuo ha heredado de sus ascendientes, y que condicionan la forma en cómo se relaciona con el mundo.

Para la psicología transgeneracional, muchos de los patrones emocionales no resueltos, son situaciones que fueron heredadas por el clan del árbol genealógico, es decir, adquiridas genéticamente.

Estudiar la constelación familiar, permite tener una comprensión más holística de los factores que han influido en un patrón conductal familiar repetitivo, a efecto de poder sanarlo, integrarlo y trascenderlo.

Publicación especial de sentencia. Es una pena accesoria que a petición de la víctima y bajo la aprobación del juez penal, consiste en publicar en periódicos de amplia circulación, la sentencia total o parcial que fue promulgada en la causa, ello con la finalidad de limpiar el honor de la víctima o del ofendido del delito. Los costos que esta diligencia conlleven serán a cargo del imputado.

La publicación especial de la sentencia también podrá ser solicitada por el propio imputado, cuando el fallo de la causa que se le fincó, sea absolutorio o cuando se emita *a posteriori*, una declaratoria de reconocimiento de inocencia.

Puerta giratoria en el sistema penal. Frase alegórica acuñada en la jerga penal que refiere al fenómeno de ingreso y egreso reiterado de un individuo en la institución carcelaria.

Esta frase no solo alude a la reincidencia delictiva, sino que expresa irónicamente la facilidad con la que una persona puede eludirse de la acción de la justicia una y otra vez por argucias *"leguleyas"*, generando con ello en la sociedad una percepción de corrupción e impunidad tanto del sistema penal, como del subsistema penitenciario.

Pulsión. Neologismo utilizado por el padre del psicoanálisis Sigmund Freud, con el que hace alusión a todas aquellas descargas de energía psíquica que emite un individuo para alcanzar un fin o satisfacer una necesidad interna.

En criminalística forense se estudian las pulsiones del individuo que cometió un delito, a efecto de comprender los móviles que le llevaron a su materialización. En una sesión restaurativa penal, las víctimas a menudo expresan su necesidad de conocer las pulsiones (intenciones) que llevaron al agresor a perpetrar el delito en su contra. Cuando el agente activo exterioriza de forma transparente sus móviles conductuales y expresa un arrepentimiento genuino y la asunción de la responsabilidad de su comportamiento antisocial, se está en la antesala para lograr un acuerdo reparatorio exitoso.

Racismo. *"Cualquier distinción, exclusión, restricción o preferencia basada en la raza, color, descendencia u origen étnico o nacional, que tenga el propósito o efecto de invalidar o perjudicar el reconocimiento, goce o ejercicio, en situaciones iguales, de los derechos humanos y libertades fundamentales en el campo político, económico, social, cultural o cualquier otra área".* (Convención Internacional sobre la Eliminación de todas las formas de Discriminación Raciales, ONU, 1963).

Rafael Garófalo. Destacado abogado y criminólogo italiano, fundador de la *"Nuova Scuola"*, fue acreedor de múltiple condecoraciones por sus estudios sobre el positivismo penal jurídico, desde un enfoque psicológico y antropológico.
Influenciado por la doctrina de Lombroso, consideraba que ciertos individuos poseen condiciones delictivas innatas. Para este pensador, el hombre-criminal, es una subespecie estancada en la cadena evolutiva humana. Su producción literaria fue copiosa y fue uno de los principales pensadores en utilizar el vocablo *"criminología"*, dotando de cientificidad a este concepto, por lo es considerado el *"Padre de la Criminología Moderna"*.

Rapport en la mediación. Es el talante de disposición psicológica, sintonía, comprensión y comunicación asertiva que se da entre los intervinientes durante una dinámica de mediación o conciliación entre el facilitador y una de las partes o entre las partes en conflicto, que posibilita la comunicación fluida entre los interlocutores, la escucha activa y la retroalimentación edificante, que lleva a materializar una negociación exitosa.

Rebus sic stantibus. Frase latina cuya traducción es: *"siempre y cuando las cosas sean así".* Esta locución hace referencia a que todo convenio debe respetarse cabalmente, siempre y cuando las circunstancias originales se mantengan estables durante el periodo fijado para su cumplimiento. Si durante un convenio, algo fortuito se presenta, afectando la realidad de los intervinientes, no se podrá exigir que se mantenga el mismo vínculo; antes bien este deberá adecuarse a las nuevas circunstancias. *V.gr.:* en un convenio derivado de una *"suspensión condicional del proceso"* se ha exigido que una persona se presente físicamente cada tercer día a un centro de rehabilitación, pero ésta persona en este ínter sufre un accidente que le deja paralítico; naturalmente en este supuesto, no se podrá alegar incumplimiento del convenio, ya que se presentaron circunstancias *de fuerza mayor* que modificaron las condiciones materiales, para su cumplimiento. En este supuesto, el principio *pacta sunt servanda* (el convenio se hizo para cumplirse), podrá ser justificado con la cláusula *rebus sic stantibus* (siempre y cuando las circunstancias no hayan cambiado).

Rechazo social. Actitud fáctica o tácita en razón de la cuál una comunidad, congregación o grupo social, excluye de hecho a un individuo o grupo de individuos, impidiéndole(s) intervenir en las actividades propias de ese grupo o comunidad, segregándoles de las mismas, con actitudes de estigmatización o prohibiciones concretas de participación e interacción social.

El rechazo social tiene dos formas de manifestación:
Rechazo social pasivo: indiferencia, estigmatización, vejación, anulación moral, etc.
Rechazo social activo: prohibición de acceder a ciertos lugares, desconocimiento de derechos, exclusión de actividades sociales, etc.

Recomendación de la Comisión de Derechos Humanos. Libelo formal redactado por la Comisión Nacional o Estatal de Derechos Humanos, el cual es dirigido a la autoridad a la que se le adjudica una responsabilidad, en razón de que se le interpuso una queja por la violación a un derecho fundamental de un ciudadano, la cual fue debidamente acreditada. Este documento conmina a dicha autoridad a que en la medida de lo posible resarza el daño señalado por la *visitaduría especializada* y acreditado por la *comisión dictaminadora.*

Las recomendaciones emitidas por las Comisiones de Derechos Humanos, sugieren los mecanismo de reparación del daño, incluso las sanciones a las que podrían ser acreedores quienes cometieron la trasgresión, sin embargo, su naturaleza no es vinculante para dicha autoridad.

Este tipo de ejercicios extrajudiciales, se clasifican como *"prácticas restaurativas de soft law"*.

Reconciliación. Acción de volver a avenir algo que se polarizó por un conflicto. A nivel individual, la reconciliación permite resolver la discordia con otra persona, retomando la armonía que existía antes de que se generara el quiebre en la relación.

Reconocimiento de inocencia. Figura post-procesal en virtud de la cual se le concede la libertad inmediata a una persona sentenciada, que está purgando una pena en un núcleo penitenciario, en razón de que después de la emisión de la sentencia, surgieron nuevos datos probatorios que acreditaron su inocencia, por lo que la autoridad, *ipso facto*, determina absolverle de la causa.

La Ley nacional adjetiva de la materia sobre este particular refiere:

"El reconocimiento de inocencia, procederá cuando después de dictada la sentencia, aparezcan pruebas de las que se desprenda, en forma plena, que no existió el delito por el que se dictó la condena o que, existiendo éste, el sentenciado no participó en su comisión, o bien cuando se desacrediten formalmente, en sentencia irrevocable, las pruebas en las que se fundó la condena". (Art. 486 del Código Nacional de Procedimientos Penales).

"En caso de que se dicte reconocimiento de inocencia, en ella misma se resolverá de oficio sobre la indemnización que proceda. La indemnización solo podrá acordarse a favor del beneficiario o de sus herederos, según el caso". (Art. 490 del Código Nacional de Procedimientos Penales).

Reconstrucción del tejido social. Política pública de promoción de esquemas autocompositivos y heterocompositivos para gestionar conflictos que se generan en la dinámica social, alterando el bien común o poniendo en riesgo la cohesión social.

El fomento de la cultura de paz y la utilización de mecanismos alternativos de solución de controversias en el entramado social, erigen un modelo de justicia restaurativa, cuya teleología es recomponer los tejidos sociales dañados por el delito en sus múltiples manifestaciones.

Reconstrucción ideológica. Reprogramación que se hace de una teoría inicial, la cual va sufriendo cambios en la medida que se van presentado fenómenos o variables exógenas que hacen necesaria su adecuación sobre la marcha.

Esta idea aplica para leyes modelos que inician con un patrón normativo que se va reformando progresivamente en la medida que van surgiendo nuevas hipótesis no contempladas originalmente, las cuales se van integrando progresivamente, abrogando conceptos anteriores o depurando los mismos.

El Derecho es una ciencia de gran dinamismo, en tanto cambia constantemente, debiendo adecuarse a cada coyuntura nueva que emerge en la realidad social.

Recusación arbitral. Prerrogativa que tienen las partes involucradas en un proceso arbitral de solicitar abdicación del árbitro de la causa, por advertir en él algún sesgo, parcialidad o predisposición sobre el asunto que se le sometió, que ponga en entredicho su talante de neutralidad.

Las principales causas de recusación de un árbitro son:

1. El acreditarse algún vínculo familiar, de amistad o afectivo con alguna de las partes involucradas.

2. El acreditarse animadversión manifiesta con alguna de las partes.

3. Haber tenido un vínculo legal previo al proceso arbitral con alguna de las partes (denuncia, demanda, querella, etc.).

4. Ser o haber sido en el pasado, tutor, fiador, acreedor, deudor solidario, etc., de alguno de los intervinientes.

Redes de apoyo social. Organización gremial de individuos que comparten afinidades, creadas con la teleología de brindarse asistencia mutua (económica, psicológica, institucional, moral, etc.), a efecto materializar un vínculo de solidaridad y contención al que puedan acudir los individuos que pertenezcan a ese grupo específico, con la certeza de que recibirán apoyo directo o transversal.

Las redes de apoyo pueden ser formales, aquellas que reciben algún recurso por parte del Estado, como redes de apoyo a comunidades indígenas, inmigrante, adultos mayores, personas con capacidades diferentes, adolescentes en conflicto con la ley, etc.; y también existen redes de solidaridad informales creadas por las propias personas con finalidades principalmente altruistas, tales como entrega de víveres a personas que viven en pobreza extrema, grupos gratuitos de alcohólicos anónimos, visitas a asilos, entrega de recursos (ropa, juguetes, comida, etc.) a indigentes y niños de la calle, etc.

Reenfoque del conflicto. Ejercicio que lleva a cabo un conciliador durante un mecanismo alternativo de solución de controversias, en el que propone, una vez escuchadas las partes involucradas en la desavenencia y analizando todos los matices del conflicto originario, presentar al conflicto como una área de oportunidad, en la que los intervinientes puedan obtener un aprendizaje edificante y una experiencia valiosa, si se logra obtener un acuerdo de resolución.

Referéndum. Figura incorporada en algunos textos constitucionales latinoamericanos, que consiste en hacer una consulta formal a la ciudadanía, a efecto de decidir sobre la derogación parcial, abrogación total o ratificación de un texto normativo vigente.

En México no existe la figura del referéndum *per se*, aunque eventualmente se han hecho consultas ciudadanas, pero sin fuerza vinculante. Algunos constitucionalistas consideran que el referéndum está legitimado en México, en razón de lo que establece el numeral 39° constitucional: *"La soberanía nacional reside esencial y originariamente en el pueblo. Todo poder público dimana del pueblo y se instituye para beneficio de éste. El pueblo tiene en todo momento el inalienable derecho de alterar o modificar la forma de su gobierno"*.

Reformulación del plan de reparación. Es la oportunidad que se le brinda tanto a la víctima, como al victimario, para que planteen una contrapropuesta en el plan de reparación del daño, que se ajuste a los intereses legítimos de cada uno de los intervinientes, afianzando un esquema genuino de justicia restaurativa.

El plan de reparación del daño debe ser cocreado de forma conjunta por todos los interesados (víctima u ofendido, imputado, facilitador en su carácter de conciliador, ministerio público y el juez penal de control), quiénes podrán sugerir ideas para la materialización de un plan de reparación, pertinente, suficiente, coherente e integral.

Reformulación. Es la solicitud hecha por alguno de los intervinientes en el ejercicio alternativo para replantear su idea y pretensión, por considerar que su primera exposición no fue lo suficientemente diáfana o completa, y necesita reestructurarse, añadiendo nuevos detalles o exponerla en otros términos que se ajusten de forma más precisa a sus ideales, sentimientos o expectativas.

Reformular ideas es un derecho ilimitado que poseen ambas partes y que podrán hacerlo valer durante el derrotero del proceso, las veces que sea necesario, siempre y cuando ello coadyuve a lograr el éxito del proceso restaurativo. La reformulación de preguntas por parte del facilitador se sugiere, cuando él mismo estime que el cuestionamiento hecho no fue preciso o puede considerarse sesgado.

Reforzamiento positivo psicológico. Proceso de estimulación cognitiva, en virtud del cual se busca afianzar un comportamiento específico de un individuo, a través de la promesa de un premio o beneficio que se le daría si ejecuta tal acción. *V.gr.:* mostrar buena conducta en la estancia carcelaria, para acceder a un beneficio preliberacional.

Todo facilitador de un proceso alternativo (mediador, conciliador, árbitro), deberá tener conocimientos generales de psicología forense, que le permitan utilizar técnicas de reforzamiento positivo y de empoderamiento emocional de los intervinientes, con la finalidad de optimizar y alcanzar el éxito en el proceso restaurativo de avenencia.

Régimen jurídico nacional. Estructura normativa que da contención al Estado de Derecho de un país, a través del conjunto de leyes positivas, coercitivas, vigentes y bilaterales que regulan el funcionamiento del entramado social, el *statu quo* y la armónica convivencia entre los ciudadanos y la relación de estos con las autoridades.

Nuestro sistema jurídico mexicano tiene un esquema constitucional democrático y tripartita, a través de un pacto federal, en el que se erige su soberanía nacional.

Reglas de Beijín. Instrumento internacional promulgado por la ONU en el año 1985, en el que se plasmaron parámetros orientadores que fueran referentes para sus países signatarios en el desarrollo de modelos de impartición de justicia para menores en conflicto con la Ley.

Este documento parte de los principios ontológicos del respeto al *"interés superior del infante"*, el enfoque de Derechos Humanos, las medidas socioeducativas como tratamiento, la mínima intervención y la utilización de esquemas alternativos-restaurativos.

El instrumento establece que deberá priorizarse las salidas alternativas por encima de las formalidades procesales; y que en caso de que la sentencia para el menor sea privativa de libertad, siempre podrán considerarse medidas desconfinamiento. Esto último de acuerdo a lo que establece el Art. 18.1.

"Para mayor flexibilidad y para evitar en la medida de lo posible el confinamiento en establecimientos penitenciarios, la autoridad competente podrá adoptar una amplia diversidad de decisiones. Entre tales decisiones, algunas de las cuales pueden aplicarse simultáneamente, figuran las siguientes:
a) Órdenes en materia de atención, orientación y supervisión;
b) Libertad vigilada;
c) Órdenes de prestación de servicios a la comunidad;
d) Sanciones económicas, indemnizaciones y devoluciones;
e) Órdenes de tratamiento intermedio y otras formas de tratamiento;
f) Órdenes de participar en sesiones de asesoramiento colectivo y en actividades análogas;
g) Órdenes relativas a hogares de guarda, comunidades de vida u otros establecimientos educativos".

Reglas de Tokio. Instrumento internacional promulgado por la ONU en 1990, en el que se establecieron parámetros orientadores para sus países signatarios, respecto a la forma de diseñar esquemas restaurativos, por encima de las medidas no privativas de libertad. En este documento se insistió en la importancia de atenuar el *ius puniendi* estatal, a través de la incorporación de políticas públicas de prevención delictiva, asimismo, la incorporación de figuras de alternavidad procesal y postprocesal, que reduzcan la utilización de esquemas retributivos. Esto en consonancia con lo que se señala su numeral 2.3:

"A fin de asegurar una mayor flexibilidad, compatible con el tipo y la gravedad del delito, la personalidad y los antecedentes del delincuente y la protección de la sociedad, y evitar la aplicación innecesaria de la pena de prisión, el sistema de justicia penal establecerá una amplia serie de medidas no privativas de la libertad, desde la fase anterior al juicio hasta la fase posterior a la sentencia".

Reglas mínimas para el tratamiento de los reclusos de las Naciones Unidas, sobre prevención del delito y tratamiento del

delincuente. (Ginebra, 1957). Primer instrumento publicado por la ONU, a través de su *Consejo Económico y Social*, en el que estableció un parámetro con principios humanitarios que deben seguir sus estados signatarios, respecto a la forma de desarrollar los procesos de readaptación social que deben recibir todos los internos que estén purgando una pena privativa de libertad.

Este documento estableció por primera vez, que la pena privativa de libertad, debe ser una medida de *ultima ratio* y lo menos lesiva posible, señalando que los centros carcelarios no deben ser espacios de castigo y segregación, sino núcleos apropiados de tratamiento penitenciario, en los que se le ayude al interno multidisciplinariamente, en su proceso de reinserción social.

Reglas Nelson Mandela. Instrumento Internacional de naturaleza penitenciaria, que fue promulgado por la ONU en el año 2015, intitulado *"Reglas Mínimas de la Naciones Unidas para el Tratamiento de los Reclusos"*, al que se le añadió el subtítulo: *"Reglas Nelson Mandela"*, en homenaje al gran humanista y ex-mandatario sudafricano, que estuvo encarcelado injustamente por más de 27 años, como consecuencia de su lucha reivindicatoria en la defensa de los derechos de su pueblo.

Estas reglas pretenden garantizar los estándares en la optimización de los tratamientos de readaptación de los reos, con enfoque en Derechos Humanos y con talante restaurativo, que incorporen *Mecanismos de Solución de Controversias Intrapenitenciarias*, tal como lo sugiere la Regla 38.1:

''Se alienta a los establecimientos penitenciarios a utilizar, en la medida
de lo posible, la prevención de conflictos, la mediación o cualquier otro
mecanismo alternativo de solución de controversias para evitar las faltas
disciplinarias y resolver conflictos''.

Reincidencia delictiva. Práctica antijurídica atribuida a un individuo, que consiste en volver a cometer el mismo hecho criminal, del que ya se había purgado una pena en el pasado. La reincidencia delictiva es la antinomia de la readaptación social y el fracaso del sistema retributivo carcelario, toda vez que el artículo 18° constitucional establece que *"el sistema penitenciario se organizará sobre la base del respeto a los derechos humanos, el trabajo, la capacitación para el mismo, la educación, la salud y el deporte como medios para lograr la reinserción del sentenciado a la sociedad y procurar que no vuelva a delinquir"*.

La reincidencia delictiva es una de las problemáticas que más asechan al derecho penal, ya que trae aparejado otros conflictos como: ruptura del tejido social, revictimización social, aumento en los índices delictivos y hacinamiento carcelario.

Reinserción social. Es el conjunto de prácticas rehabilitadoras que de forma integral y sistematizada se desarrollan al interior de los núcleos penitenciarios, con la finalidad de que los internos inicien su proceso de readaptación y reincorporación al núcleo social del que fueron segregados por la comisión de un evento delictivo.

A través de programas especializados: terapéuticos, de acompañamiento, de concienciación, apoyo familiar, educativos, culturales, deportivos, sociales, laborales, artísticos y recreativos, se busca que los reos que están purgando una pena al interior del sistema penitenciario desarrollen aptitudes que les permitan a su egreso, reintegrarse a la sociedad de manera funcional y armónica como consecuencia del proceso reeducativo que recibieron durante su estancia carcelaria.

El éxito de la reinserción social se da cuando el individuo, otrora privado de su libertad, reingresa a la dinámica social, sin que en lo ulterior se manifieste una reincidencia delictiva.

Relación multilateral. Vínculo jurídico que implica la correlación de diversos actores, instituciones o Estados, en razón del cual cada uno de los intervinientes tiene compromisos y derechos, con respecto al resto.

Re-mediación. Práctica posterior a la celebración del mecanismo de avenencia, en la cual se reestructura el *"acuerdo reparatorio"* o la *"suspensión condicional del proceso"*, en virtud del surgimiento de una causa superveniente inesperada o aleatoria que lleva al replanteamiento del convenio original, modificando sus cláusulas.

Remisión de la pena. Figura contemplada en múltiples legislaciones penitenciarias latinoamericanas que es considerada una práctica restaurativa, en virtud de la cual, se le ofrece al reo la disminución o transmutación de su pena privativa de libertad, a cambio de que realice ciertas tareas que incidan positivamente en su proceso de reinserción social. *V.gr.:* Reducción de un día en la cárcel, por cada dos días de trabajo.

Las autoridades penitenciarias podrán desarrollar programas restaurativos (*derecho premial*), los cuales deben ser aprobados por el juez de supervisión penitenciaria (juez de ejecución penal) adscrito al núcleo carcelario.

Remordimiento. Es el sentimiento intrínseco de culpa que siente un individuo en su consciencia por haber hecho o dejado de hacer algo; que viene acompañado de un arrepentimiento y de un juicio interno de reproche que le asecha incisivamente en su fuero interno. Cuando el remordimiento es secundado por el arrepentimiento, el individuo en ocasiones opta por ejecutar actos para remediar su conducta originaria o revertir sus efectos.

Reproche social. Es el justo reclamo que la sociedad le hace al delincuente por su conducta antijurídica con la que ha vulnerado el bien público y la armonía colectiva.

En el Derecho penal existen dos tipos de sujetos titulares del juicio de reproche: el particular y el universal, el primero es quien recibe directamente la afectación en su bien jurídico tutelado y el segundo es la sociedad misma, quien se ve afectada colateralmente por el evento delictivo.

El juicio de reproche social se hace formalmente a través de la representación del ministerio público, quien es la institución legitimada para investigar y perseguir los delitos.

Repudio social. Rechazo generalizado expresado abiertamente por una masa crítica de individuos respecto a una conducta que es considerada *a priori*, abyecta u ominosa. *V.gr.:* repudio social por los actos de racismo que ha recibido la comunidad afroamericana, en los últimos años por parte de la policía de proximidad.

Resiliencia. Vocablo utilizado en la psicología, el cual hace alusión a la capacidad que tiene un individuo para extraer aprendizajes positivos de experiencias negativas. La resiliencia es una habilidad de la inteligencia emocional, en virtud de la cual una persona aprende a recuperarse de situaciones adversas, transformándolas en enseñanzas edificantes que podrá utilizar en el futuro.

Resistencia volitiva. Talante que surge en la estructura psíquica del *"yo"*, que deriva en un comportamiento reacio, en el cual el individuo que lo manifiesta, se niega a ceder ante una presión externa. Por orgullo, obstinación o terquedad, la mente diseña patrones de autodefensa, con la finalidad de protegerse de lo que considera, manipulaciones o seducciones externas. El instinto de lucha lleva al individuo a vivir competencias simbólicas, emocionales, verbales o físicas, para imponerse al otro y satisfacer ese instinto atávico de supervivencia.

Respeto. Es la actitud de valoración, consideración, aprecio y decoro, con la que un individuo, se conduce hacia otra persona, ente o institución, reconociéndole su importancia, la cual le expresa a través de un trato especial y digno. El respeto es considerado una virtud y una capacidad de la inteligencia emocional, basado en la integridad moral y que fomenta la armonía, la fraternidad, la solidaridad y la paz entre los actores que integran un entramado social.

Resultado restaurativo. Teleología de todo mecanismo alternativo de solución de controversias, el cual se materializa exitosamente cuando el sujeto activo, a través de la asunción de su responsabilidad, repara íntegramente (material, jurídica y moralmente) al sujeto pasivo en su bien jurídico tutelado, quien al sentirse resarcido, le libera de toda carga penal, resolviéndose con ello la causa y reconstruyéndose el tejido social que fue erosionado por el delito.

Retractarse de la acusación. Es el acto formal en virtud del cual la víctima u ofendido o el testigo o testigos de cargo se desdicen de su dicho (denuncia o declaración), que habían efectuado en un principio en contra de un probable responsable de la comisión de un delito.

En cuanto a la retractación de una declaración emitida por un testigo de cargo, la Suprema Corte ha declarado jurisprudencialmente, que si no existe una causa justificada en la retractación, su primer dicho quedará incólume y tendrá valor probatorio indiciario.

Revalorización del conflicto. Dinámica del proceso restaurativo, que tiene como teleología transformar la percepción de la dimensión conflictual, que tienen las partes respecto al mismo.

A través de una redirección en la manera de enfocar el conflicto, se atisban perspectivas de solución, visualizando áreas de oportunidad, para una vez atendidas y resueltas, extraer aprendizajes que brinden herramientas para gestionar nuevos conflictos en el futuro.

Revocación de la *"suspensión condicional del proceso"*. Es la decisión fundada y motivada tomada por el juez penal de control de dejar sin efecto el acto jurídico en el cual se estructuró el plan de reparación del daño, asumido por el imputado, debido a su incumplimiento provisional en razón a una causa atribuible a este. Los efectos de la revocación de la *"suspensión condicional del proceso"* surten efectos *ex tunc*, es decir retrotraen la causa al momento procesal donde se suspendió, para reactivar de nuevo el proceso penal ordinario en contra del imputado.

Respecto a esta disposición, el Código Nacional de Procedimientos Penales, en su numeral 198° establece lo siguiente: *''Si el imputado dejara de cumplir injustificadamente las condiciones impuestas, no cumpliera con el plan de reparación, o posteriormente fuera condenado por sentencia ejecutoriada por delito doloso o culposo, siempre que el proceso suspendido se refiera a delito de esta naturaleza, el Juez de control, previa petición del agente del Ministerio Público o de la víctima u ofendido, convocará a las partes a una audiencia en la que se debatirá sobre la procedencia de la revocación de la suspensión condicional del proceso, debiendo resolver de inmediato lo que proceda''*.
.

Richiesta de un mecanismo alterno. Es la solicitud formal *motu proprio* que hace uno de los intervinientes durante el proceso penal (siempre y cuando se reúnan los requisitos de procedibilidad), para optar por una salida alterna al juicio.

Rigoberta Menchú. Activista guatemalteca, de descendencia maya, denodada defensora de los derechos humanos de las comunidades indígenas. Desde pequeña sufrió toda suerte de vejaciones, discriminación y violencia étnica; debido a la guerrilla civil que privaba en su país en la década de los 70's, en la que murieron sus padres y muchos miembros de su comunidad. Ha sido una reconocida líder del movimiento de reivindicación de los grupos indígenas; fue víctima de persecución política, hasta su exilio a México en 1981. En el año 1992 fue galardonada con el Premio Nobel de la Paz, siendo la primera persona indígena en la historia en recibir este reconocimiento mundial. Participó proactivamente en el instrumento internacional intitulado *"Declaración de los Derechos de los Pueblos Indígenas"*, promulgado por la ONU en el 2007. Actualmente participa en múltiples foros en los que sigue defendiendo los derechos de las comunidades campesinas y el empoderamiento de los valores culturales indígenas.

Rito procesal. Es el conjunto de formalismos rigurosos que lleva a cabo el juzgador de forma taxativa, respetando de forma irrestricta el *principio de legalidad*, a efecto de garantizar el desarrollo solemne del debido proceso.

La solemnidad procesal garantiza la certeza jurídica, pero a menudo también densifica los procesos, tornándolos demasiado lentos y barrocos.

Robert Alexy. Jurisconsulto alemán, considerado uno de los filósofos del derecho, más preclaros e influyentes en la actualidad y uno de los que más han aportado a la *"teoría de la argumentación jurídica"* y a la *"teoría moderna de los derechos humanos"*.

Es considerado el creador de la *"teoría de la ponderación de derechos"*, cuyo método hermenéutico es utilizado en la actualidad por innumerables tribunales constitucionales en Latinoamérica. Ha sido acreedor a múltiples reconocimientos académicos y doctorados *honoris causa*. Su doctrina ha llegado a Iberoamérica, debido a las traducciones del alemán al castellano que ha hecho el famoso filósofo Manuel Atienza.

Secretariado Ejecutivo del Sistema de Seguridad Pública. Organismo autónomo creado con la finalidad de darle seguimiento a la extinta *SETEC* (Secretaría Técnica), que operó durante el proceso de instauración, seguimiento, capacitación y afianzamiento del sistema penal acusatorio en México.

Este organismo sistematiza y coordina las políticas públicas en materia de seguridad pública, a través de capacitación institucional, elaboración de muestreos estadísticos, impulso de programas, seguimiento y supervisión de los operadores del sistema, coordinación de foros, fomento de participación ciudadana, medición de resultados, análisis cualitativos, generación de iniciativas, afianzamiento de programas, canalización de recursos, etc.; todo ello con la finalidad de fortalecer al *Sistema Nacional de Seguridad Pública* y coadyuvar con la consolidación del sistema de justicia penal.

Segregación social. Exclusión fáctica, jurídica o tácita que se hace de un individuo o grupo de individuos de la dinámica social, por considerarles indeseables, en razón de ostentar alguna ideología, creencia, costumbre, práctica o actitud, diferente a la de las mayorías.

La segregación social es una suerte de proscripción de hecho, en la cual se aparta injustamente a una persona o grupo de personas de alguna actividad, de forma discriminatoria, inmoral y en ocasiones hostil.

Segunda Guerra Mundial. Considerada la guerra más devastadora de toda la historia de la humanidad. Tuvo verificativo entre el periodo comprendido de 1939 a 1945, con la participación de aproximadamente 45 países del mundo; dejando más de 60 millones de pérdidas humanas.

El holocausto perpetrado por los nazis, sobre el pueblo judío y la detonación de bombas nucleares sobre las ciudades japonesas de

Hiroshima y Nagasaki, fueron dos de las experiencias más aterradoras que dejó este evento.

El culmen de esta guerra se dio con la creación de la ONU (Organización de las Naciones Unidas), cuya encomienda fue crear una cumbre internacional de avenencia para evitar que en el futuro se desatara otro conflicto bélico similar.

Seguridad pública. Política pública que de forma supracoordinada entre los tres ámbitos competenciales de gobierno: federal, local y municipal, tiene la finalidad de promover administrativa, jurídica y operativamente las condiciones de prevención, contención y combate contra la delincuencia, a efecto de garantizar el orden público, la armonía social y la paz pública.

Servicio comunitario. Práctica restaurativa que se le ofrece a un individuo que ha cometido un delito o una falta administrativa, a efecto de que compense a la sociedad, a través de un ejercicio resarcitorio de reparación del daño, el cual consiste en desarrollar actividades que redunden en un beneficio a la comunidad, tales como:
I.- Hacer actividades de aseo en la vía pública (podar jardines, pintar paredes, reciclar materiales, etc.)
II.- Colaborar con actividades en museos o bibliotecas públicas.
III.- Ayudar en hogares de asistencia social: niños con déficit de aprendizaje, asilos, personas con discapacidad, etc.
IV.- Apoyar en eventos públicos: desfiles, conmemoraciones, homenajes, días festivos, etc.
V.- Desarrollar cursos, talleres o tutorías en escuelas de regularización, cursos de verano, etc.

El plan de reparación del daño debe ser aceptado voluntariamente por la persona que desarrollará las actividades y solo será permitido para resarcir conductas de bajo impacto social. Este tipo de esquemas está focalizado principalmente para el *Sistema Integral de Justicia Penal para Adolescentes*, el cual tiene como finalidad ser un modelo sin sesgo retributivo y de naturaleza socioeducativa.

Sesgo social. Percepción precalificada que ostenta un grupo, comunidad o Estado, respecto a un asunto del cual se ha esgrimido tácitamente una preconcepción dogmática inamovible.

El sesgo social surge a menudo por actividades egocéntricas de férreas ideologías, profundamente arraigadas en el subconsciente de una comunidad. *V.gr.:* el histórico conflicto geopolítico entre israelíes y palestinos, en el que ambos estados se adjudican la responsabilidad y defienden su causa, la cual consideran heroica y justa.

Sevicia. Actitud de saña, crueldad y sadismo con la que un individuo (agente activo), se conduce hacia otro individuo (agente pasivo). Este tipo de crueldad regularmente se manifiesta de forma múltiple: verbal, física o emocional, evidenciado una depravación psicológica por parte de quien infringe esta conducta. Este tipo de práctica es común en los esquemas de violencia intrafamiliar y en el Código Civil Federal es considerada causal de divorcio.

Simpatía. Talante con el que una persona se dirige a otra para mostrarle su agrado, solidaridad, aprobación, validación o afecto, regularmente exteriorizado de manera espontánea, con la finalidad de obtener la confianza del interlocutor.

La simpatía es una característica de la inteligencia emocional que facilita a un individuo, correlacionarse óptimamente con alguien más, de forma armónica, respetuosa y afable.

Sistema carcelario abierto. Esquema penitenciario híbrido entre el enfoque retributivo y el restaurativo de la pena, que tiene como finalidad tornarse en una Institución alejada del castigo y convertirse en un espacio de práctica microsocial en donde los internos adquieran habilidades sociales que puedan extrapolar a lo macrosocial.

Los esquemas carcelarios abiertos buscan la menor lesividad posible para los reos, a través del principio de *"mínima intervención"*, alejados de estereotipos de segregación penitenciaria.

Las cárceles abiertas, defienden la idea de que la reclusión absoluta es neurotizante y de poca ayuda al proceso de readaptación y reinserción del reo.

Los internos en semilibertad tienen una estancia breve en los núcleos penitenciarios y esta se aprovecha al máximo a través de programas socioeducativos concretos a los que se someten voluntariamente los internos.

Sistema carcelario privado. Iniciativa presentada en el año 2010 por el otrora Presidente de la República, Felipe Calderón Hinojosa, la cual legitimó la privatización de algunos núcleos carcelarios, con la supuesta finalidad de brindarle a los reos, un mejor servicio en su proceso de readaptación y reinserción social. La privatización del sistema penitenciario pretende aliviar la problemática del hacinamiento carcelario, y a su vez ofrecer una infraestructura de mayor calidad en la construcción de nuevos centros penitenciarios.

En México actualmente existen diez Centros de Readaptación Social de naturaleza privada, distribuidos en las siguientes Entidades federativas: Ciudad de México, Sonora, Oaxaca, Guanajuato, Morelos, Coahuila y Chiapas.

Sistema de ejecución penal. Estructura orgánica, operativa y normativa que tiene como finalidad regular todo lo concerniente al modelo penitenciario de prisión preventiva e internamiento de reos, en los rubros de readaptación social, medidas de seguridad, mediación intrapenitenciaria, esquemas preliberacionales, conmutación de penas, traslado de reos, extradiciones, logística penitenciaria, sistematización de datos, organización de conferencias nacionales, etc.

Sistema inquisitivo tradicional. Modelo de impartición de justicia penal que tiene como característica la formalidad escrita de cada una de las actuaciones; dotando al Ministerio Público de gran liberalidad para investigar y perseguir el delito, desarrollar diligencias *motu proprio*, sin necesidad de aprobación por parte de la autoridad judicial.

En este sistema, el ministerio público goza de fe pública y la prueba confesional es considerada *"la reina de las pruebas"*. Las audiencias suelen programarse en diferentes tiempos, haciendo lentos los procesos. El juez puede no estar presente en las audiencias y delegar actividades al secretario de acuerdos u otro actuario. Las etapas del proceso penal inquisitivo se dividen en: averiguación previa, emisión del auto de formal prisión, sujeción a proceso o libertad, etapa de instrucción, juicio penal y ejecución de la pena.

Sistema Nacional de Atención a Víctimas. Figura institucional incorporada en la Ley General de Víctimas que tiene como teleología, crear una red nacional que sistematice una planeación estratégica integral de todos los ejes prioritarios del derecho victimal.

Sobre esta institución el numeral 79° de la Ley General de víctimas refiere:

''El Sistema Nacional de Atención a Víctimas será la instancia superior de coordinación y formulación de políticas públicas y tendrá por objeto proponer, establecer y supervisar las directrices, servicios, planes, programas, proyectos, acciones institucionales e interinstitucionales, y demás políticas públicas que se implementen para la protección, ayuda, asistencia, atención, acceso a la justicia, a la verdad y a la reparación integral a las víctimas en los ámbitos local, federal y municipal. El Sistema Nacional de Atención a Víctimas está constituido por todas las instituciones y entidades públicas federales, estatales, del Gobierno de la Ciudad de México y municipales, organismos autónomos, y demás organizaciones públicas o privadas, encargadas de la protección, ayuda, asistencia, atención, defensa de los derechos humanos, acceso a la justicia, a la verdad y a la reparación integral de las víctimas. El Sistema tiene por objeto la coordinación de instrumentos, políticas, servicios y

acciones entre las instituciones y organismos ya existentes y los creados para la protección de los derechos de las víctimas''.

Sistema Nacional para el registro electrónico de salidas alternas en materia penal. Base de datos nacional que compila toda la información estadística de los MASCMP que se llevan a cabo en las sedes ministeriales, sedes judiciales e Institutos de Justicia Alternativa, tanto a nivel federal, como a nivel de las entidades federativas.

A efecto de tener una sistematización digital (*big data*), cuantitativa actualizada y de consulta inmediata para todas las autoridades e institutos que suministren información, el Centro Nacional de Información, deberá cerciorarse que cada informe capturado contenga:

I.- Fecha de integración del expediente.

II.- Identificación del expediente.

III.- Entidad Federativa.

IV.- Municipio, Alcaldía o Demarcación territorial.

V.- Nombre del facilitador.

VI.- Estatus en que se encuentra el expediente, que podrá ser:

a) En proceso de invitación (incluye desde que se integra el expediente, hasta que se envía la invitación).

b) Trámite (desde que ambos intervinientes firman el consentimiento informado). c) Fecha de acuerdo.

d) Seguimiento del acuerdo.

e) Conclusión anticipada.

f) Cumplimiento.

g) Incumplimiento.

VII. Fecha de conclusión del expediente del órgano.

VIII. Resultado final del asunto y fecha.

IX. Dato de cumplimiento o incumplimiento del acuerdo y la autoridad que emitió dicha resolución.

X. Datos de los intervinientes.

XI. Delito por el que se tramitó el acuerdo.

XII. Forma de comisión del delito (doloso o culposo).

XIII. Mecanismo alternativo de solución de controversia aplicado.

Sistema penal acusatorio. Modelo jurídico estructural de impartición de justicia penal, que parte de la premisa de la equidad procesal, en la que el órgano de acusación (ministerio público) y el órgano técnico de defensa (defensor penal público o privado), a través de un ejercicio dialéctico y en igualdad de oportunidades exponen su *"teoría del caso"* ante un juez neutral, quien valora los elementos fácticos, jurídicos y probatorios, presentados por las partes, con la finalidad de emitir una resolución fundada y motivada, apegada a estricto derecho. El sistema penal acusatorio es integrativo y busca evitar el monopolio de la acción penal por parte del ministerio público, dotando a cada operador de funciones específicas, dentro de un marco legal de naturaleza garantista, teniendo como parámetros rectores los principios de: publicidad, concentración, contradicción procesal, continuidad e inmediación *ex oficio*.

Sistema penitenciario restaurativo. Proyecto piloto que se está implementando en algunos núcleos carcelarios europeos, particularmente en Noruega, Bélgica y Holanda, que pretende abandonar el otrora sistema penitenciario de segregación y castigo, mudando hacia un modelo de atención integral a los internos, dignificándoles como individuos y dotándoles de todas las herramientas que coadyuven en sus procesos de readaptación social, a efecto de que puedan reincorporarse a la sociedad de manera funcional.

Estos modelos pretenden crear un nuevo paradigma en el tratamiento de los reos. Su enfoque es antropocéntrico y su sistema de operación sigue la metodología de cárceles semiabiertas de emulación micro-social.

Sistema penitenciario. Estructura orgánica punitiva creada por el Estado, que tiene como finalidad tornarse en un centro de reclusión de todos aquéllos individuos que se les ha comprobado a través de una sentencia ejecutoriada que han cometido, una conducta típica, antijurídica, punible y culpable, siendo segregados de la sociedad, a efecto de purgar una pena privativa de libertad y recibir un tratamiento *ad hoc* que les dote de herramientas para lograr una readaptación social que les facilite (una vez concluido su tratamiento) el poder reintegrarse de nuevo a la dinámica social de manera funcional.

La Constitución Política de los Estados Unidos Mexicanos, en su numeral 18° establece: *"El sistema penitenciario se organizará sobre la base del respeto a los derechos humanos, del trabajo, la capacitación para el mismo, la educación, la salud y el deporte como medios para lograr la reinserción del sentenciado a la sociedad".*

Sistema procesal penal de cuarta vía. Nombre que algunos teóricos han utilizado para referirse al modelo superador del sistema acusatorio, que incorpora figuras de nuevo cuño, tales como los mecanismos alternativos de solución de controversias, la figura del juez de ejecución penal, los principios de mínima intervención, esquemas de garantismo penal, etc.

Uno de los principales exponentes de esta doctrina es Reyes Salas, quien considera que actualmente la gran mayoría de los sistemas procesales latinoamericanos ya no son acusatorios *per se,* y aunque tienen sus postulados esenciales, ya no son puros y han evolucionado a *''esquemas de cuarta vía''.*

Sistema procesal penal mixto. Esquemas de hibridación del modelo inquisitivo y del modelo acusatorio que toma ideas y prácticas de ambos. Su naturaleza ecléctica lo torna en un modelo flexible y superador de los dos que individualmente le integran. En Latinoamérica, la gran mayoría de los sistemas acusatorios actuales, aún tienen figuras del modelo inquisitorio (actuaciones escritas, audiencias privadas, prisión preventiva, etc.), siendo por ello muy difícil encontrar en el derecho contemporáneo, un modelo procesal penal puro, sin influencia o resabios de otro sistema anterior e incluso coetáneo.

Sobreseimiento de una causa penal. Figura contemplada en el derecho penal adjetivo, en virtud de la cual se da por terminada la acción penal, poniendo fin a la misma en razón de que:
I.- Se comprueba que el evento delictivo nunca ocurrió objetivamente.
II.- Se considera que la acción perseguida es atípica y por consecuencia no punible.
III.- Se acredita una causa de justificación penal.
IV.- Durante el intervalo de la investigación se abroga el delito, materia de persecución.
V.- Se establece que no se tienen elementos probatorios suficientes para atribuir una responsabilidad penal a un individuo.

Sociedad pluralista. Frase con la que se define a un núcleo social en donde convergen múltiples ideologías, idiosincrasias, etnias, grupos heterogéneos, tribus urbanas, movimientos religiosos, etc., generando un enriquecimiento de intercambio cultural para todo el entramado.

El respeto, la tolerancia, la fraternidad, la consideración, la solidaridad, etc., son valores que permiten la armónica subsistencia de una sociedad pluralista como la mexicana.

Soft law. **"Derecho blando".** Frase utilizada en la jerga jurídica que hace alusión a todo bloque normativo que no posee fuerza vinculante. También hace referencia a aquéllas resoluciones que emiten algunas autoridades a manera de *"recomendaciones"*, sugiriendo perspectivas de solución, pero que no son obligatorias y que por consecuencia son acatadas parcialmente o a discreción por la persona o entidad destinataria de la misma. V.gr.: las recomendaciones que emiten las Comisiones de Derechos Humanos, son consideradas de *"derecho blando"*, pues no tienen la potestad para hacerlas valer de forma coactiva. También muchos de los dictámenes que emiten algunos tribunales internacionales son considerados con la categoría de *soft law*, por la razón de que no se puede vulnerar la soberanía de un Estado, obligándole a cumplir un mandato exterior.

Sometimiento expreso al mecanismo alternativo. Es la exteriorización de la voluntad, en virtud de la cual las partes del proceso, renuncian a la justicia ordinaria y deciden participar voluntariamente en un mecanismo alternativo de solución de controversias, aceptando sus alcances y consecuencias, sabedores que de materializarse el convenio, tendrá la categoría de *"cosa juzgada"*, generándose con ello el sobreseimiento de la causa y materializándose el principio *"non bis in ídem"*.

Sororidad. Es el talante de solidaridad, empatía, fraternidad y hermandad que comparten las mujeres entre sí, para empoderar sus causas y fomentar sus luchas de reivindicación social. El espíritu de cooperación, afinidad, emancipación patriarcal, ayuda mutua y sinergia hacen de la sororidad la insignia de múltiples movimientos feministas que privan en el mundo.

Statuo quo. Frase latina que se traduce como *"el estado de las cosas"*. Esta locución se utiliza en la ciencia política, económica, sociológica y jurídica para hacer referencia a la situación que prevalece en un espacio y tiempo determinado de forma estable, sin cambios, por considerarse que es la mejor condición qué existe, y consecuentemente el Estado busca prolongarla por el mayor tiempo posible, sin que sufra alteración.

Subcultura carcelaria. Conjunto de actitudes grupales que se desarrollan al interior de los núcleos penitenciarios, a través de una suerte de ideología que se instala colectivamente en el subconsciente de la comunidad de reos.

También conocida como *"prisionalización"*, es el conjunto de costumbres, hábitos, prácticas, rituales, gesticulaciones, expresiones y conductas que se generalizan e introyectan entre todos los internos, a través de su utilización cotidiana.

La subcultura carcelaria trastoca a todos los presos, después de un periodo más o menos prolongado de reclusión.

Sun Tzu. Filósofo chino nacido en el siglo V a.C., considerado un *"Maestro Elevado"*, pasó a la posteridad por su obra magna: *"El arte de la Guerra"*, opúsculo de estrategia y táctica militar, plegado de metáforas, que explica en múltiples principios que las mejores victorias en las batallas, son aquellas en las que no se lucha; que las alianzas son mejores que las segregaciones; y que es mejor conocer los defectos y debilidades propias, que desgastarse en escudriñar las ajenas. Ante la inexorabilidad del conflicto, este filósofo enseña que el arte de la guerra, es en realidad el arte de la paz.

Suspensión Condicional del Proceso. Figura alternativa intraprocesal, de naturaleza restaurativa, la cual consiste en celebrar una negociación entre las partes involucradas en un conflicto penal, en virtud de la cual, al imputado del delito se le imponen una serie de condiciones que debe cumplir durante un lapso de tiempo determinado, generando que el proceso penal quede provisionalmente suspendido, a efecto de que el sujeto activo cumpla cabalmente con esas condiciones autoaceptadas en un plan detallado de reparación del daño, el cual una vez cumplido en su totalidad, extingue la acción penal, generando el sobreseimiento de la causa.

El plan de reparación del daño debe satisfacer los intereses de la víctima u ofendido y debe ser aprobado por el juez penal que esté conociendo la causa. Esta figura alternativa solo procede para delitos cuya media aritmética, (es decir, la sumatoria de la pena mínima del delito, más la pena máxima descrita en el tipo penal, dividida entre dos) no exceda de cinco años.

El plan de reparación del daño que debe cumplir el imputado, debe estar diseñado para materializar un proceso genuino: reparatorio para la víctima, resocializador para el imputado y restaurativo para la sociedad; por lo que tales condiciones impuestas al imputado pueden ir desde abstenerse de frecuentar ciertos lugares, someterse a programas de rehabilitación, tomar terapias psicológicas, brindar servicio a la comunidad, etc. Este esquema de condiciones debe ser sugerido por la víctima, por el juez de control, por algún especialista que se consulte externamente (psicólogo, trabajador social, etc.), y por el propio imputado del delito.

Suspensión de garantías constitucionales. Estado de excepción en el Derecho constitucional, el cual permite que ciertas garantías individuales y sociales puedan ser suspendidas provisionalmente, a efecto de hacer frente a una problemática de escala nacional y que solamente puede ser contrarrestada si se toman estas medidas excepcionales.

Esta previsión está formalmente contemplada en el artículo 29° de la Carta Magna, la cual sobre este tenor refiere: *''En los casos de invasión, perturbación grave de la paz pública, o de cualquier otro que ponga a la sociedad en grave peligro o conflicto, solamente el Presidente de los Estados Unidos Mexicanos, con la aprobación del Congreso de la Unión o de la Comisión Permanente cuando aquel no estuviere reunido, podrá restringir o suspender en todo el país o en lugar determinado el ejercicio de los derechos y las garantías que fuesen obstáculo para hacer frente, rápida y fácilmente a la situación; pero deberá hacerlo por un tiempo limitado, por medio de prevenciones generales y sin que la restricción o suspensión se contraiga a determinada persona''.*

Sustitutivos de la prisión. Figura contemplada en el derecho penitenciario en razón de la cual se busca diseñar esquemas punitivos menos lesivos para la persona sentenciada por un delito, procurando -cuando la propia norma lo habilite- transmutar la pena originalmente privativa de libertad por otra de menor afectación para el sentenciado, tales como el trabajo a favor de la comunidad, semilibertad en vigilancia, tratamiento en libertad, presentación periódica al centro penitenciario, multa, supervisión a través de un dispositivo electrónico, etc.

En delitos graves queda prohibida la sustitución de la pena y el sentenciado en este caso deberá purgar su pena privativa de libertad en un reclusorio.

Técnica de la silla vacía. Ejercicio de presocialización desarrollado por los terapeutas de la corriente psicológica Gestalt (aunque en la actualidad es utilizado por otras expertos de otras ramas de la psicología, incluyendo a especialistas en mediación), que consiste en montar un escenario en el que el individuo pueda practicar un diálogo con alguien de manera proyectiva y que en ese momento está ausente. El especialista coloca frente a la persona, una silla vacía y le conmina a que visualice a su interlocutor y le exprese todas sus emociones y expectativas, como si realmente estuviera presente, a efecto de liberar su carga emocional, todo ello para cuando posteriormente se genere el encuentro real, este sea más sencillo y fluido. A menudo se le pide al participante que se cambie de lugar y se coloque en la silla vacía, *"poniéndose en el lugar del otro"* y que responda como si fuera esa persona, buscando con esto, que se genere una comprensión y empatía con la postura de su interlocutor.

En mediación, este ejercicio puede efectuarse en la sesión de *"caucus"* o cuando el facilitador lo estime pertinente.

Técnica hoponopono. Ejercicio terapéutico utilizado ancestralmente por la cultura polonesa y que fue empleado por el Dr. Hew Len, en los pabellones carcelarios de Hawái, logrando le reinserción de un elevado porcentaje de reos de la Isla. La *''técnica hoponopono''* consiste en proporcionar a los internos, herramientas de meditación autoreflexiva, a efecto de que puedan lograr el autoperdón, la asunción de la responsabilidad de sus actos, sanación emocional y el cambio conductual en la forma de relacionarse con su realidad.

Esta práctica de naturaleza autorestaurativa se ha popularizado en múltiples centros de tratamiento y readaptación social.

Tejido social. Estructura jurídica, política y social cuyo entramado está compuesto por el conjunto de ciudadanos, instituciones, asociaciones, ideologías, símbolos identitarios, leyes, convencionalismos sociales, culturas, tradiciones, modelos económicos y poderes de *facto*, que se interrelacionan entre sí para formar un núcleo social cohesionado, cuyo ente se autorregula a sí mismo, con la finalidad de buscar el bien público y la armonía social.

Tensión bélica. Latencia de un conflicto entre dos o más naciones, que puede derivar en un conflicto armado. La tensión bélica surge por lo regular cuando una nación, se conduce hacia otra, empleando amenazas, amagando con el envío de tropas armamentísticas, cerrando fronteras, finalizando abruptamente tratados internacionales, clausurando embajadas, desarrollando ocupaciones militares, publicando discursos beligerantes, etc.

Organismos internacionales como la ONU, la OEA y la Unión Europea, fueron creados *ex profeso*, entre otras cosas, para hacer las veces de mediadores entre las naciones, a efecto de evitar guerras potenciales que pongan en riesgo la paz mundial.

Tentativa. Vocablo que en el derecho penal alude a la acción exteriorizada que realiza el agente activo para perpetrar un delito, pero que por circunstancias aleatorias o fortuitas, ajenas a su voluntad, no se consuma materialmente, quedando en un intento; lo cual no le exime de responsabilidad penal y su conducta será perseguida por el Estados través de su maquinaria ministerial.

Teoría causalista del delito. Teoría del derecho penal que estudia la conducta delictiva en razón del nexo causal que se produce en el mundo material, es decir, centra su foco de atención principalmente en la causa y no tanto en la consecuencia del delito, considerando que esta última es solo el efecto natural de la acción inercial que desplegó el agente activo.

Esta teoría estudia los elementos subjetivos del delito, es decir, la preterintención, la intención, la ideación, la deliberación cognitiva, la resolución de cometer el injusto penal, etc., es decir, todo el elemento volitivo que surge en la mente criminal, antes de su ejecución en la realidad material externa.

Teoría contractualista. Doctrina del pensamiento jurídico político, que explica la dinámica de interacción social, refiriendo que la sociedad y el Estado han hecho un pacto tácito e implícito en virtud del cual, los ciudadanos ceden ciertos derechos al Estado, para que este administre y organice la maquinaria estatal, a efecto de lograr la armonía social, a través de un organigrama que garantice el *statu quo* y el correcto funcionamiento y evolución del Estado.

La teoría contractualista establece que aunque el Estado tiene el eje rector de la dinámica social, debe respetar los actos jurídicos que celebren las partes, siempre y cuando sean lícitos, ello en consonancia con el clásico axioma: *"la voluntad de las partes es la ley suprema"*. Este último axioma que rige a la justicia alternativa, dota a las partes de total autonomía para que puedan llegar a acuerdos, prescindiendo de las instituciones jurisdiccionales del Estado.

Teoría de conflictos. Corriente moderna del pensamiento sociológico que tiene como objeto de estudio *lato sensu* las múltiples expresiones del conflicto, derivadas de relaciones de poder hegemónico entre el Estado y la ciudadanía y las problemáticas entre particulares *versus* particulares. Esta doctrina atisba en el conflicto propiamente dicho: su naturaleza, orígenes, desenvolvimiento, manifestaciones exógenas, mecanismos de consenso, perspectivas de solución, etc., asimismo analiza holísticamente las estructuras sociales y su interrelación organizativa, con la intención de identificar los focos detonadores de los conflictos en latencia o en manifestación y proponer soluciones funcionales de viable implemento.

Teoría de juegos. Doctrina con enfoque multidisciplinar que tiene como teleología, analizar el comportamiento estratégico de ciertos individuos o grupos en la toma de decisiones determinantes, cuya valoración permita pronosticar y proyectar sus probables alcances. Esta teoría se utiliza para predecir negociaciones y buscar estrategias para que todos los participantes, obtengan el mayor beneficio en la resolución de un conflicto, en el que originalmente convergen múltiples intereses disímiles.

Teoría de la prevención especial negativa. Doctrina de penología que considera que la pena privativa de libertad tiene una finalidad meramente utilitaria: mantener segregado al delincuente del núcleo social. Para esta teoría, la cárcel neutraliza al criminal, le mantiene bajo escrutinio constante y ya sin libertad ambulatoria le anula física, psíquica y moralmente.

Teoría de la prevención especial positiva. Doctrina de penología que centra su atención en el proceso reeducador del delincuente y su ulterior reinserción social. Para esta teoría, el interno debe recibir no solo un castigo, sino un tratamiento multidisciplinar que coadyuve con su rehabilitación. Los defensores de sus postulados consideran que un reo que se regenera de forma genuina, dejará de ser reincidente, para convertirse en un nuevo ciudadano funcional.

Teoría del caos. Doctrina popularmente conocida como *"teoría del efecto mariposa"*, que niega cualquier principio determinista, señalando que toda variación de un fenómeno, por nimio que sea, puede producir cambios inesperados que son imposibles de predecir, incluso conociendo sus condiciones originales. Para esta teoría hay múltiples sistemas impredecibles, debido a su fluctuación aleatoria e incierta.

El comportamiento humano es por ejemplo una categoría que no se puede determinar en el futuro, debido a las innumerables cantidades de factores, que puede modificar su curso de manifestación.

Teoría del conflicto social. Doctrina sociológica que tiene como objeto de estudio el análisis de las principales problemáticas que se suscitan en la dinámica social: problemas interpersonales, religiosos, culturales, ideológicos, políticos, fácticos, normativos, epistémicos, etc.

La teoría del conflicto social estudia las relaciones de poder e incompatibilidad que se da entre los grupos sociales y que trae como consecuencia algún conflicto, a efecto de escudriñar en su origen, naturaleza, características intrínsecas, formas exógenas de manifestación, así como las alternativas potenciales de avenencia.

Esta corriente del pensamiento se correlaciona con la *"teoría de juegos"* y las *"teorías de negociación"*, que escudriñan en la dinámica interactiva de las estructuras sociales.

Teoría del contrato social. Doctrina sociológica que pretende explicar el origen y funcionamiento de la dinámica del Estado como ente jurídico y político. Esta teoría fue desarrollada por el filósofo y politólogo Juan Jacobo Rousseau, explicando la génesis del aparato estatal, como consecuencia de un pacto social tácito que consiste en la cesión de derechos que el pueblo delega a algunos individuos, quienes representarán al Estado, organizarán a la sociedad y administrarán los bienes públicos. Los ciudadanos ceden su poder y libertad parcialmente, entregando parte de sus recursos (tributos fiscales) a cambio de que el Estado le brinde protección, seguridad y satisfactores sociales. El contrato social es tácito y los ciudadanos cumplen sus cláusulas de forma natural e implícita. Cuando el Estado hace un uso excesivo de ese poder que le fue conferido, su actuación puede derivar en esquemas de absolutismo político (tiranía).

México ha adoptado la filosofía política del pacto social, desde el origen de su sistema democrático independiente, lo que le ha valido para garantizar la armónica evolución de su estructura social.

Teoría finalista del delito. Doctrina del pensamiento penal, cuyo principal exponente fue Hans Welzel y que tiene como foco de estudio el elemento volitivo del delincuente, estudiando los fines que persiguió al cometer una conducta típica, antijurídica y culpable.

Esta teoría pretende escudriñar en la génesis del móvil criminal para comprender la naturaleza ontológica del delito.

La teoría finalista del delito centra su atención en la fase interna del *iter criminis*, es decir, en el aspecto subjetivo del delito: la ideación del evento criminal, la deliberación y ponderación de sus alcances y la resolución de cometerlo que toma el agente activo.

Teoría jurisdiccional del arbitraje. Tesis doctrinal que defiende la estructura institucional y formal del arbitraje, atribuyendo una categoría judicial a esta figura. Los defensores de esta teoría consideran que el arbitraje no está ajeno a la intervención estatal, pues si bien es cierto que el arbitraje no sigue la rigidez de un proceso legal propiamente dicho, sus laudos si deben ser ratificados por el Estado, quien les dota de legitimidad. Esta doctrina asevera que el arbitraje no es un mecanismo alternativo, sino una dinámica jurisdiccional *sui generis*.

Teoría psicodinámica de la personalidad. Modelo explicativo del comportamiento humano desarrollado por Sigmund Freud, el cual considera que toda conducta se desenvuelve en relación a una interacción de tres estructuras mentales: el *"ello"* (la parte mental instintiva del individuo), el *"superyó"* (la autoridad moralizante de la mente humana), y el *"yo"* (la parte preconsciente de la mente, que regula las pulsiones del *"ello"* y los juicios autoritarios del *"superyó"*). Para el psicoanálisis todo conflicto surge del desequilibrio que se genera de la interacción de estas tres estructuras mentales.

La *"teoría de conflictos"* analiza prolijamente la psicodinámica de la personalidad, con la finalidad de atisbar en los patrones en los que se desenvuelve la dinámica conflictual

Teoría pura del Derecho. Doctrina jurídica desarrollada por el filósofo del Derecho Hans Kelsen, a mediados del siglo XX, la cual pondera al Derecho, como una ciencia autónoma, independiente de cualquier influencia moral, sociológica, política, etc.

Para esta teoría, el Derecho es una creación científica que debe estar ajena a todo tipo de concepciones metajurídicas. Su talante es *iuspositivista* y describe la estructura jurídica como una jerarquía normativa (de ahí el origen de la teoría de la pirámide kelseniana), cuyo modelo ha sido adoptado por México, desde el origen de su historia constitucional, teniendo a la Carta Magna como ley suprema, a la que se subordinan todas las leyes secundarias.

Terapia familiar sistémica. Metodología psicológica que analiza la dinámica de la familia, sus interrelaciones, flujo de comportamiento, relaciones de subordinación y poder, etc.; con la finalidad de escudriñar en los conflictos personales y grupales que se generan en el núcleo familiar y que son extrapolados a las relaciones sociales.

Esta terapia busca que el individuo sane la constelación de su sistema familiar y transforme los conflictos que se generan en su interrelación con el exterior.

Terapia Gestalt. Tratamiento psicológico que tiene como finalidad reencauzar las conductas autodestructivas de los pacientes, de tal suerte que puedan reprogramar sus patrones de comportamiento, a través del perdón, la liberación de energía psíquica, el reconocimiento, la expresión asertiva y la congruencia, mediante la resignificación de las experiencias y la forma de enfocar emocionalmente nuevos contextos.

Terza Scuola. Doctrina del pensamiento penal que emergió en Italia como una postura ecléctica entre los postulados de la escuela clásica y los postulados de la escuela del positivo penal.

Esta corriente de estudio del derecho penal toma ideas de sendas escuelas y crea una hibridación entre ambas. Entre sus principales ideas destacan:
-La negación del *"libre albedrío total del delincuente"* al cometer una conducta criminal.
-Considera que el crimen es una categoría personal y social a la vez.

-Centra su foco de atención en el delincuente, más que en el delito mismo.

-Asume un talante científico en el estudio del fenómeno criminal.

-Toma en cuenta la imputabilidad moral del delincuente.

-Considera que el Estado es corresponsable de múltiples conductas criminógenas cometidas por los particulares.

Test de proporcionalidad. Es una técnica hermenéutica de ponderación entre dos derechos aparentemente antagónicos, que permite que cuando haya una desavenencia entre una norma de instrumentación y un derecho fundamental, el juez realice una valoración objetiva de los alcances de ambas categorías, para de manera racional, procurar alcanzar un punto intermedio de avenencia entre ellas, de manera pertinente y ecléctica, siguiendo los principios de la lógica jurídica.

***Testis unus, testis nullus.* "Testigo solo, testigo nulo".** Aforismo latino que hace alusión a la poca validez probatoria que tiene una acusación que se sostiene por un solo testigo directo (presencial) o indirecto (*"de oídas"*), sin ser acompañado por otro testimonio o secundado con material probatorio complementario.

En el Derecho Romano se consideraba que la participación de un solo testificador en juicio, no era suficiente para tener certeza sobre el hecho testificado, pues podría tratarse de un testimonio sesgado o prefabricado.

En nuestro sistema jurídico mexicano, no se aplica este criterio, pues todo testimonio que aporte información para el conocimiento de la verdad histórica de la causa, es admitido, aunque puede ser examinado por la contraparte a través de interrogatorios.

Thomas Kuhn. Erudito estadounidense multifacético: (científico, filósofo y sociólogo), autor del célebre libro: *"La estructura de las revoluciones científicas"*, en el que empleó por primera vez el vocablo *"paradigma social"*, con el cual se refiere a un modelo de pensamiento aceptado de forma unánime por la comunidad científica y que se inserta en la práctica de una realidad para resolver problemáticas con nuevos desafíos epistémicos.

En la sociología jurídica se utiliza este término abstracto para referirse a un cambio substancial en la estructura normativa y que permite hacer frente a temas coyunturales de frontera.

La justicia restaurativa es considerada un paradigma superador de la justicia adversarial.

Trabajo o servicio a favor de la comunidad. Metodología de justicia restaurativa, en virtud de la cual, se le permite a una persona que cometió un delito menor o una infracción, compensar su conducta antisocial, brindando servicios gratuitos a la sociedad: en la vía pública, en centros escolares, sociales, culturales, asistenciales, etc.

Este tipo de actividades se incorporan en los planes de reparación del daño de múltiples *"suspensiones condicionales del proceso"*, y también son empleadas como penas socioeducativas en el sistema integral de justicia penal para adolescentes; o como compensaciones a faltas administrativas.

Las actividades a favor de la comunidad pueden ir desde pintar bardas o banquetas, podar árboles, sanear calles, limpiar espacios públicos, apoyar en asilos y orfanatos, montar algún curso, brindar apoyo a instituciones públicas o privadas, etc.

La autoridad que apruebe el plan de reparación del daño, deberá cerciorarse que las actividades impuestas, sean proporcionales, pertinentes y guarden relación con la conducta antisocial desplegada por el agente activo o infractor.

Transacción. *"Contrato por el cual las partes haciéndose recíprocas concesiones, terminan una controversia presente o previenen una futura".* (Art. 2944 del Código Civil Federal).
"Será nula la transacción que verse:
I. Sobre delito, dolo y culpa futuros;
II. Sobre la acción civil que nazca de un delito o culpa futuros;
III. Sobre sucesión futura;

IV. Sobre una herencia, antes de visto el testamento, si lo hay;
V. Sobre el derecho de recibir alimentos".
(Art. 2950 del Código Civil Federal).

Transculturalidad. Dinámica social que permite la convergencia de diferentes grupos culturales que cohabitan en un mismo territorio, sin que exista desavenencia o conflicto de intereses entre ellos, generándose como consecuencia un enriquecimiento ideológico en el intercambio de perspectivas.

La transculturalidad fomenta el reconocimiento del otro, la dignificación de lo divergente y la unicidad de lo multidiverso.

Transgresión social. Dícese de aquellas conductas que quebrantan la armonía social y que son clasificadas la gran mayoría de las veces como delictivas, deteriorando el tejido social y poniendo en entredicho la armonía estatal.

Todo quebrantamiento de normas jurídicas, convencionalismos, patrones morales, costumbres sociales, son consideradas transgresiones al bien común.

Transversalidad en la mediación. Dinámica de coparticipación en virtud de la cual se involucran múltiples instituciones, incluso de diferentes órdenes de gobierno (educativas, culturales, sociales, jurídicas, etc.), además de asociaciones civiles, ONG, etc., a efecto de retroalimentar y optimizar de manera multidisciplinar los procesos restaurativos, siempre y cuando el órgano oficial que lleve a cabo la mediación o la conciliación (con el consentimiento de los intervinientes), soliciten y aprueben su participación.

Tratado Americano de Soluciones Pacíficas. "Pacto de Bogotá". Instrumento internacional que fue promulgado en 1948 en el contexto del culmen de la Segunda Guerra Mundial, en el que los líderes de la gran mayoría de los países del continente americano se reunieron en la Cumbre Internacional de Bogotá para diseñar un convenio de cooperación, que permitiera crear estrategias de resolución de controversias, a través de mecanismos alternativos, como la mediación, la conciliación, el arbitraje, los buenos oficios, los círculos restaurativos, etc.

Este tratado internacional fue pionero al crear metodologías de avenencia entre las potencias que pertenecen a la OEA (Organización de Estados Americanos). Sin duda, la devastación que dejó la guerra mundial, provocó una herida profunda en el entramado social internacional, que los países americanos no deseaban replicar ulteriormente.

Tratado Internacional. Convenio bilateral o multilateral suscrito entre dos o más países signatarios, que al firmarlo y ratificarlo, se obligan a cumplir sus disposiciones en sus términos, excepto las cláusulas de reserva que se expresen literalmente en el documento.

Los tratados internacionales son de naturaleza jurídica, por lo que resultan *a priori* vinculantes para los Estados contratantes, siendo regidos por las fuentes del derecho internacional.

Tratamiento para inimputables. Figura contemplada en la mayoría de los códigos penales, que consiste en establecer el tipo de condena-tratamiento que tendrán las personas que no tienen la capacidad para comprender sus actos, por padecer de algún trastorno mental u otra condición similar, por lo que consecuentemente no pueden ser acreedoras a un juicio de reproche social, debido a su incapacidad cognitiva y volitiva; debiendo entonces ser derivadas a un centro de internamiento especial, en el que puedan recibir un tratamiento médico, psicológico o psiquiátrico, adecuado a su condición particular.

Tratos crueles, humanos y degradantes. Expresión utilizada en materia de derechos humanos que de forma abstracta, engloba toda práctica física, moral, emocional o de cualquier otro tipo, que ejerza una autoridad y atente o sea hostil contra la integridad de una persona.

El instrumento internacional que regula esta temática es justamente la *"Convención Contra la Tortura y otros tratos o penas crueles, inhumanas o degradantes"*, que entró en vigor el 26 de junio de 1987, la cual en su numeral 1°, sobre este concepto, expone la siguiente definición:

"Se entenderá por el término "tortura" todo acto por el cual se inflija intencionadamente a una persona dolores o sufrimientos graves, ya sean físicos o mentales, con el fin de obtener de ella o de un tercero información o una confesión, de castigarla por un acto que haya cometido, o se sospeche que ha cometido, o de intimidar o coaccionar a esa persona o a otras, o por cualquier razón basada en cualquier tipo de discriminación, cuando dichos dolores o sufrimientos sean infligidos por un funcionario público u otra persona en el ejercicio de funciones públicas, a instigación suya, o con su consentimiento o aquiescencia. No se considerarán torturas los dolores o sufrimientos que sean consecuencia únicamente de sanciones legítimas, o que sean inherentes o incidentales a éstas".

Trauma emocional. Fisura que se da en el plano del inconsciente de un individuo, regularmente catalizado por haber experimentado un evento aterrador, perturbador o altamente angustiante, dejándole secuelas *a posteriori*, tales como: ansiedad, depresión, trastorno del sueño, fobias, paranoia, irritabilidad, frustración, etc. El shock que genera la experiencia traumática puede llevar al individuo a que pierda su funcionalidad social y se segregue de la colectividad. Un trauma emocional, regularmente puede ser resuelto con técnicas terapéuticas, aunque cuando se prolonga en el tiempo, puede derivar en psicosis.

Tregua. La RAE define a este vocablo como el *"cese temporal de hostilidades entre dos adversarios"*.

En los conflictos bélicos, este ejercicio es un acuerdo al que llegan los países en guerra, para suspender provisionalmente la lucha durante un tiempo definido, a efecto de buscar una negociación alternativa para resolver el conflicto armado.

Tribunal de Núremberg. Órgano jurisdiccional erigido en 1945 en Alemania por el grupo de países ganadores de la Segunda Guerra Mundial, para juzgar crímenes de guerra o crímenes contra la paz, cometidos por altos funcionarios políticos, principalmente nazis, los cuales fueron condenados en la mayoría de los casos a la pena de muerte o al encarcelamiento.

Este tribunal *ad hoc*, fue altamente criticado por el sesgo vengativo que asumieron los países aliados (Estados Unidos, Gran Bretaña, Francia, China, etc.), contra los países enemigos del Eje.

Tutela judicial efectiva. Es la prerrogativa constitucional en virtud de la cual, se garantiza que todo ciudadano justiciable pueda acceder a un órgano jurisdiccional imparcial y orgánicamente constituido, para hacer valer un derecho que le fue negado o desconocido. Todo individuo tiene el derecho subjetivo de acudir a una instancia judicial nacional e incluso internacional para solicitar la protección de sus derechos que le son propios dentro de un marco jurídico preestablecido.

El art. 17 de la Constitución Política de los Estados Unidos Mexicanos sobre la tutela judicial efectiva establece:
''Ninguna persona podrá hacerse justicia por sí misma, ni ejercer violencia para reclamar su derecho''. ''Toda persona tiene derecho a que se le administre justicia por tribunales que estarán expeditos para impartirla en los plazos y términos que fijen las leyes, emitiendo sus resoluciones de manera pronta, completa e imparcial. Su servicio será gratuito, quedando, en consecuencia, prohibidas las costas judiciales''.

U

UMECA. **(Unidad de Medidas Cautelares).** Dependencia institucional que tiene como finalidad el registro, control, supervisión y seguimiento del cumplimiento de los planes de reparación del daño suscritos a través de un convenio derivado de una *suspensión condicional del proceso*, celebrado por el imputado y la víctima del delito, previa aprobación del juez penal de control.

Las UMECA(s) son organismos adscritos a las fiscalías y su labor es de suprema importancia, ya que de sus actividades de supervisión, apoyo y contención, depende muchas ocasiones la materialización y cumplimiento cabal de las condiciones convenidas en el mecanismo alternativo.

Unidades Móviles de Mediación. Vehículos acondicionados cual si fueran oficinas de justicia alternativa, los cuales pueden desplazarse a cualquier localidad y acercar los servicios de mediación a los ciudadanos.

Estos programas móviles permiten descentralizar la justicia alternativa, a través de una planeación logística en la que se diseñan cronogramas, para llevar estas unidades a la mayor cantidad de localidades posibles.

Estos ejercicios de inmersión han popularizado la Justicia Alternativa cada vez más en la sociedad, la cual recibe con buen talante estos servicios gratuitos, dinámicos y efectivos.

USAID. United States Agency Internacional Development. (Agencia Estadounidense para el Desarrollo Internacional). Organismo norteamericano que tiene como finalidad brindar apoyo asistencial, financiero y técnico a todos los países latinoamericanos que lo requieran, a efecto de fortalecer sus sistemas jurídicos, para que puedan desarrollar políticas públicas en el combate contra la inseguridad y el afianzamiento de sus instituciones.

En las últimas dos décadas, USAID ha trabajado estrechamente con el gobierno mexicano, cooperando con causas sociales concretas, aportando recursos económicos, materiales, humanos y académicos, para que este país pueda consolidar su sistema penal acusatorio y concomitantemente afianzar el paradigma de justicia alternativa. Su impulso ha sido de suprema importancia, para la implementación de este modelo de nuevo cuño.

Utopía de Tomas Moro. Doctrina desarrollada en el siglo XVI por el filósofo inglés Tomas Moro, en la cual propone un sistema político moral en el que los individuos puedan desarrollar sus virtudes en un estado de felicidad y plenitud. Para este pensador, el Estado político debe proveer un sistema que anule la propiedad privada, para que exista una copropiedad común colectiva, desterrándose con ello múltiples actos criminógenos.

Este modelo propone un sistema de gobierno monárquico de mínima intervención, sin leyes regulativas e invasivas, dentro de una estructura política autárquica.

Esta doctrina ha sido criticada por su idealismo, y sus detractores consideran que en sociedades grandes, estos principios son imposibles de alcanzar.

En la actualidad se utiliza el vocablo *"utopía"*, para referirse a aquello que es irrealizable en la sociedad, condicionado por los límites de la naturaleza humana.

Validación del acuerdo. En materia penal, es la supervisión y legitimación que hace el Ministerio Público o el Juez penal de control en su caso, de la viabilidad del acuerdo reparatorio celebrado por los intervinientes ante un facilitador certificado (mediador o conciliador) para dotarle de aprobación legal.

La autoridad ministerial o judicial deberán garantizar que el acuerdo reparatorio:

I. Esté apegado a la Ley y no afecte a terceros.

II. Qué las partes hayan actuado con total autonomía de su voluntad.

III. Qué el acuerdo sea viable, equitativo y con efectos restaurativos.

IV. Qué se establezcan claramente las condiciones de su cumplimiento (tiempo, modo y lugar).

Validación emocional. Es el reconocimiento pleno que un individuo hace de los sentimientos que expresa su interlocutor, exteriorizándole aprobación y empatía, con la finalidad de hacerle notar que se está interesado de forma auténtica en su discurso e historia. La validación emocional secundada por la escucha activa permite transmitir confianza al interlocutor, favoreciendo que pueda expresarse libremente, sabedor que está en un ambiente seguro y neutral, ajeno a toda crítica o juicio.

Vendetta **social.** Práctica retributiva de castigo, fuera del marco normativo, que consiste en hacerse justicia *motu proprio*, a través del linchamiento público, en contra de individuos que cometieron un delito, regularmente en espacios abiertos y que fueron detenidos en flagrancia.

La venganza pública, deviene de la falta de confianza, que la sociedad tiene en sus autoridades, en razón de los altos índices de impunidad delictiva que existen en la sociedad moderna.

Esta práctica está prohibida jurídicamente por el numeral 17° de la Carta Magna, que a su literalidad reza: *"Ninguna persona podrá hacerse justicia por sí misma, ni ejercer violencia para reclamar su derecho".*

Venganza privada. Es la manifestación más arcaica del derecho penal, que consistía en la legitimación que se les concedía a los particulares, de hacerse justicia por su propia cuenta, *"de propia mano"*, para compensar el mal recibido derivado de un evento delictivo.

La venganza privada tuvo su legitimación en algunos cuerpos normativos antiquísimos, como el *Código Hammurabi,* la *Ley de las Doce Tablas,* el *Deuteronomio, etc.*

Evidentemente con la evolución garantista del derecho penal, esta práctica rudimentaria de justicia, *"ojo por ojo y diente por diente"*, fue proscrita definitivamente de los cuerpos legales del mundo que tienen enfoque en derechos humanos.

La Constitución Política de los Estados Unidos Mexicanos en su artículo 17°, establece: *"Ninguna persona podrá hacerse justicia por sí misma, ni ejercer violencia para reclamar su derecho".* Sin embargo, a pesar de la precedente prohibición constitucional, en los últimos años, se ha advertido un alarmante incremento de prácticas de linchamiento público, que no son más que expresiones retrógradas y lastres atávicos de la época de la barbarie penal.

Verdad histórica de los hechos. Es la encomienda que la sociedad deposita en la representación social (Ministerio Público), para que esclarezca la forma en cómo se suscitaron los hechos constitutivos de un crimen.

Descubrir la verdad histórica de un delito resulta una tarea casi siempre frustrada y fallida; ya que el Ministerio Público se limita a recopilar indicios para que el juez declare solo la verdad legal.

Vicio de voluntad. Incongruencia entre lo que internamente un individuo desea realizar y lo que empíricamente manifiesta conductualmente en su realidad exterior, es decir, es la inconsistencia entre lo que quiere hacer idealmente y lo que se ejecuta fácticamente.

Los vicios de la voluntad pueden derivarse de un problema cognitivo de la persona que ejecuta la acción: trastorno psicológico temporal o permanente, estado alterado de consciencia, confusión, obnubilación del pensamiento por encontrarse bajo el influjo del alcohol u otro psicotrópico, etc.

La voluntad también se vicia cuando el individuo hace algo bajo amenaza o coacción externa.

Víctima propiciatoria. Tipo de agente pasivo victimal, quien a través de desplegar ciertas conductas o exponer verbalmente información sensible, de forma inconsciente favorece que se cometa un delito en su contra, el cual probablemente pudo haber sido evitado, si se haya abstenido de manifestar ese comportamiento imprudencial o extrovertido.

Victimología. Rama de la criminología que tiene como objeto de estudio a las víctimas del delito: los tratamientos que recibe, su rol como sujeto pasivo del crimen, el fenómeno de la revictimización o doble victimización, los fenotipos, estudios cualitativos del perfil victimal, tipo de víctimas (determinadas, indiferenciadas, resistentes, coadyuvantes, etc.), los esquemas de reparación del daño, el asesor victimal, las secuelas delictivas, su participación en encuentros restaurativos, la victimización primaria, secundaria y terciaria, etc.

La victimología es una rama relativamente nueva de la criminología, pues solo a partir de los años 70's se empezó a estudiar como rama independiente, ya que tradicionalmente el foco de atención de la ciencia criminológica era el delincuente y no la víctima propiamente dicha.

Vida gregaria. Es la condición natural del ser humano que le lleva al agrupamiento social, sabedor que solamente a través de la organización política y la cooperación colectiva puede alcanzar sus fines evolutivos.

El filósofo Aristóteles acuñó la locución *"el hombre es un animal político"*, para referirse a la necesidad instintiva del individuo de *"pertenecer a una manada"*, es decir, a un grupo social. Para este pensador, la segregación es antinatural y el individuo sólo puede subsistir a través de la dinámica de interacción social.

Vínculo afectivo. Nexo de solidaridad, amor, amistad, respeto, valoración, empatía, simpatía, etc., que vincula a dos o más individuos por un lazo emocional positivo, generando una interrelación de confianza y sólida unión entre ellos.

Violencia intrafamiliar. Conducta típica, antijurídica y culpable, contemplada en la gran mayoría de los Códigos Penales Tipo. El código penal federal respecto a esta conducta refiere:
"Artículo 343 Bis. Comete el delito de violencia familiar quien lleve a cabo actos o conductas de dominio, control o agresión física, psicológica, patrimonial o económica, a alguna persona con la que se encuentre o haya estado unida por vínculo matrimonial, de parentesco por consanguinidad, afinidad o civil, concubinato, o una relación de pareja dentro o fuera del domicilio familiar. A quien cometa el delito de violencia familiar se le impondrá de seis meses a cuatro años de prisión y perderá el derecho de pensión alimenticia. Asimismo, se le sujetará a tratamiento psicológico especializado".

Violencia transgénero. Es la hostilidad física, verbal o moral que reciben las personas que ostentan una conducta que no encaja con el estereotipo de identidad sexual tradicional. Este tipo de manifestaciones de odio por razón de género, son consideradas prácticas de intolerancia, discriminación, repudio o segregación, que atentan contra el libre desarrollo de la personalidad y generan ruptura en el tejido social.

Visitas de verificación. Ejercicios de seguimiento y supervisión que llevan a cabo principalmente las UMECAS (Unidades de supervisión de Medidas Cautelares y Suspensiones Condicionales del Proceso), los Institutos de Justicia Alternativa o las Fiscalías, a efecto de inspeccionar y documentar que se están cumpliendo las condiciones y obligaciones que fueron contraídas por una persona física o moral (jurídica), en el plan de reparación del daño de tracto sucesivo, que se derivó de un *"acuerdo reparatorio"* o de una *"suspensión condicional del proceso"*.

Vox populi. Locución latina que se traduce a su literalidad como *"la voz del pueblo"*. En el derecho se utiliza esta frase para referirse al clamor del pueblo, al eco de las masas que de forma generalizada manifiestan su sentir o pensar sobre una materia determinada. En un sentido más coloquial, esta expresión se utiliza para referirse al cotilleo de un asunto que *"está en boca de todos"*.

AFORISMOS Y MÁXIMAS DE JUSTICIA RESTAURATIVA Y CULTURA DE PAZ.

"Audiatur altera pars". (Siempre debe escucharse a ambas partes).

"Cuando vayas a sentenciar procura olvidar a los litigantes y concéntrate sólo en la causa". —Epicteto de Frigia.

"De veritate magis quam de victoria, solliciti esse debent causarum patroni". (Los defensores de las causas deben andar más solícitos de la verdad que del triunfo).

"Diálogo es colaboración." —Massimo Bontempelli.

"El arte de la conversación es el arte de escuchar y de ser escuchado". —William Hazlitt.

"El diálogo, basado en sólidas leyes morales, facilita la solución de los conflictos y favorece el respeto de la vida, de toda vida humana". —Juan Pablo II.

"Entre los individuos, como entre las naciones el respeto al derecho ajeno es la paz". —Benito Juárez.

"La equidad es la virtud de enderezar aquello que la ley, a causa de su generalidad, ha fallado". —Grocio.

"La equidad natural es preferible al rigor del derecho". —Dino.

"La paz es la única batalla que vale la pena librar". —Albert Camus.

"La paz más desventajosa es mejor que la guerra más justa". —Erasmo de Rotterdam.

"La paz no es la ausencia de conflicto, sino la habilidad de gestionar el conflicto por medios pacíficos". —Ronald Reagan.

"La paz no puede lograrse a través de la violencia, sólo puede lograrse mediante la comprensión". —Ralph Waldo Emerson.

"La paz no puede mantenerse por la fuerza. Solamente puede alcanzarse por medio del entendimiento". —Albert Einstein.

"La paz y la justicia son dos caras de la misma moneda". —Dwight D. Eisenhower.

"La primera condición para la paz es la voluntad de lograrla". —Juan Luis Vives.

"La razón de equidad no tolera que alguien sea condenado sin ser oída su causa". —Marciano.

"La única manera de traer paz a la tierra es aprender a hacer pacífica nuestra propia vida". —Gautama Buda

"Las personas valientes no temen perdonar en aras de la paz". —Nelson Mandela.

"Leyes hay, lo que falta es justicia". —Ernesto Mallo.

"Los preceptos del derecho son éstos: vivir honestamente, no perjudicar a otro y dar a cada uno lo suyo". —Ulpiano.

"No encontrarás la paz al intentar escapar de tus problemas, sino al confrontarlos con valor. No encontrarás la paz en la negación, sino en la aceptación". —J. Donald Walters.

"No está la justicia en las palabras de la Ley". —Alonso de la Torre.

"No hay camino para la paz, la paz es el camino". —Mahatma Gandhi.

"No se puede dar la mano con un puño cerrado". —Indira Gandhi.

"Ojo por ojo y todo el mundo quedará ciego". —Mahatma Gandhi.

"Pacta legem contractui dant". (Los pactos dan fuerza de ley al contrato).

"Pacta sunt servanda". (Los pactos se hicieron para cumplirse).

"Puesto que las guerras nacen en la mente de los hombres, es en la mente de los hombres donde deben erigirse los baluartes de la paz". —Frase proclamada el día de la constitución de la UNESCO.

"Si deseas hacer las paces con tu enemigo, tienes que trabajar con él. Entonces, tu enemigo se convertirá en tu socio". —Nelson Mandela.

"Si el hombre fracasa en conciliar la justicia y la libertad, fracasa en todo". —Albert Camus.

"Toda la vida pasa por la sala de la mediación". —Marily Caram.

"Ubi eadem ratio, idem jus". (A igual razón, igual derecho).

"Un pueblo libre de elegir siempre optará por la paz". —Ronald Reagan

"Cuando los pleiteantes ajustan su paz, el juez está de más." —Anónimo.

"El diálogo es, sin duda, el instrumento válido para todo acuerdo pero en él hay una regla de oro que no se puede conculcar: no se debe pedir ni se puede ofrecer lo que no se puede entregar porque, en esa entrega, se juega la propia existencia de los interlocutores." —Adolfo Suárez.

"El mediador debe crear un contexto cooperativo y revelar las decisiones de cambio." —Florencia Brandoni.

"El mediador es el instructor que educa en la negociación y un multiplicador de recursos." —Raúl de Diego.

"Es mejor mala avenencia, que buena sentencia." —Anónimo.

"La cooperación no es ausencia de conflictos, sino el medio para resolver el conflicto." —Deborah Tannen.

"La justicia es la constante y perpetua voluntad de dar a cada uno su Derecho". —Ulpiano.

"La paz es hija de la convivencia, de la educación, del diálogo. El respeto a las culturas milenarias hace nacer la paz en el presente". —Rigoberta Menchú.

"La paz no es la eliminación de las diferencias, sino simplemente el manejo constructivo de las mismas." —William Ury.

"Las tres cuartas partes de las miserias y malos entendidos en el mundo terminarían si las personas se pusieran en los zapatos de sus adversarios y entendieran su punto de vista". —Mahatma Gandhi.

"Lo tratado, es sagrado." —Anónimo.

"No basta con hablar de paz. Uno debe creer en ella y trabajar para conseguirla". —Roosvelt.

"Si quieres la paz, no hables con tus amigos. Habla con tus enemigos". —Moshe Dayan.

"Una cosa no es justa por el hecho de ser ley. Debe ser ley porque es justa". —Cesare Beccaria.

Discurso pronunciado por el Premio Nobel de la paz, Martin Luther King. Jr., considerado una de las arengas reivindicatorias de Justicia Restaurativa, más elocuentes de la historia.

"Tengo un sueño".

"Estoy orgulloso de reunirme hoy con vosotros en la que pasará a la historia como la mayor manifestación por la libertad en la historia de nuestra nación".

"Hace un siglo, un gran estadounidense, cuya simbólica sombra nos cobija hoy, firmó la Proclamación de Emancipación. Este trascendental decreto fue un gran faro de esperanza para millones de esclavos negros, chamuscados en las llamas de una marchita injusticia".

"Llegó como un amanecer dichoso para acabar con una larga noche de cautiverio. Pero cien años después, las personas negras todavía no son libres. Cien años después, la vida de las personas negras sigue todavía tristemente atenazada por los grilletes de la segregación y por las cadenas de la discriminación. Cien años después, las personas negras viven en una isla solitaria de pobreza en medio de un vasto océano de prosperidad material. Cien años después, las personas negras todavía siguen languideciendo en los rincones de la sociedad americana y se sienten como exiliadas en su propia tierra".

"Así que hemos venido hoy aquí a exponer una situación vergonzosa. Hemos venido a la capital de nuestra nación en cierto sentido para cobrar un cheque".

"Cuando los arquitectos de nuestra república escribieron las magníficas palabras de la Constitución y de la Declaración de Independencia, estaban firmando un pagaré del que todo americano

iba a ser heredero. Este pagaré era una promesa de que a todos los hombres –sí, a los hombres negros y también a los hombres blancos– se les garantizarían los derechos inalienables a la vida, a la libertad y a la búsqueda de la felicidad''.

''Hoy es obvio que América ha defraudado en este pagaré en lo que se refiere a sus ciudadanos de color. En vez de cumplir con esta sagrada obligación, América ha dado al pueblo negro un cheque malo, un cheque que ha sido devuelto marcado, sin fondos''.

''Pero nos negamos a creer que el banco de la justicia está en bancarrota. Nos negamos a creer que no hay fondos suficientes en las grandes arcas bancarias de las oportunidades de esta nación. Así que hemos venido a cobrar este cheque, un cheque que nos dé las riquezas de la libertad y la seguridad de la justicia''.

''También hemos venido a este santo lugar para recordar a América la impetuosa urgencia del ahora. No es momento de darse el lujo de tomar el tranquilizante del gradualismo. Ahora es el momento de hacer que las promesas de democracia sean reales. Ahora es el momento de subir desde el oscuro y desolado valle de la segregación al soleado sendero de la justicia racial. Ahora es el momento de alzar a nuestra nación desde las arenas movedizas de la injusticia racial a la sólida roca de la fraternidad''.

''Ahora es el momento de hacer que la justicia sea una realidad para todos los hijos de Dios. Sería desastroso para la nación pasar por alto la urgencia del momento y subestimar la determinación de las personas negras''.

''Este asfixiante verano del legítimo descontento de las personas negras no pasará hasta que haya un estimulante otoño de libertad e igualdad. 1963 no es un fin, sino un comienzo''.

''No habrá descanso ni tranquilidad en América hasta que las personas negras tengan garantizados sus derechos como ciudadanos. Los torbellinos de revuelta continuarán sacudiendo los

cimientos de nuestra nación hasta que nazca el día brillante de la justicia".

"Pero hay algo que debo decir a mi pueblo, que está en el cálido umbral que lleva al interior del palacio de justicia. En el proceso de lograr nuestro legítimo lugar, no debemos ser culpables de acciones equivocadas. No busquemos saciar nuestra sed de libertad bebiendo de la copa del encarnizamiento y del odio".

"Debemos conducir siempre nuestra lucha en el elevado nivel de la dignidad y la disciplina. No debemos permitir que nuestra fecunda protesta degenere en violencia física. Una y otra vez debemos ascender a las majestuosas alturas donde se hace frente a la fuerza física con la fuerza espiritual".

"La maravillosa nueva militancia que ha envuelto a la comunidad negra no debe llevarnos a desconfiar de todas las personas blancas, ya que muchos de nuestros hermanos blancos, como su presencia hoy aquí evidencia, han llegado a ser conscientes de que su destino está atado a nuestro destino. Han llegado a darse cuenta de que su libertad está unida a nuestra libertad. No podemos caminar solos".

"Y mientras caminamos, debemos hacer la solemne promesa de que siempre caminaremos hacia adelante. No podemos volver atrás".

"Hay quienes están preguntando a los defensores de los derechos civiles: '¿Cuándo estaréis satisfechos?' No podemos estar satisfechos mientras las personas negras sean víctimas de los indecibles horrores de la brutalidad de la policía. No podemos estar satisfechos mientras nuestros cuerpos, cargados con la fatiga del viaje, no puedan conseguir alojamiento en los moteles de las autopistas ni en los hoteles de las ciudades. No podemos estar satisfechos mientras la movilidad básica de las personas negras sea de un ghetto más pequeño a otro más amplio. No podemos estar satisfechos mientras nuestros hijos sean despojados de su personalidad y privados de su dignidad por letreros que digan 'solo para blancos'. No podemos estar satisfechos mientras una persona negra en Mississippi no pueda votar y una persona negra en Nueva York crea que no tiene nada por qué votar. No, no, no estamos satisfechos y no estaremos satisfechos hasta que la justicia corra como las aguas y la rectitud como un impetuoso torrente''.

''No soy ajeno a que algunos de vosotros habéis venido aquí después de grandes procesos y tribulaciones. Algunos de vosotros habéis salido recientemente de estrechas celdas de una prisión. Algunos de vosotros habéis venido de zonas donde vuestra búsqueda de la libertad os dejó golpeados por las tormentas de la persecución y tambaleantes por los vientos de la brutalidad de la policía. Habéis sido los veteranos del sufrimiento fecundo''.

''Continuad trabajando con la fe de que el sufrimiento inmerecido es redención. Volved a Mississippi, volved a Alabama, volved a Carolina del Sur, volved a Georgia, volved a Luisiana, volved a los suburbios y a los ghettos de nuestras ciudades del Norte, sabiendo que de un modo u otro esta situación puede y va a ser cambiada''.

''Os digo hoy, amigos míos, que a pesar de las dificultades del momento, yo aún tengo un sueño. Es un sueño profundamente enraizado en el sueño americano. Tengo un sueño: que un día esta nación se pondrá en pie y alcanzará el verdadero significado de su credo: ¡Afirmamos que estas verdades son evidentes, que todos los hombres han sido creados iguales!''.

''Tengo un sueño: que un día sobre las colinas rojas de Georgia los hijos de quienes fueron esclavos y los hijos de quienes fueron propietarios de esclavos serán capaces de sentarse juntos en la mesa de la fraternidad''.

''Tengo un sueño: que un día incluso el estado de Mississippi, un estado sofocante por el calor de la injusticia, sofocante por el *calor de la opresión, se transformará en un oasis de libertad y justicia''.*

''Tengo un sueño: que mis cuatro hijos vivirán un día en una nación en la que no serán juzgados por el color de su piel sino por los rasgos de su personalidad''.

''Tengo un sueño... Tengo el sueño de que un día allá abajo en Alabama, con sus despiadados racistas, con su gobernador que tiene los labios goteando con las palabras de interposición y anulación, que un día, justo allí en Alabama niños negros y niñas negras podrán darse la mano con niños blancos y niñas blancas, como hermanas y hermanos''.

''Tengo el sueño que algún día los valles serán cumbres, y las colinas y montañas serán llanos, los sitios más escarpados serán nivelados y los torcidos serán enderezados, y la gloria de Dios será revelada, y se unirá todo el género humano''.

''Esta es nuestra esperanza. Esta es la fe con la que yo vuelvo al sur. Con esta fe seremos capaces de cortar de la montaña de desesperación una piedra de esperanza. Con esta fe seremos capaces de transformar las chirriantes disonancias de nuestra nación en una hermosa sinfonía de fraternidad. Con esta fe seremos capaces de trabajar juntos, de rezar juntos, de luchar juntos, de ir a la cárcel juntos, de ponernos de pie juntos por la libertad, sabiendo que un día seremos libres''.

''Este será el día, este será el día en el que todos los hijos de Dios podrán cantar con un nuevo significado: Tierra mía, es a ti, dulce tierra de libertad, a ti te canto. Tierra donde mi padre ha muerto, tierra del orgullo del peregrino, desde cada ladera suene la libertad''.

''Y si América va a ser una gran nación, esto tiene que llegar a ser verdad. Por eso, ¡que repique la libertad desde la cúspide de

los montes prodigiosos de Nueva Hampshire Que repique la libertad desde las prodigiosas cumbres de las colinas de New Hampshire''.

"Que repique la libertad desde las enormes montañas de Nueva York. Que repique la libertad desde las alturas de las Alleghenies de Pennsylvania. Que repique la libertad desde las Rocosas cubiertas de nieve de Colorado. Que repique la libertad desde las curvas vertientes de California. Pero no solo eso; que repique la libertad desde la montaña de piedra de Georgia. Que repique la libertad desde el Monte Lookout de Tennessee. Que repique la libertad desde cada colina y cada topera de Mississippi, desde cada ladera''.

"Que repique la libertad. Y cuando esto ocurra y cuando permitamos repicar a la libertad, cuando la dejemos repicar desde cada pueblo y cada aldea, desde cada estado y cada ciudad, podremos acelerar la llegada de aquel día en el que todos los hijos de Dios, hombres blancos y hombres negros, judíos y gentiles, protestantes y católicos, serán capaces de juntar las manos y cantar con las palabras del viejo espiritual negro: ¡Al fin libres! ¡Al fin libres! ¡Gracias a Dios Todopoderoso, somos al fin libres!''.

www.ingramcontent.com/pod-product-compliance
Lightning Source LLC
Chambersburg PA
CBHW072139290526
45794CB00004B/1370